国家社科基金后期资助项目
出版说明

后期资助项目是国家社科基金设立的一类重要项目，旨在鼓励广大社科研究者潜心治学，支持基础研究多出优秀成果。它是经过严格评审，从接近完成的科研成果中遴选立项的。为扩大后期资助项目的影响，更好地推动学术发展，促进成果转化，全国哲学社会科学工作办公室按照“统一设计、统一标识、统一版式、形成系列”的总体要求，组织出版国家社科基金后期资助项目成果。

全国哲学社会科学工作办公室

国家社科基金
GUOJIA SHEKE JIJIN HOUQI ZIZHU XIANGMU
后期资助项目

反垄断法解释研究

On the Interpretation of Anti-monopoly Law

江山 著

法律出版社
LAW PRESS·CHINA
——北京——

图书在版编目（CIP）数据

反垄断法解释研究 / 江山著. -- 北京 : 法律出版社, 2024. -- ISBN 978-7-5197-9404-0

Ⅰ. D922. 294. 5

中国国家版本馆 CIP 数据核字第 20246RN009 号

反垄断法解释研究
FAN LONGDUAN FA JIESHI YANJIU

江　山　著

策划编辑 沈小英
责任编辑 刘晓萌　鲁　安
装帧设计 李　瞻

出版发行 法律出版社
编辑统筹 法治与经济出版分社
责任校对 张翼羽
责任印制 吕亚莉
经　　销 新华书店

开本 710 毫米×1000 毫米　1/16
印张 14. 5　　**字数** 256 千
版本 2024 年 10 月第 1 版
印次 2024 年 10 月第 1 次印刷
印刷 北京虎彩文化传播有限公司

地址:北京市丰台区莲花池西里 7 号(100073)
网址:www. lawpress. com. cn
投稿邮箱:info@ lawpress. com. cn
举报盗版邮箱:jbwq@ lawpress. com. cn
销售电话:010-83938349
客服电话:010-83938350
咨询电话:010-63939796

书号:ISBN 978-7-5197-9404-0
定价:86. 00 元
凡购买本社图书,如有印装错误,我社负责退换。电话:010-83938349

基金项目
国家社会科学基金后期资助项目，项目批准号：20FFXB025

目　录 Contents

导　言

一、为什么需要反垄断法解释？

反垄断法维护竞争秩序的本质是以竞争的法定秩序型塑自然秩序。然而，在竞争的自然秩序向法定秩序演化的过程中，法定秩序本身却并不稳定。其根源在于反垄断法的模糊性，其解决之道在于反垄断法解释。由于语言的空缺结构、法律涵盖社会现象的复杂性，反垄断法的模糊性是与生俱来的。法律一旦制定出来，便成为与立法者相脱离的一种客观存在，因而法律解释的任务不仅在于发现立法者的意图，还在于体现法律规定的内容与精神。框定法律规定的内容与精神并非易事。自反垄断法实施以来，欧美反垄断法域一直存在法律适用上的钟摆现象，即随着经济形势的起伏、执法机构的更迭和理论学说的演进，反垄断法的实施强度和覆盖广度持续变化。同时，理论界对反垄断法本身的确定性、分析方法也一直存在诸多争议。更为要害的是，由于反垄断法解释的学派化及其背后价值观念分野，解释的分歧常难以调和。相对成熟的欧美反垄断法域在理论与经验上的变动不居，使其参照系意义变得模糊，进而影响中国反垄断法适用中的路径选择。在当前世界反垄断潮流激荡的背景下，反垄断法解释对于《中华人民共和国反垄断法》（以下简称《反垄断法》）的理解与适用、修订与完善，中国反垄断法的规章、指南等配套体系的建立和健全，中国参与国际竞争规则的制定和对话的重要意义更为凸显。鉴于此，本书通过引入哲学诠释学的方法，确立反垄断法解释学的方法论，旨在重新认识反垄断法的制度体系，克服规则怀疑主义，促进反垄断传统的形成。

（一）重新认识反垄断法制度体系

反垄断法模糊性的不可避免是一个既定的事实。关键是，反垄断法在何种意义上是模糊的？反垄断法的模糊性是作为一个整体而存在的，还是具有局部性？在反垄断法的模糊性背景下，是否有可能追寻法律之确定性和妥当性的平衡？对于上述问题的回答，仅局限于具体制度的分析与刻画显然并不足够。因为从某种意义上来看，具体制度并非反垄断法模糊性产生的原因，而恰恰是其结果。但是从具体制度展开分析，是考察反垄断法的模糊性分布及其可能克服之法的必由之路。本书在相对抽象的反垄断法文本的基础上,通过类型化的方法规整垄断行为的经验类型、逻辑类型和规范类型;通过作出反垄断法的规范评估,对规则和标准进行分类并廓清其各自适用范围,明确不同的适用方法;根据经验认识和经济学知识的累积,对反垄断法的三大支柱制度进行解释与重述。在哲学诠释学—法律解释学分析框架下的这一重述,重在分析规则和标准的分布与适用,解释法律条文以释放其规范意义,廓清其背后的价值观念。

(二)确立反垄断法解释学的方法论

21 世纪以来,中国学界对反垄断法的基础理论研究逐渐展开,其中关于反垄断法的法律解释论题也已出现。但就目前的研究状态而言,一是反垄断法基础理论的研究,或着力于分析立法目的,或重在比较适用的原则或规则,或长于反垄断法具体制度的经济分析,而通过法律解释学对反垄断法进行整体性解释的尝试较少;二是对于反垄断法的解释还不成系统,或仍停留在传统的法律解释学分析阶段,或立足于探讨中国反垄断法的立法意图,或在某一特定反垄断经济分析流派的基础上展开分析,至多从历史的角度来考察反垄断法的流变,缺乏在哲学诠释学的分析框架下对反垄断法作出解释的尝试。本书开始尝试在哲学诠释学—法律解释学的基础上确立中国反垄断法解释体系,框定反垄断法解释的基本问题,发掘反垄断法解释的深层结构。

(三)型塑反垄断传统:中国与世界

无论在中国还是世界范围内,反垄断法的制度建构与实施拓展都方兴未艾。在反垄断法制度实践与理论探索的交融中,欧美等法域的反垄断传统已渐趋形成。作为新兴反垄断法域的中国,如何建构自身的传统并进而融入、影响世界反垄断传统,是尚未被认真思考的议题。鉴于此,本书透过观念—制度的范式分析反垄断的学派演进、法制变迁和传统形成,在思想谱系梳理和路径依赖分析的基础上,廓清中国反垄断法发展的观念土壤,评估中国反垄断法主体制度解释中规则和标准适用的主要问题,并展望中国反垄断传统形成的远景。这一工作不仅立足于当下中国的法律传统,更着眼于长远的和全球视野下的反垄断传统的型塑。就中国反垄断理论与实践而言,这与其说是一种雄心,毋宁说是其当然承载的历史使命。作为三大主要反垄断法域之一,中国反垄断传统,汇入并影响世界反垄断传统不仅必要而且应当。

二、需要何种反垄断法解释？

解释即理解，解释即适用。反垄断法一经出台，反垄断法解释就一直存在。文义解释、立法解释、体系解释和目的解释，都是理解与适用反垄断法不可或缺的方法。但是，对于深具模糊性的反垄断法而言，上述传统解释方法不敷使用、有待超越。通过对国内外反垄断法基础理论的专著进行大致考察，虽然其中不少研究成果为反垄断法研究的深化奠定了前期的基础，但不可回避的事实是目前的研究多局限于对反垄断法的价值目标、不确定性、经济分析和法益保护的原则性介绍和分析，反垄断法的实践需要更为深入、系统的反垄断法解释基础理论支撑。

在中国，在反垄断法规则体系和规范解释的基础理论研究中，①前期

① 我国专门研究反垄断法的第一部著作是吴炯主编：《维护公平竞争法》，中国人事出版社1991年版。此后，反垄断法基础理论研究专著迭出，主要有：王艳林、张伟明主编：《竞争法导论》，中国地质大学出版社1992年版；文海兴、王艳林：《市场秩序的守护神——公平竞争法研究》，贵州人民出版社1995年版；刘剑文、崔正军主编：《竞争法要论》，武汉大学出版社1996年版；曹士兵：《反垄断法研究——从制度到一般理论》，法律出版社1996年版；吴宏伟：《竞争法有关问题研究》，中国人民大学出版社2000年版；徐士英主编：《自由经济的"大宪章"——公平竞争法简论》，上海人民出版社1997年版；王晓晔编：《反垄断法与市场经济：中德反垄断法比较研讨会论文集》，法律出版社1998年版；孔祥俊：《反垄断法原理》，中国法制出版社2001年版；沈敏荣：《法律的不确定性——反垄断法规则分析》，法律出版社2001年版；黄勇：《国际竞争法研究：竞争法实施中的国际冲突与国际合作》，中国友谊出版公司2003年版；袁祝杰：《竞争秩序的建构——行政性限制竞争研究》，北京大学出版社2003年版；包锡妹：《反垄断法的经济分析》，中国社会科学出版社2003年版；刘伟：《反垄断的经济分析》，上海财经大学出版社2004年版；王传辉：《反垄断的经济学分析》，中国人民大学出版社2004年版；辜海笑：《美国反托拉斯理论与政策》，中国经济出版社2005年版；李钟斌：《反垄断法的合理原则研究》，厦门大学出版社2005年版；朱宏文、王健：《反垄断法——转变中的法律》，社会科学文献出版社2006年版；周昀：《反垄断法新论》，中国政法大学出版社2006年版；彭海斌：《公平竞争制度选择》，商务印书馆2006年版；许光耀：《欧共体竞争法通论》，武汉大学出版社2006年版；胡甲庆：《反垄断法的经济逻辑》，厦门大学出版社2007年版；徐士英：《竞争法论》，世界图书出版公司2007年版；时建中主编：《反垄断法——法典释评与学理探源》，中国人民大学出版社2008年版；于立、吴绪亮：《产业组织与反垄断法》，东北财经大学出版社2008年版；吴汉洪：《垄断经济学》，经济日报出版社2008年版；王晓晔：《王晓晔论反垄断法》，社会科学文献出版社2010年版；孙晋：《反垄断法——制度与原理》，武汉大学出版社2010年版；刘水林：《反垄断法的观念基础和解释方法》，法律出版社2011年版；叶卫平：《反垄断法价值问题研究》，北京大学出版社2012年版；丁茂中：《反垄断法与经济现象的点面透视研究》，法律出版社2013年版；金善明：《反垄断法法益研究：范式与路径》，中国社会科学出版社2013年版；潘丹丹：《反垄断法不确定性的意义研究》，法律出版社2015年版；李彬：《竞争法的基本范畴研究》，知识产权出版社2016年版；兰磊：《论反垄断法多元价值的平衡》，法律出版社2017年版；董笃笃：《竞争政策法制化研究》，法律出版社2017年版；金善明：《反垄断法解释：规范、历史与体系》，中国社会科学出版社2018年版；王先林：《知识产权与反垄断法——知识产权滥用的反垄断问题研究》（第3版），法律出版社2020年版；李剑：《中国反垄断法的移植与本土化》，法律出版社2022年版。

的著作主要结合《中华人民共和国反不正当竞争法》(以下简称《反不正当竞争法》)颁布前后的实践,对于竞争法的体系和基本制度进行了初步研究,主要贡献在于介绍竞争法这一市场经济的基础法律制度,对于反垄断法基础理论的深层探讨有限。中期的著作主要围绕反垄断法的具体制度展开讨论,着重从比较法的角度研究反垄断法的制度构成和反垄断法的基本原理。在中国《反垄断法》尚未出台的情况下,相关研究也难免存在讨论分散化和相对原则的特点。这种情况在后期出版的著作中有所变化,随着《反垄断法》的立法工作提上日程并加速,一系列更为成熟的反垄断法分析开始推出,或着重分析反垄断具体制度的经济学基础,或系统梳理单个法域的反垄断法理论,并同时在不同程度上结合中国的现实进行反垄断法的分析。该时期的著作,仍以制度分析为主导,同时不同程度地涵盖经济学分析,但一般未有意识地深入分析讨论观念层面的反垄断法解释的学派化及其分歧根源。在上述关于反垄断法的论著中,也有就反垄断法的解释及其规范、历史和体系进行的有价值的论述,但相关分析偏重提出或介绍反垄断法解释的前提与基本原理阐释,以及针对不同垄断行为的类型化分析和制度建议,亦未能充分系统深入反垄断法规范的规则、标准、方法和观念层面进行规范分析,从文本、解释者和传统的维度提出可操作的解释方案。

外国与反垄断法基础理论相关的专著及其译著,①展现了不同流派

① 国外的反垄断法著作多为案例教程,探讨基础理论的专著并不多见,其中主要有:Richard Posner, *Antitrust Law: An Economic Perspective*, University of Chicago Press, 1976; Robert Bork, *The Antitrust Paradox: A Policy at War with Itself*, Basic Books, 1978; Oliver Williamson, *Antitrust Economics: Mergers, Contracting, and Strategic Behavior Hardcover*, Blackwell, 1987; Massimo Motta, *Competition Policy: Theory and Practice*, Cambridge University Press, 2006; Michael Winston, *Lectures on Antitrust Economics*, The MIT Press, 2004; Robert Pitofsky, *Conservative Economics: How Chicago School Overshot the Mark*, Oxford University Press, 2007。与此同时,国内学者逐步译介反垄断法基础理论的专著,其中主要有:[美]迈克尔·D. 温斯顿:《反垄断经济学前沿》,张嫚、吴绪亮、章爱民译,东北财经大学出版社 2007 年版;[美]理查德·A. 波斯纳:《反托拉斯法》(第 2 版),孙秋宁译,中国政法大学出版社 2003 年版;[美]J. E. 克伍卡、L. J. 怀特编著:《反托拉斯革命——经济学、竞争与政策》(第 4 版),林平、臧旭恒等译,经济科学出版社 2007 年版;[美]杰伊·皮尔·乔伊主编:《反垄断研究新进展:理论与证据》,张嫚、崔文杰等译,东北财经大学出版社 2008 年版;[美]欧内斯特·盖尔霍恩、威廉姆·科瓦契奇、斯蒂芬·卡尔金斯:《反垄断法与经济学》(第 5 版),任勇、邓志松、尹建平译,法律出版社 2009 年版;[美]基斯·N. 希尔顿:《反垄断法:经济学原理和普通法演进》,赵玲译,北京大学出版社 2009 年版;[美]赫伯特·霍温坎普:《联邦反托拉斯政策:竞争法律及其实践》(第 3 版),许光耀、江山、王晨译,法律出版社 2009 年版;[英]奥利弗·布莱克:《反垄断的哲学

的学者从其既有的特定理论模式出发对反垄断法所进行的多角度的分析,为国内学者从事反垄断法基础理论的研究提供了新的视野。这类研究本身由成熟反垄断法域的学者著就,由于学者自身多有比较明确的学派或学术阵营归属,多代表一方观点,或因为身在此山中,或由于其信仰或兴趣的指向,不能或无意进行综合性的评判。加之主要流行的著作多为英美法系传统下的学术论著,因此也缺乏大陆法系传统下法律解释的分析,对于当前中国反垄断法解释的建构实践无法提供直接指引。

从近年反垄断法解释的研究现状来看,对这一命题有必要作出系统的再思考。歌德说,凡是值得思考的事情,没有不是被人思考过的;我们必须做的只是试图重新加以思考而已。而重新思考的意义,在薛丁格看来,在于在人人所见到的现象中想到前人所没有想到的。本书对于反垄断法解释的重新思考,重点并非寻求在制度分析上的突破,而旨在确立反垄断法解释的哲学诠释学—法律解释学框架,重述反垄断法的行为类型、规范体系和价值观念,提出平衡反垄断法解释之确定性与妥当性的进路,塑造反垄断法的传统。其中,主要着力点有三:

第一,准确定义反垄断法解释的核心问题。诺齐克曾指出,人们遇到的大多数问题都无法被准确定义:通常,人们不仅是面对现实存在的问题,而且其任务是创造问题,是在面临的不确定形式下找出问题。针对反垄断法的不确定性,本书将该问题的解决定义为法律解释问题,并在问题得以界定的基础上,通过哲学诠释学—法律解释学展开对反垄断法解释的分析。本书关于反垄断法解释特殊性的认识,主要通过哲学诠释学—法律解释学重构反垄断法解释框架,扩充反垄断法的法律渊源,进而运用法律方法对反垄断法规则和标准适用进行分析。

第二,在重构反垄断法解释框架的基础上,确立并提出了"文本+解释者+传统"的解释维度,以重述反垄断法规范文本、廓清反垄断学派的方法与观念和构建反垄断法解释传统为主线。先通过垄断行为的类型化规整厘定了反垄断法解释的基本范围,进而,在认识论视域下展开反垄断法解释的三层结构:在表层,由经验认识和归纳法来主导,反垄断法

基础》,向国成、袁媛等译,东北财经大学出版社 2010 年版;[德]乌尔里希·施瓦尔贝、丹尼尔·齐默尔:《卡特尔法与经济学》,顾一泉、刘旭译,法律出版社 2014 年版;[英]西蒙·毕晓普、迈克·沃克:《欧盟竞争法的经济学:概念、应用和测量》,董红霞译,人民出版社 2016 年版;[美]乔纳森·贝克尔:《反垄断新范式:恢复竞争性经济》,杨明译,中信出版集团股份有限公司 2023 年版。

的适用主要通过规则来落实；在底层，基于“前理解”的存在，由理性认识和演绎法来主导，反垄断法主要通过观念来理解；在中间层，是综合判断与先天判断结合起来形成先天综合判断的场域，由效应历史观下的归纳法—演绎法融合的路径来主导，反垄断法主要通过标准来适用。

第三，当前对于反垄断法观念的讨论，多为介绍外国的反垄断法观念，止步于反垄断法或经济学领域的“小传统”，并未将其置入价值观念形态的“大传统”下进行分析，对于中国反垄断传统问题的研究付之阙如。本书通过观念—制度的分析框架将二者关联起来，以认识论贯穿，系统分析反垄断法的规范解释、观念分析和传统形成，以期推动本领域研究走向规范分析和观念分析的融合，不仅在规范意义上着力于统一话语体系的构建，也在观念意义上提倡型塑传统下的交流合理性，型塑中国的反垄断传统，并为世界反垄断传统的融汇贡献价值。

三、反垄断法解释应当是什么？

对“需要何种反垄断法解释？”的回答，解决了反垄断法解释的方法和目标问题。进一步的问题是，反垄断法解释应当是什么？既然已有研究尚不敷使用，应当以何种反垄断法解释的制度安排予以改进？回应这一问题，需要完整地从方法、制度和观念三个层次展开，故研究主体部分分为五个章节进行论述。

第一章，确立反垄断法分析的哲学诠释学—法律解释学基底。在传统法律解释学的视野下，法律解释主要集中于文本和立法意图等因素，不符合反垄断法这一新兴法律制度的特性。反垄断法的文本结构抽象吸收具象，违法认定效果消融要件，以及分析方法经济学遮蔽法律的特点，使传统法律解释规则在反垄断法上的适用凸显局限。要使反垄断法解释成为可能，亟须知识转型与方法重构。本章以哲学诠释学观照反垄断法的解释，引入“前理解”观察并框定反垄断法的“前理解”构成，与各组成部分的关联等反垄断法解释的基本问题。进而，基于融合模式的法律解释学，从解答“确定性—妥当性”解释架构下所引发的确定性标准问题出发，建构反垄断法解释方法的深层结构，以为克服规则怀疑主义确立坐标，为反垄断法价值的体系化、适用的规范化和反垄断传统形成奠定基础。

第二章，深入分析反垄断法的经验认识与类型化。反垄断法在成熟市场经济国家的发展已有一个多世纪之久,在诸多领域积累了执法经验和司法判例。本章通过运用类型化的法律方法,对反垄断法中经验成熟度较高的规制类型进行研究。其中,类型因其贴合“事物本质”的特点,应当成为法律人的根本思维方式和法律体系建构的基本方法。在世界主要的反垄断法域,概念界定在法律文本中并不占主导。盖因反垄断法所面对的纷繁的商业形式和竞争行为,单凭概念工具难以涵摄。反垄断法的类型化活动发展至今,以本身违法—合理规则的分析模式展开,经由单方限制与协同限制的逻辑类型对诸多经验类型的评估和筛选,已经形成了垄断协议、滥用市场支配地位和经营者集中三大规范类型。随着类型化活动的深化,为厘定反垄断法下类型化的边界并解决其规范竞合,应当立足于垄断行为的“事物本质”,明确其“促成整体类型”的中心价值,以实现类型系列的规整。

第三章,廓清反垄断法的规则与标准适用的空间与方法。反垄断法的规则主要适用于存在丰富经验积累的领域,而标准适用主要存在于经验积累相对较少的领域。中国《反垄断法》实施10余年来,对垄断行为的规制在法律适用中不断积累经验。然而,对于反垄断法规范的性质及其构成的认识,与法律颁布初期相比并无实质性的提升。识别反垄断法规范中的规则与标准构成,是检视当前发展路径的应然选择。本章重在对反垄断法中现实经验较少的规制类型进行研究,探讨标准在反垄断法上的意义。为此,应当厘清横向垄断协议和经营者集中申报法规范的规则性质,以及纵向垄断协议、市场支配地位滥用行为认定和经营者集中审查法规范的标准性质。在此基础上,于法律适用中,必须坚持规则的归规则,标准的归标准;并探索在成文法中纳入形成共识的标准,才能够确立并保有法律解释的一致性和法律适用的稳健性,最终于规则与标准的结合适用中迈向实质正义。

第四章,探求反垄断法解释中的学派分歧及其交谈前景。反垄断学派的形成,将法律解释导入规范轨道,但同时使反垄断学派形成路径依赖,导致解释方法僵化。从制度维度上看,近年来哈佛学派、芝加哥学派和后芝加哥学派之间就垄断行为规制的分歧趋于深化,渐成难以调和之势。就此,本章考察反垄断法解释争议的立法之源、目标分流和学派化进程,探究反垄断学派分歧中深层次的观念分野。具体而言,追溯考察反垄断学派的理论模式、决策前提、市场假定和价值观念可知,反垄断学派理论模式不仅应当接受经验证据的检验，还极大地取决于以错误成本分析为核心的决策前提，以及垄断行为发生概率和市场自我纠正能力的假定，并最终根源于其或自由或保守的价值传统。为推动反垄断法解释深入回应市场现实，要形成反垄断学派关于市场机制的基本共识，廓清反垄断法解释的交谈合理性空间，并结合数字市场特性，确立经验世界重构背景下的交谈新起点。

第五章，论述反垄断法解释传统的中国建构路径。首先，本章运用社会科学研究中的观念—制度分析的范式，提出观念与反垄断法的路径依赖之间的关系，进而考察在“市场在资源配置中起决定性作用”、“以内循环为主的双循环”和“规范和引导资本发展”等观念的影响下反垄断法出台和修订的观念驱动。其次，阐述价值观念与中国反垄断传统的形成路径，试析中国特色社会主义下的反垄断传统，并提出在制度层面要为反垄断观念的竞争提供规范的论辩空间。在此基础上，提出中国《反垄断法》和部门规章修订对制度细化的推动及其固有局限，以及通过反垄断指南拓展反垄断法的标准适用的空间，明确反垄断指南体系功能的充分发挥，有赖于结构的完整、层次的优化、内容的拓展与文本的型塑，提升反垄断法解释的覆盖面与张力。最后，提出型塑中国反垄断法解释传统应是反垄断法解释的终极目标，而传统的延拓离不开在交流和理性基础上“解释共同体”的建构。

第一章　反垄断法解释的知识转型与方法重构

现代意义的反垄断法发轫于19世纪末，第二次世界大战之后加速传播，随着市场经济席卷全球，于20世纪末迅速覆盖从计划经济向市场经济转型的国家和地区，迄今所涉法域100多个。综观主要反垄断法域，以少数条文涵盖市场经济活动中复杂多变、影响深远的反竞争行为，是反垄断法文本的突出特点。而文本的抽象性及其内涵的模糊性，使法律实施易受政治经济现实和观念影响而出现分叉、摇摆。

10余年来，中国《反垄断法》实施起初缓进徐行，旋又暴风骤雨，确定性备受关注。究其原因，源于出离传统公法—私法二元架构的反垄断法，在立法语言、违法判断标准和分析方法上自成一体，深具模糊性。该等模糊性带来反垄断法的不确定性，滋生规则怀疑主义，影响竞争法定秩序的安定性。进而，竞争法定秩序的不稳定，又影响竞争自然秩序的型塑。当前突出的例子，就是基于对法律的不同理解，中国反垄断法实施在纵向垄断协议法律适用路径上形成的分歧：①执法机构认为，应当通过"禁止+豁免"的方式进行审查，对该等行为原则上予以禁止，除非调查对象提出有力的豁免理由；而法院判决倾向于，对于转售价格维持(Resale Price Maintenance，RPM)应当通过合理规则予以审查，充分考虑行为的促进竞争效果和排除、限制竞争效果的权衡。该等在竞争法定秩序形成路径上的分叉，不仅未能规范竞争自然秩序的演化方向，反而扰乱了其发展的既定预期。

拉长视距，则可见反垄断法实施在一个世纪时间跨度内的钟摆现象。以美国反托拉斯法百年为例，前20年《谢尔曼法》几乎湮没无闻。20世纪初渐据主流的"结社主义"政商观、30年代的大萧条更强化了对

① See Shan Jiang & Daniel Sokol, *Resale Price Maintenance in China: An Economic Perspective*, 3 Journal of Antitrust Enforcement 132, 138-147 (2015).

竞争性经济组织形式的否定，法院也对涉嫌垄断行为持宽容、许可的态度。① 之后，随着早期新政中经济计划模式失去吸引力，社会舆论加重了对公司巨人症的怀疑，政府对横向共谋和垄断化发起强烈攻势。到 60 年代中期哈佛学派勃兴之时，反托拉斯的钟摆已经急剧地偏离早期的宽容主义基调。② 在此后不久，钟摆再次大幅回调。受芝加哥学派的影响，70 年代以来执法机构提起的大量针对支配地位企业行为的诉讼大多都以失败告终。而 80 年代的《横向合并指南》对 60 年代合并判决中极端化模式的否定，为合并创造了更宽松的氛围。③ 到 90 年代中期，政府执行和法院诉讼中开始反映后芝加哥学派分析范式的弹性。2010 年，《横向合并指南》再次修订，结构性进路的影响被进一步弱化，指向可直接认定竞争效果的证据本身。④ 直至 2023 年《合并指南》，又走向再结构化之路。⑤

综观之，无论是中国反垄断法适用中出现的路径分叉，还是在世界反垄断法实施长河中呈现的钟摆现象，都凸显出竞争的法定秩序型塑自然秩序过程中的不确定性。这种不确定性，将最终影响有效竞争的市场秩序的形成。当前，这既构成了反垄断法实施的世界现象，也日益成为不可回避的中国议题。实践表明，反垄断法适用不确定性的根源，在于现有法律解释框架难以为反垄断法解释提供有效支撑。而作为“经济宪法”或“自由企业大宪章”之宏大意义的法典，《反垄断法》若于起步阶段在法律解释上持久没有形成稳固的根基，在观念上一直不能达成基础性共识，则将丧失反垄断法制发展的后发优势，于中国反垄断传统的形成和社会主义市场经济制度产生深远的结构性影响。职是之故，应从反垄断法模糊性的根源着手，省思法律解释学适用于反垄断法的局限，以哲

① See William Kovacic & Carl Shapiro, *Antitrust Policy: A Century of Economic and Legal Thinking*, 14(1) Journal of Economic Perspectives 43, 46-49 (2000).

② 斯图尔特大法官甚至指出：美国联邦最高法院在合并判决中的唯一的一致性是“获胜的总是政府”。See William E. Kovacic & Carl Shapiro, *Antitrust Policy: A Century of Economic and Legal Thinking*, 14(1) Journal of Economic Perspectives 43, 49-51 (2000).

③ See William Kovacic & Carl Shapiro, *Antitrust Policy: A Century of Economic and Legal Thinking*, 14(1) Journal of Economic Perspectives 43, 54-55(2000).

④ See DOJ & FTC, *Horizontal Merger Guidelines*, Federal Trade Commission (Aug. 19, 2010), https://www.ftc.gov/sites/default/files/attachments/merger-review/100819hmg.pdf.

⑤ See DOJ & FTC, *Merger Guidelines*, U. S. Department of Justice (Dec. 18, 2023), https://www.justice.gov/atr/2023-merger-guidelines.

学诠释学促动反垄断法解释的知识转型，经由方法重构型塑反垄断法解释的深层结构。

一、反垄断法解释的认识前提

反垄断法解释的认识前提，是廓清反垄断法文本的抽象性、内涵的模糊性及其根源。横亘于公法与私法之间，反垄断法的特性主要有三：一是在立法语言上抽象吸收具象；二是在违法认定上效果消融要件；三是在分析方法上经济学遮蔽法律。这些特性构成了反垄断法模糊性的根源，也构成了法律解释的基本需求。

第一，反垄断法的文本结构：抽象吸收具象。反垄断法用浓缩的语言框定变动不居的垄断行为具象，文本抽象是主流。影响最为深广的美国《谢尔曼法》①和《欧盟运行条约》②均以两条规定包括垄断协议和市场支配地位滥用。对欧盟影响甚巨的德国《反限制竞争法》，仅以7条规定覆盖限制竞争协议（第1条）、滥用市场支配地位（第19～21条）和集中控制的基本规则（第35～37条）。③ 亚洲反垄断法的先行者日本，其核心规定限于第2条、第3条“私人垄断或不合理交易限制的禁止”和第9条“禁止设立可能导致经济力量过度集中的公司及报告

① 《谢尔曼法》第1条规定：“任何契约，以托拉斯形式或其他形式的联合、共谋，用来限制州际与外国的贸易或商业，是非法的。”第2条规定：“任何人垄断或企图垄断，或与他人联合、共谋垄断州际或与外国间的商业和贸易，是严重犯罪。”此外，上述两条还规定了罚则。参见尚明主编：《主要国家（地区）反垄断法律汇编》，法律出版社2004年版，第186页。

② 《欧盟运行条约》第101条第1项规定：“所有可能影响成员国间贸易，并以阻碍、限制或扭曲共同市场内的竞争为目的或有此效果的企业间协议、企业协会的决议和一致行动，均被视为与共同市场不相容而被竞争，尤其是下列行为：……”第102条规定：“一个或多个企业，滥用其在共同市场上，或在其重大部分中的支配地位，如果有可能影响成员国间的贸易，则被视为与共同市场不相容而被竞争。这类滥用主要有：……”参见许光耀主编：《欧共体竞争立法》，武汉大学出版社2006年版，第3～4页。

③ 德国《反限制竞争法》第1条规定：“企业间达成的协议、企业联合组织作出的决议以及协同行为，以阻碍、限制或扭曲竞争为目的的或者使竞争受到阻碍、限制或扭曲的，应当被禁止。”第19条第4款规定：“一个具有市场支配地位的企业作为特定商品或服务的供应者或需求者，如有下列行为，即构成滥用（市场支配地位）……”第36条规定：“（一）如可预见，集中将产生或加强市场支配地位，联邦卡特尔局应禁止集中，除非企业证明集中也能改善竞争条件，且改善竞争环境所带来的好处超过形成市场支配地位所具有的弊端；（二）参与集中的一个企业是《股份公司法》第17条意义上的从属企业或支配企业，或是第18条意义上的康采恩，则以此类方式联合在一起的诸企业视为单一企业。若干个企业开展合作经营，以致它们能够对另一个企业施加支配性影响的，它们之中的任何一个企业都视为支配企业；（三）一个非企业的人或人合组织对一个企业控股的，该人或任何组织视为企业。”参见时建中主编：《三十一国竞争法典》，中国政法大学出版社2009年版，第97～104页。

义务”的规定。① 中国《反垄断法》中,亦仅有垄断协议4条,滥用市场支配地位3条和经营者集中2条的实体法规定。而随着“保护竞争,而不是竞争者”成为支配性理念,反垄断法的保护对象从传统对法律关系主体的保护转向对主体间互动的关系状态的保护;其保护利益从传统法注重保护个人利益转向对主体间的利益或作为社会整体利益的竞争的保护。② 该等转向,内化为反垄断法抽象的立法目的:保护竞争、促进效率和维护消费者利益,无不如此。③ 即便是对具象的消费者利益维护,也是通过对抽象的竞争保护来实现的“公平竞争下之反射利益”④。

中国《反垄断法》立法目的中,“保护市场公平竞争”属于典型的保护对象向主体间的转向;而“维护消费者利益和社会公共利益”则体现了保护利益从个体向社会整体的转向。由此带来的抽象化,使廓清法律模糊性的需要伴随法律解释之始终。通常,法律的模糊性存在是因为立法者使用了模糊的术语和规定了承认不同观念的一个概念。⑤ 究其原因,一是语言本身的开放特性引致法律的空缺结构;二是社会关系具有复杂

① 日本《禁止垄断法》第3条规定:“事业者不得进行私人垄断或不合理的限制交易行为。”第2条第5款规定:“本法所称的‘私人垄断’,是指事业者单独地,或与其他事业者相结合,或采取合谋等其他任何方式,排除或者控制其他事业者的商业活动,从而违反公共利益,实质性地限制一定交易领域内的竞争行为。”第2条第6款规定:“本法所称的‘不合理交易限制’,是指事业者以契约、协议或者其他合意行为,与其他事业者共同决定、维持,或者提高交易价格,或者对数量、技术、产品、设备或者交易对象等加以限制,相互约束或支配其商业活动,从而违反公共利益,对一定交易领域内的竞争构成实质性威胁。”第8条第1款规定:“事业团体不得实施下列(不公平交易行为)行为……”第9条第3款规定:“前两项所称的经济力量的过度集中是一种状态。这种状态是由规模巨大的公司及其子公司和其通过持有股份而控制了在日本国内总体业务范围涵盖了众多商业领域的其他公司形成的,上述公司对其他事业者所产生的显著巨大影响是通过其资金往来和拥有大量相关商业领域的影响地位而实现的;给国民经济造成重大影响,并阻碍促进自由、公平的竞争。”参见时建中主编:《三十一国竞争法典》,中国政法大学出版社2009年版,第155~163页。

② 参见刘水林:《反垄断法的挑战——对反垄断法的整体主义解释》,载《法学家》2010年第1期。

③ 首先将反垄断法成文化的加拿大,立法旨在“通过保护和鼓励……竞争,提高加拿大经济的效率和适应能力……并为消费者提供竞争性的价格和商品选择”;深具东亚法律文化传统的日本,主张“促进公平、自由竞争,发挥事业者的创造性,……以总体上确保消费者的利益并促进国民经济民主、健康地发展”;在新兴经济体巴西,则追求“企业自由和公开竞争,财产的社会功能,消费者的保护和限制经济权力的滥用”;在从计划向市场转型的俄罗斯,聚焦于“提供统一的经济环境,保障商品的自由流通,支持竞争、经济活动的自由,并为商品市场的有效运营创造环境”。参见时建中主编:《三十一国竞争法典》,中国政法大学出版社2009年版,第1、155、274、562页。

④ 黄茂荣:《公平交易法理论与实务》,台北,植根法学丛书编辑室1993年版,第14页。

⑤ 参见[美]罗纳德·德沃金:《原则问题》,张国清译,江苏人民出版社2008年版,第157页。

性与不确定性，以及立法者在立法的时候带有先见。① 法律的模糊性是必然的。亦即，如果一个法律制度必须对公民间的商业契约关系进行调整，其模糊性则不可能被剔除。② 当然，不同法律的模糊性存在差别：经验积累越长久、调整关系越稳定、观念差值越小，法律文本的模糊程度越低。而由于反垄断法的经验积累时间较短、调整关系动态演化，且先后登上立法、司法舞台的反垄断不同流派之间的观念差异较大，其难免存在较高程度的模糊性。

第二，反垄断法的违法认定：效果消融要件。传统上，法律对行为是否违法、犯罪的判定是"要件取向"的，即一种行为是否对社会有害以及损害的轻重程度，只就行为本身就可作出判断，体现在实体法中就是对行为的构成要件、后果及责任予以明确规定。③ 就此，有学者提出反垄断法适用"目的取向"——因为规范市场经济的竞争秩序不单是一个法律问题，更是一个经济问题，而经济运行的力量，本质上就有超出人为法律框架的潜能。④ 该等判断在否弃"要件取向"上是正确的。"要件取向"在反垄断法适用初期"本身违法"规则主导之时成为主流，于"结构—行为—绩效"（Structure-Conduct-Performance，S-C-P）分析范式全盛时期达到顶峰。而随着"合理规则"的深度渗透，"要件取向"逐渐衰落。然而，取而代之的并非"目的取向"：一方面，反垄断法目的的抽象性，使其离违法标准所要求的具体指引尚存在距离；另一方面，多元化反垄断法目的之间的冲突，则使其难以直接转化为违法标准。职是之故，垄断行为的违法认定无不指向竞争效果的分析或预测，对目的的追求亦内化于效果判定之中。突出表现在2010年美国《横向合并指南》明确，若存在直接的竞争效果证据，可以径直跳过相关市场界定这一步骤。⑤ 由此，相关市场、市场结构和市场力量的分析，消融于效果评估之中。在"效果取向"下，其评估留予执法机构或司法系统完成，以因应变动不居的市场竞争而确立的分析范式。

---

① 参见张志铭：《法律解释原理（上）》，载《国家检察官学院学报》2007年第6期。

② See Timothy Endicott, *The Impossibility of Rule of Law*, 19 Oxford Journal of Legal Study 1, 6 (1999).

③ 参见刘水林：《反垄断法的挑战——对反垄断法的整体主义解释》，载《法学家》2010年第1期。

④ 参见苏永钦：《经济法——已开发国家的任务与难题》，载苏永钦：《民法经济法论文集》，台北，三民书局1988年版。

⑤ DOJ & FTC, Horizontal Merger Guidelines, Federal Trade Commission (Aug. 19, 2010), https://www.ftc.gov/sites/default/files/attachments/merger-review/100819hmg.pdf.

中国《反垄断法》中,"排除、限制竞争"是认定垄断行为的标准。《反垄断法》第 3 条规定垄断行为包括:"(一)经营者达成垄断协议;(二)经营者滥用市场支配地位;(三)具有或者可能具有排除、限制竞争效果的经营者集中。"进一步地,《反垄断法》第 16 条规定,"本法所称垄断协议,是指排除、限制竞争的协议、决定或者其他协同行为";第 7 条规定,"具有市场支配地位的经营者,不得滥用市场支配地位,排除、限制竞争"。其中,垄断行为的认定以"排除、限制竞争"为判断标准,并非排斥要件的存在,而是说要件或目的实质上已消融于效果分析之中。

第三,反垄断法的分析方法:经济学遮蔽法律。反垄断法立法之初并没有经济学的智识输入,但其发展成熟则伴随与经济学的交融,并成为经济学在法律领域渗透得最为深入的地方。经济学和反垄断法之间的强关联在 20 世纪 40 年代就已经确立,①到 20 世纪中期的法经济学运动更是席卷了反垄断法分析的各个领域,反垄断的哈佛学派、芝加哥学派和后芝加哥学派次第勃兴。经济学分析对于反垄断法的影响,一方面,体现在框定法律规则上:经济学推动了纵向限制的反垄断规制从本身违法向合理规则全面转向;②而在经营者集中审查中经济分析也不断深化,竞争效果评估的实体标准从"支配地位标准"修正为"实质削弱竞争标准"或"严重妨碍有效竞争标准"。③ 另一方面,反垄断法的适用也受惠于经济学的工具和方法而日益精细化,覆盖相关市场界定、市场力量与竞争效果和损害的评估。④ 而解释反垄断法的立法目的中不同程度包含的经济性目标,也不可避免地需要经济学分析。由此,竞争政策的决策者对经济学的观念、推理和证据更是倚赖深重;需求弹性、边际成本、市场集中度、单边效应、协调效应和封锁效应等经济学的术语也已经

① See Frederick Rowe, *The Decline of Antitrust and the Delusions of Models: The Faustian Pact of Law and Economics*, 72 Georgetown Law Journal 1511, 1520-1522 (1984).

② 在美国,西尔瓦尼亚公司案确立了对非价格限制分析采取合理原则,参见 Continental Television, Inc. *v.* GTE Sylvania, Inc., 433 U.S. 36 (1977);丽锦案完成了转售价格维持的合理原则分析转向,参见 PSKS *v.* Leegin Creative Leather Prods., Inc., 127 S. Ct. 2705 (2007)。

③ 参见[德]乌尔里希·施瓦尔贝、丹尼尔·齐默尔:《卡特尔法与经济学》,顾一泉、刘旭译,法律出版社 2014 年版,第 293~297 页。

④ 随着计算机化对于数据的搜集和处理的不断推进,新的经验性的经济学工具越来越多地被运用,自 20 世纪 80 年代起,经验性分析被提交于执法机构或法院的情形逐渐成为常态。See Jonathan B. Baker & Timothy F. Bresnahan, *Economic Evidence in Antitrust: Defining Markets and Measuring Market Power*, SSRN (Sept. 20, 2006), https://ssrn.com/abstract=931225.

内化为反垄断法语言的一部分。相较于传统法律领域,反垄断的法律分析的坚硬形式外壳下包裹的经济学分析暗流涌动,而反垄断学派的争鸣实质成为不同的经济学分析范式之间的抗礼。

在中国,早在《国务院反垄断委员会关于相关市场界定的指南》中,就已经借鉴了需求替代和供给替代的分析,以及“假定垄断者测试”的方法——明确提出“依据这种思路……借助经济学工具分析所获取的相关数据……界定相关市场”。除了在规则设定中已经开始吸纳经济学知识、方法和工具,在法律实施中,以经营者集中的反垄断审查为典型,从公告案件来看,执法机关正渐近实现经济学分析的全面覆盖。在中国利乐案中,更是在追溯累计折扣的反竞争效应的分析中直接引入经济学模型。① 在法院关于腾讯案的司法判决中,司法系统亦开始尝试分析平台竞争和双边市场。② 在某种程度上,经济学分析甚至已经成为反垄断案件分析正当性的需要。然而,这也导致了某种法律适用的唯经济学主义倾向,传统的法律方法被有意无意地弃置,经济学内部无法解决的争议也当然地转化为法律适用不可拆解的“意缔牢结”。

二、反垄断法解释的传统局限

面对反垄断法上抽象吸收具象的文本结构、效果消融要件的违法认定和经济学遮蔽法律的分析方法,以及由此深化的法律模糊性,解决方案主要有立法论和解释论两条路径。综观反垄断法发展史,反垄断法的模糊程度随着经验认识的发展、法律规范和判例体系的完善确有所降低;然而,在语言开放结构的基础上,随着社会持续转型和立法者、实施者的先见不断演进、深化,经济学方法和观念的深层渗透,模糊性似又有增无减。据此,长远来看法律解释才是根本的出路。

为此,首先必须重新检视自萨维尼以来法律解释学方法的主流——文义解释、历史解释、体系解释和目的解释——适用于反垄断法这一复杂文本存在何种挑战。

(一)反垄断法的文义解释

无论法律的性质为何,所有的法律解释都必须从文字开始。③ 或者

---

① 参见国家工商行政管理总局工商竞争案字〔2016〕1号行政处罚决定书。

② 参见最高人民法院民事判决书,(2013)民三终字第4号。

③ 参见吴庚:《政法理论与法学方法》,中国人民大学出版社2007年版,第318~319页。

是,应按照法律条文用语之文义及通常使用方式,以阐释法律之意义内容。① 在反垄断法解释中,文义解释也当然构成起点,但由于反垄断法内容高度抽象,纯粹的、扩展的文义解释的适用在向纵深推进的过程中都遭遇不同程度的阻滞。

第一,纯粹文义解释之不能。文义解释具有优先性,在法律的语义清晰明白之时应当优先按照语义进行解释。然而,这在反垄断法解释中有时会产生与其价值目标相背离的结果。例如,美国《谢尔曼法》禁止"任何限制贸易的合同、联合或共谋",而没有说这些词到底该怎么理解。② 美国联邦最高法院不愿就此作字面解释,而认为该条只是反对那些对贸易"不合理"的限制,法院的任务是在个案中认定特定的协议是否确属构成"不合理"。③ 显然,如果将之解释为所有限制贸易的合同、联合或共谋都直接认定违法,则扭曲了反垄断法的初衷,而"本身违法"和"合理规则"的区分也不再有意义,甚或反垄断法的发展史也将被改写。④ 可见,纯粹的文义解释,由于反垄断法的立法语义并不总是清晰明白而不能成为主导方法。

第二,扩展文义解释之局促。从语义学和语用学的区分重构文义解释,可以认为"法律解释中的'语义解释'也是对'语用意义'的详细阐明"⑤。但若只是将语义的确定扩张至对使用语言的语境的强调,其作用的边界依旧有限。以《反垄断法》规定的协同行为为例,结合使用语

---

① 参见梁慧星:《民法解释学》,法律出版社 2009 年版,第 216~217 页。

② 参见[美]赫伯特·霍温坎普:《联邦反托拉斯政策:竞争法律及其实践》(第 3 版),许光耀、江山、王晨译,法律出版社 2009 年版,第 51 页。

③ See Mark Lemley & Christopher Leslie, *Categorical Analysis in Antitrust Jurisprudence*, 93 Iowa Law Review 1207, 1212 (2008).

④ 起初,美国联邦最高法院选取了这种文义解释,将"任何"对贸易的限制都视为违法,参见 United States *v.* Trans-Missouri Freight Ass'n, 166 U. S. 290 (1897);之后,美国联邦最高法院对这种解读进行了修正,限定为只有限制的目的或效果而与任何合法的主要目的不相关才能适用本身违法规则,参见 Addyston Pipe and Steel Co. *v.* United States, 175 U. S. 211 (1899)。进而,美国联邦最高法院提出需要考察限制的目的、性质和效果,进而将法条的适用推展到合理规则分析的区间,参见 Standard Oil Co. of New Jersey *v.* United States, 221 U. S. 1 (1911); Chicago Board of Trade *v.* United States, 246 U. S. 231 (1918)。

⑤ 王彬:《文义解释的反思与重构》,载《宁夏大学学报(人文社会科学版)》2008 年第 3 期。

境，可以将之与协议、决定进行区分，但仍难以得出规制方法上的深入解读。① 进一步地，认定垄断行为需要对促进竞争和反竞争的效果进行权衡，落实到法律条文上，在中国法下：认定垄断协议需要证明"不会严重限制相关市场的竞争"，判定市场支配地位滥用需要就"合理理由"进行解释，经营者集中审查则需要考量"具有或者可能具有的排除、限制竞争效果"和"对竞争产生的有利影响"的权重。就此，即使依据扩展的文义，或结合上下文的语境，对于该等条文的解释也是颇为局限的。究其原因，扩展文义解释的生成，系基于在私法领域，意思自治原则使当事人交易的意思表示，在形式上已经具备了法律解释的"文本"的价值，在内容上也具有替代法律解释对象——私法规范法律文本的功效。② 相较而言，处于公私法之间的经济法，意思自治和解释对象受到相应限制，依此路径扩展文义解释的空间也难以展开。

（二）反垄断法的历史解释

历史解释，或立法、沿革及法意解释，重在探求立法者或准立法者于制定法律时所作的价值判断及其所欲实现的目的，以推知立法者的意思。③ 历史解释对于追本溯源固然有益，但无论是追求立法语言还是考察立法中呈现的原初意图（original intent），其在疑难案件中对于反垄断法条文模糊性的澄清作用都很有限。

第一，对立法史的追溯不敷使用。如前所述，从字面上看，美国《谢尔曼法》将所有的契约都看作违法，因为每一个契约都在一定程度上限制贸易或商业。④ 既然单看法律文本无法得出正确的解释，那么诉诸立法史是一种选择。然而，考察立法史对解释该法似乎也没有多大助益，因为资料只显示国会希望法院将过度宽泛的语言转换为合用的法律教义；在成文法的解释上，通过研究立法史来确定某个法令的含义令人

---

① 在中国《禁止垄断协议规定》中，协同行为是指经营者虽未明确订立书面或口头形式的协议或者决定，但实质上存在协调一致的行为。协同行为在欧盟被解释为，不一定要构成正式协议，只要企业之间在协调形式上心照不宣地代之以实际的合作以避免竞争风险即可，参见 Case 48/69 Imperial Chem. Indus. , Ltd. *v*. Commission, para. 64, (1972) ECR 619；默示的共谋在美国被解释为……不需要发现一个明确的协议，只要被告明知有共同行动的计划，同时又接受或遵循这样的安排即可，参见 Interstate Circuit *v*. United States, 306 U. S. 208, 227 (1939)。

② 参见邹海林：《私法规范文本解释之价值判断》，载《环球法律评论》2013 年第 5 期。

③ 参见梁慧星：《民法解释学》，法律出版社 2009 年版，第 221 页。

④ See Leegin Creative Leather Prods. , Inc. *v*. PSKS, Inc. , 127 S. Ct. 2705, 2712 (2007).

沮丧。① 依立法史的解释之所以让人沮丧，大抵与当今历史解释所抱定的观念有关，即“一切立法资料只是解释法律之参考资料，必须依社会现有观念对立法资料予以评估和进行价值判断”②。于是，这种对立法史的探求，非但没有增加确定性，反而打开了裁量的更大空间。特别是在经济学已经重塑反垄断法规则与适用的今天，通过简单回归的方式解释反垄断法，前景难明。

第二，“制香肠式”立法考察困难。开放社会中，立法往往被形容为“制香肠式”过程，盖言其中各方利益纠葛、博弈和交换之不堪观摩。而反垄断法立法牵涉市场经济的深层方面，卷入的利益更为错综庞杂，且利益初始格局一旦确立则影响尤为深远。通常，利益集团博弈下的妥协方案，直接体现为模糊化的条文。在此，若将解释指向立法者的原初意图，在德沃金看来，得回答一连串的问题：历史上哪些人可以被视为立法者？如何发现这些人的意图？当这些意图彼此有些不同时，如何把他们合并为整体的机构性的意图？③ 对这些问题的回答都是极具挑战性的。无疑，依赖历史解释可以获得关于对立观点纷争及各自论点和论据的一手资料，有助于简单案件的处理解决。但是在疑难案件中，若要从立法史中获得关于条文确定指向的最终判断，其结果：或者是缘木求鱼，难以获得作为整体的机构性的意图，因抗辩双方援引立法中的冲突观点而将论证重新拉入历史的僵局；或者是刻舟求剑，以此刻流行的经济学思想附会彼时的立法语言而不得其所以然。

（三）反垄断法的体系解释

通过依法律条文在法律体系中的地位，即依编、章、节、条、款、项之前后关联位置，或相关法条之法意，阐明其规范意旨，同时维护法律体系及概念用语之统一性，④体系解释对反垄断法的整全理解有结构性的意义。但是，其在个案中具体适用影响有限，并无法据此搭建反垄断法解释的体系化架构。

第一，“意义脉络”之价值。在拉伦茨看来，体系解释的要义在于维系“法律的意义脉络”：当一种表达方式依其语言用法有多种意义可能性

---

① 参见[美]赫伯特·霍温坎普：《联邦反托拉斯政策：竞争法律及其实践》（第3版），许光耀、江山、王晨译，法律出版社2009年版，第51页。

② 梁慧星：《民法解释学》，法律出版社2009年版，第222页。

③ 参见[美]德沃金：《法律帝国》，李常青译，中国大百科全书出版社1996年版，第281页。

④ 参见梁慧星：《民法解释学》，法律出版社2009年版，第219～221页。

时，通常可由其使用脉络推知，具体情况下究竟应考虑何种可能性，虽然该推论未必是终局且精确的；在多种字义上可能的解释之中，应优先考虑有助于维持该规定与其他规定——事理上的一致性者。[①] 反垄断法确有其独特的意义脉络，可依此考察三种垄断行为之间的体系性关联：垄断协议多发于市场力量不大的经营者之间，这些经营者通过协调达成对市场横向和纵向的限制；市场支配地位的滥用则系具有支配性市场力量的经营者通过单边方式实施剥削性或排斥性行为；而经营者集中使得市场力量相对分散的经营者在整合之后更易相互协调或者实施单边行为，排除、限制竞争。在此，依托意义脉络分析的重要价值在于其提供了整全视角和理解方法。

第二，"意义脉络"之限度。对具体垄断行为的规制而言，意义脉络分析于反垄断法解释的作用存在限度。当然，在理解企业联营这类横跨垄断协议和经营者集中的规制对象时，体系解释仍有重要意义：全功能型（或完全整合型）的企业联营可以纳入经营者集中审查的范围，其他类型的企业联营可以通过垄断协议予以规制。[②] 在涉及纵向限制与市场支配地位滥用规制，横向垄断协议与共同支配地位滥用的法条竞合之时，体系解释也可以作为反垄断法适用方案的参考。而在填补垄断行为之间的结构空隙之外，体系解释用于具体垄断行为的竞争效果分析时作用相对较小，"意义脉络"显然不能无限延伸，限度是天然的。

（四）反垄断法的目的解释

反垄断法还可以求助于以法律规范目的为根据，阐释法律疑义的目的解释。与以因果律为基础，因而有必然因果关系的自然法则截然不同，作为人类意志产物的法律，有一定目的，受目的律支配，目的也被称为解释法律之最高准则。[③] 目的解释在文义冲突、历史隐晦、体系紊乱之处可资正本清源。然而，由于反垄断法立法目的之抽象性与多元化，适用时常见目的解释难以调和的局面。

第一，主导性目的之间的调和艰难。对美国《谢尔曼法》的目的解释从一开始就存在实质分歧。施瓦茨指出，国会表露出对正义这一非经济

---

① 参见［德］卡尔·拉伦茨：《法学方法论》，陈爱娥译，商务印书馆2003年版，第204~205页。

② 详尽的阐述，参见江山：《论协议型企业联营的反垄断规制》，载《环球法律评论》2017年第6期。

③ 参见梁慧星：《民法解释学》，法律出版社2009年版，第228~229页。

目标的关切——在同等条件下施以公平和平等待遇;①伯克认为,该法制定者所关注的,仅为所谓的消费者总体福利及其所关联的配置效率;②在兰德的眼里,国会的主要意图是防止消费者福利被转移到那些固定价格的人,或者垄断者那里去。③ 实际上,效率、公平、正义和福利转移等目的在法律制定与适用中长期无法互相替代。其中,效率价值和公平价值之间存在最为直接的冲突,反垄断法律制度的演变过程,可以说同时也是效率价值和公平价值矛盾冲突展开的过程。④

第二,诸目的之间的消长更新。除主导性目的之外,主要法域的反垄断法还有其他多种政策面的诉求,包括提高就业水平以及国民收入的实际水平,保障中小企业,提供统一的经济环境,维护社会公共利益,促进国民经济民主、健康发展等。进一步地,随着时间的演进,某些问题的重要性被湮没,而某些新问题却显得日益重要,法律解释者都希望在法律当中寻获其时代问题的答案,在一定程度上使法律也参与历史的时间之流。⑤ 面对反垄断法诸目的的内涵和重要性位序的消长更新,目的解释如何抉择？就此,美国法采取的立场具有典型性:"国会和最高法院都未曾设想为了完全实现反托拉斯法的一个目标而牺牲另一个目标……一般都假定托拉斯的目标之间是互补的。"⑥然而,在反垄断法目的解释中,若需兼顾并动态调整众多相互重叠或冲突的目的诉求,难免顾此失彼。

鉴于反垄断法文本的抽象和模糊程度,通过文义、历史、体系和目的解释,无法完全消解竞争法定秩序的不确定性。综合多种法律解释方法的流程化方案⑦,对于缓解上述解释的困境有所助益,但仍未能触及根本

---

① See Lawrence Schwartz, "*Justice*" *and Other Non-Economic Goals of Antitrust*, 127 University of Pennsylvania Law Review 1076, 1078 (1979).

② See Robert Bork, *The Antitrust Paradox: A Policy at War with Itself*, Basic Books, 1966, p. 91.

③ See Robert Lande, *Wealth Transfers as the Original and Primary Concern of Antitrust: The Efficiency Interpretation Challenge*, 34 Hasting Law Journal 65, 123 (1982).

④ 参见叶卫平:《反垄断法价值问题研究》,北京大学出版社 2012 年版,第 97 页。

⑤ 参见[德]卡尔·拉伦茨:《法学方法论》,陈爱娥译,商务印书馆 2003 年版,第 198~199 页。

⑥ Eleanor Fox, *The Modernization of Antitrust: A New Equilibrium*, in Thomas E. Sullivan, The Political Economy of Sherman Act, Oxford University Press, 1991, p. 259-260.

⑦ 文义因素首先确定法律解释活动的范围,接着历史因素对此范围进一步加以确定……紧接着体系因素与目的因素开始在这个范围内进行规范意旨的发现或确定工作。参见黄茂荣:《法学方法与现代民法》,中国政法大学出版社 2001 年版,第 88 页。

问题。为此,从哲学诠释学与法律解释学之间的关联、反垄断法规范的本质切入剖析,或是有益的尝试。

三、认知距离:哲学诠释学的“前理解”与法律解释学

法律解释学与诠释学之间的关系源远流长。起初,诠释活动长期聚焦于《圣经》与《罗马法》这样的“神圣文本”。17 世纪之后,诠释学发生了从特殊诠释学到普遍诠释学,从方法论诠释学到本体论诠释学,从单纯作为本体论哲学的诠释学到作为实践哲学的诠释学的三次转向。① 于法律解释学而言,诠释学的第一次转向奠定了传统法律解释学的理论基础;第二次转向在法律解释学中受到关注,但尚未确立相对应的解释规范体系;第三次转向在当下法学话语体系的讨论与建构中更是刚刚开始。如果说哲学代表时代精神的方向,那么法律解释学对哲学诠释学跟进的长期被动、迟缓和滞后,应是其理论遭遇现实挑战难以化解的根本原因。

(一)哲学诠释学及其转向

传说,希腊神祇赫尔墨斯(Hermes)是天神宙斯的儿子与使者,负责往来于奥林匹斯山上的诸神与人世间的凡夫俗子之间,迅速给人们传递神的讯息与指令。然而,由于诸神的语言和人间的语言不同,因此赫尔墨斯的任务或者说使命是把诸神的意旨和命令翻译成人间的语言并对其进行传达。因而赫尔墨斯的工作具有双重性,一方面理解诸神的意旨和命令并将其从一种模式的语言翻译成人们熟悉的语言;另一方面还要解释诸神的指令,把诸神的意旨和命令所包含的意义阐明出来,从而为凡人所知晓并接受、服从。因此,“Hermeneutik”最基本的含义就是通过理解和解释把一种意义关系从一个模式的世界转换到我们所熟悉的世界。②

对此,德国宗教理论家艾伯林(G. Ebeling)对诠释学考证指出,诠释学的希腊词“hermeneuein”在古代希腊至少有以下三种意义指向:第

① 诠释学的第一次转向,主要面向一般世俗文本建构解释规则体系,并向成为人文科学普遍方法论迈进;此后,海德格尔提出对“此在”进行生存论分析的基础本体论,伽达默尔提出效应历史分析,完成了诠释学的第二次转向;目前进行的第三次转向,主要是从单纯作为理论哲学的诠释学转向肩负理论和实践双重任务的诠释学。参见洪汉鼎:《当代西方哲学两大思潮》(下册),商务印书馆 2010 年版,第 458 页。

② 参见洪汉鼎:《当代西方哲学两大思潮》(下册),商务印书馆 2010 年版,第 432 页。

一，说或陈述，即口头讲说；第二，解释或说明，即分析意义；第三，翻译或口译，即转换语言。无论哪种意义指向，其目的都是“带入理解”或“促成理解”。① 根据上述看法，洪汉鼎提出诠释学一词的主要含义：②第一，诠释学主要是指翻译，或者直接说，它是翻译的另一名词，即把一种意义关系从陌生的语言世界翻译成或转换成我们熟悉的语言世界；第二，翻译活动的两个首要条件就是理解与解释，理解总是包含着解释，或者说总是解释性的理解或理解性的解释；第三，诠释学作为翻译，除了理解与解释这两个要素的统一，还存在理解与应用的统一，理解可以说是应用性的理解或理解性的应用；第四，“Hermeneutik”的词尾“ik”与一般所谓学“ologie”不同，“ik”一般指实践与方法，它着重操作，严格翻译“Hermeneutik”就是诠释技艺学，包括理解的技巧、解释的技巧和应用的技巧。

“Hermeneutik”在汉语界目前有“解释学”“诠释学”“释义学”“阐释学”等译法。按照德国语文学家的观点，解释至少应该有“Erklärung”（说明）和“Auslegung”（阐释）两种基本含义，前者偏向于从原则或整体上进行说明性的解释，后者偏重于从事物本身出发进行阐发性的解释。③ 解释的这两层含义，由于近现代自然科学方法论的强势覆盖，其“阐释”上的意义被淹没。在近代诠释学看来，所谓说明乃是近现代自然科学的产物，而人文科学应该面对自然科学的挑战而争取自己与之不同的方法论，因而强调解释本来就含有的阐释的含义，即从事物自身进行解释性的和阐发性的解释。④ 据此，可以展开诠释学的分析。

第一，诠释学的第一次转向与历史主义的诠释学。洪汉鼎认为，第一次转向是从特殊诠释学到普遍诠释学的转向，或者说，从局部诠释学到一般诠释学的转向。这一转向，一方面指诠释学的对象从《圣经》《罗马法》这样的特殊卓越的文本到一般世俗文本的转向，另一方面指诠释学从个别片段解释规则的收集到作为解释科学和艺术的解释规则体系的转向。⑤ 17 世纪以后，诠释学（Hermenéutica）这一名词开始正式使用，主要服务于启蒙时期思想解放背景下的圣经解读，即新教信仰者极

① 参见洪汉鼎：《当代西方哲学两大思潮》（下册），商务印书馆 2010 年版，第 431~434 页。
② 参见洪汉鼎：《当代西方哲学两大思潮》（下册），商务印书馆 2010 年版，第 434~440 页。
③ 参见洪汉鼎：《当代西方哲学两大思潮》（下册），商务印书馆 2010 年版，第 441 页。
④ 参见洪汉鼎：《当代西方哲学两大思潮》（下册），商务印书馆 2010 年版，第 442 页。
⑤ 参见洪汉鼎：《当代西方哲学两大思潮》（下册），商务印书馆 2010 年版，第 458 页。

力摆脱旧教对经文的解释而给予圣经新的意涵。其中,新教神学家史莱尔马赫(Friedrich Schleiermacher)提倡建立可以使诠释学的理论与方法普遍适用于除神学之外的哲学、艺术、文学及法学等不同领域的系统一般诠释学,即以“理解”为中心,主张理解以原著文本为基础,在重组“文本”之际,既应注意文字的关联,也应考虑原著者内心的观点,从这两方面构建以文理的和心理的两种取向为基础的解释准则。① 之后,史学大师约翰·德罗伊森(Johann Droysen)提出,与自然科学通过重复试验从个别经验中导出一般规律不同,历史学的诠释学方法是“从整体中理解个别,从个别中理解整体”,不仅是文本,历史的真实性也是有待理解的对象;精神科学的现象多是一次出现的,无法做重复观察,为使现象重复出现在研究者心中,理解可视为可行方法,精神科学的认知基础,原本建立在人的自我领悟上。② 狄尔泰发扬了这种历史主义诠释学的传统,将之扩大为一切精神科学,并致力于建构精神科学的方法论:提倡“我们解说自然,我们理解灵魂生命”,解说是说明自然的因果关系,而理解是对精神课题的描述;同时,单靠理解亦不能发挥诠释功能,理解与体验及表达乃“三位一体”,即理解须经由自身的体验进入他人内在的生命,并进入人类的精神世界,因为生命具有共同性及普遍性,因此理解可发挥功用。③

诠释学第一次转向的积极结果,是诠释学从独断论的教条中解放出来,成为一种解释规则体系的普遍诠释学,消极结果却使诠释学失去了本来与真理内容的联系,使对真理内容的理解转变成对作者意图的理解,从而使诠释学的三种技巧中,应用这一技巧被剥离而不与诠释学发生关系。④ 对于法律解释而言,诠释学的转向的重要影响在于奠定了传统法律解释学的理论基础。

第二,诠释学的第二次转向与存在论的诠释学。诠释学的第二次转向是从方法论或认识论诠释学到本体论诠释学的转向。狄尔泰以诠释学为精神科学奠定认识论基础的尝试,使诠释学成为精神科学(人文科

① 参见吴庚:《政法理论与法学方法》,中国人民大学出版社 2007 年版,第 274~276 页。

② 德文的精神科学,略相当于我们所说的人文社会科学。参见吴庚:《政法理论与法学方法》,中国人民大学出版社 2007 年版,第 277~278 页。

③ 狄尔泰指出,“理解就是在你之中重新发现我”“理解是我们从对我表示意义的符号,而认识其内在的过程”。参见吴庚:《政法理论与法学方法》,中国人民大学出版社 2007 年版,第 277~278 页。

④ 参见洪汉鼎:《当代西方哲学两大思潮》(下册),商务印书馆 2010 年版,第 458 页。

学)的普遍方法论;但在海德格尔对“此在”进行生存论分析的基础本体论里,诠释学开始转向;伽达默尔(Hans Georg Gadamer)的哲学诠释学则使这种转向得以完成。① 海德格尔主张将诠释学与哲学结合,认为其任务在于:对个别的“此在”充分地告知其作为“此在”的存在性质,并追寻打击“此在”的自我异化;诠释对“此在”的解释,是从“此在”所处世界的整体性中释放出来,不是毫无前提地以事物为对象,而是具有理解的前结构或前理解;正确的解释首先应有自觉意识,即解释反映对前结构的理解,但不可误以为就是开展主观上已有的前理解,而不必顾忌文本的含义。② 在海德格尔的视域内,诠释学的对象不再单纯是文本或人的其他精神客观化物,而是人的“此在”本身,理解不再是对文本的外在解释,而是对人的存在方式的揭示,诠释学不再被认为是对深藏于文本里的作者心理意向的探究,而是被规定为对文本所展示的存在世界的阐释。③ 伽达默尔与海德格尔一脉相承,提倡存在论的诠释学,其认为,诠释学不是一种方法,理解本身不可看作主观性的行为,而是透过传承事物沟通过去与现在的中介,这也就是传承事物与解释者之间的互动;效应历史支配着我们,构成我们的前理解的一部分,我们对作品的理解自始就受效应历史的支配,但它不是终局的,只是阶段性的前理解,一直到最终理解出现为止。④ 就效应历史观对理解客观性的否弃,贝蒂等人认为在解释中无论主观性有多大作用,客体仍旧是客体,其中一定存在客观上可以证实的意义。然而,伽达默尔指出,这种试图用严格的心理学理论来保证理解的客观性的观点,自胡塞尔到海德格尔对心理主义和客观主义的批判,已经难以成立。⑤

海德格尔和伽达默尔对解释的性质、前理解和效应历史的解读,构成了哲学诠释学第二次转向的重要命题。特别是“前理解”这一命题的提出,对法律解释学超越传统解释学体系进而拓新有着重大的意义。

第三,诠释学的第三次转向。洪汉鼎认为,诠释学的第三次转向是

① 参见洪汉鼎:《当代西方哲学两大思潮》(下册),商务印书馆 2010 年版,第 458~459 页。

② 参见吴庚:《政法理论与法学方法》,中国人民大学出版社 2007 年版,第 278~281 页。

③ 参见洪汉鼎:《当代西方哲学两大思潮》(下册),商务印书馆 2010 年版,第 458~459 页。

④ 效应历史概念具有两种作用:一是人们现时的意识由效应历史所型塑;二是“此在”虽然是一种效应历史的存在,但仍能从中获致自己的意识。参见吴庚:《政法理论与法学方法》,中国人民大学出版社 2007 年版,第 281~284 页。

⑤ 参见张能为:《理解的实践——伽达默尔实践哲学研究》,人民出版社 2002 年版,第 73 页。

从单纯作为本体论(理论)哲学的诠释学到作为实践哲学(理论和实践双重任务)的诠释学的转向。① 要改变传统哲学之中理论与实践不统一的做法,应当从人的具体存在经验出发,通过理解将作为一门理论的哲学与作为一门实践的哲学合二为一。② 伽达默尔指出,诠释学是作为实践哲学的哲学,知识并不只是基于统治它在的疏异的东西这个问题而被提出来的,这只是自然科学对事实进行科学研究的基本激情,人文科学最关键的不是客观性,而是与对象的前行关系,正如在艺术和历史中的主动参与是它们理论有无价值的根本标准,同样在其他人文科学中,如政治学、文学、宗教学等中,实践参与正构成它们的本质特征。③ 作为实践哲学的诠释学不仅提供关于科学应用程序的解释,还对预先规定一切科学之运用的问题作出说明。④ 与以往的实践哲学不同,这种作为理论和实践双重任务的诠释学在于重新恢复亚里士多德的"实践智慧"概念,从而使我们不再以客观性,而是以实践参与作为人文社会科学最高评判标准,在当代科学技术和全球经济一体化对社会进行全面统治造成人文精神相对而言日益衰退的时候,尤为凸显其价值。⑤ 在此基础上,伽达默尔大大地拓宽了实践概念的内涵,其实质上反对了只把实践作为科学的实践、作为技术生产性的运用这种近代科学发展中的实践思想,也超越了康德从先验性上来考察实践理性、构建实践形而上学的做法,还超越了海德格尔通过诗化的存在之思来克服当代的虚无主义的做法,⑥其将实践视为在理性反思基础上的最广泛意义上的人类生活,认为要唤起人们关于解释学的哲学本体化意义或者说现代解释学意识,就必须将之落实到解释学的实践上去。⑦

伽达默尔立足于人文主义传统,重新发掘古代的实践哲学,以此寻求克服当代虚无主义的途径:重视传统的连续性,强调传统对于人们存在的塑造作用,以及传统价值观念对于现代技术文明的抵制;另外,还提

① 参见洪汉鼎:《当代西方哲学两大思潮》(下册),商务印书馆 2010 年版,第 459 页。
② 参见张能为:《理解的实践——伽达默尔实践哲学研究》,人民出版社 2002 年版,第 65 页。
③ 参见洪汉鼎:《当代西方哲学两大思潮》(下册),商务印书馆 2010 年版,第 451~452 页。
④ 参见洪汉鼎:《当代西方哲学两大思潮》(下册),商务印书馆 2010 年版,第 452 页。
⑤ 参见洪汉鼎:《当代西方哲学两大思潮》(下册),商务印书馆 2010 年版,第 459 页。
⑥ 伽达默尔认同海德格尔对时代的诊断,即我们这个时代是技术统治的时代,这个时代遗忘了存在的根基,导致虚无主义盛行。参见邵华:《论伽达默尔对实践哲学和解释学的融合》,载《现代哲学》2010 年第 5 期。
⑦ 参见张能为:《理解的实践——伽达默尔实践哲学研究》,人民出版社 2002 年版,第 65 页。

倡通过对话进行相互理解和沟通,在商谈中达成共识。① 诠释学的第三次转向,在"前理解"等命题的基础上,提出了"实践"作为人文社会科学的指向,对于法律解释学中相互冲突的前理解之间的调和,对于法律解释学中传统这一维度的彰显,都有着方向性的意义。

(二)哲学诠释学与法律解释学

早在古罗马时期,私法之发达有赖于罗马民法解释学之发达,假使没有发达的民法解释学,绝不可能有发达的罗马私法:在其极盛时期,学者的解释直接成为法源之一,被称为"学说法",而罗马法也被称为卓越的"法学家法"。② 因历史之悠久,法学解释学与文献解释学及神学解释学共同构成一般解释学的历史渊源;之后,两者在向作为近代科学方法论的一般解释学发展的过程中,融入作为精神科学方法论的一般解释学中,而法学解释学则不同,其所具有的教义的目的使其仍保有独立地位。③ 自哲学诠释学发端以来,从更一般性的角度对法律解释学进行剖析,为此后诸部门法的解释学打下了学理基础。

基于历史主义的诠释学传统,作为法学家的贝提在建立一般解释方法的同时对法律解释有系统的分析。第一,贝提认为,在法律解释这一具有典型规范性功能的解释中,文本的结果都赋予实践的意义,解释者的权威地位必须受承认。④ 而且解释受主观及客观两项因素支配:前者即立法者原意,以解释立法者制定文本时的真意作为适用的依据;客观的因素即法律原意或体系的原意,即将文本以严密逻辑推演得出更佳的理解或探求其客观上意义,或者对文本作关联性的提升,置之于法秩序的整体中,深入理解并补充其含义,以便能以前瞻的观点应对现时的状况。⑤ 第二,贝提认为,法律解释本质上是一种以目标取向为任务的解释,即这类型的解释对所涉及的法规及其所要求的作为或不作为,产生一项使我们据以行为或决策的理解。⑥ 法律规范作为行为的规矩,既不是由法条无须透过媒介,直接从其原始规定形态中产生的,也不是一种

① 参见邵华:《论伽达默尔对实践哲学和解释学的融合》,载《现代哲学》2010年第5期。

② 参见梁慧星:《民法解释学》,法律出版社2009年版,第3页。

③ 松坂佐一『民法解釈の基本問題』(名古屋大学出版会,1985年)116頁参照。转引自梁慧星:《民法解释学》,法律出版社2009年版,第151页。

④ 参见吴庚:《政法理论与法学方法》,中国人民大学出版社2007年版,第293页。

⑤ 参见吴庚:《政法理论与法学方法》,中国人民大学出版社2007年版,第293页。

⑥ 参见吴庚:《政法理论与法学方法》,中国人民大学出版社2007年版,第294页。

无从透过媒介而表现的知识,其只有经由解释才能成为行为的准则;这种知识具有整合人类生活关系的任务,且法律规范来自正当权威的制定,解释者受到原意、先例所形成的准则的拘束,其行为或决策须符合现时法理、伦理以及社会秩序所欲维持的价值。①

发扬存在论诠释学的精义,伽达默尔对法律诠释学作出了独到的分析,认为法律诠释学与历史学派的诠释学存在不可忽视的区别。② 伽达默尔认为,法学家(法官)理解法律,并不受国会立法过程的议事记录所拘束,也不是要透过记录以探求其原意,而是要据生活关系的变迁,确定法律新的规范效力;而法史学者同样需要区分法律的原始意义内涵与眼前的现实,因为离开现况而能客观决定包括法律在内的任何历史性对象之地位价值的说辞并不正确。③ 法律文本因直接期待其对现在产生效力而存在,法史学者注意法律从过去到现在的连续性,法学家(法官)的任务是使法的生命不断延续,法律思想的传统也得以确保,其诠释学负有建立法规适用的义理(体系理论)的特殊任务。④ 以此推论,法律诠释学与历史学派的诠释学的区别在于,法律诠释学以构建法规适用的义理为旨归。法官所处的诠释学情境及其所负任务:不能认为法律适用只是单纯的涵摄行为,即以适合的法条吸纳相应的事实;除非常简易的案件,法官可以按照文本的含义直接作成判断外,其余案件,律师或辩护人都需参与,才能达成正确的裁判。⑤

在中国,梁慧星指出,在一般解释学的基本理论之上,法律解释学具有特殊性:第一,法律解释学的解释对象为法律文本,即国家立法机关制定的成文法规范及习惯和判例规则;第二,一般解释的目的在理解文本,即见出文本意义,法律解释者对某个法律文本进行法学解释,不只是限于理解该法律文本,而且是要将该法律文本作为待解决案件的准据,即将该法律条文适用于待决法律事实,从中得出判决;第三,法律解释学具有弥补漏洞的特有功能;第四,一般解释学并不特别注重文本作

① 参见吴庚:《政法理论与法学方法》,中国人民大学出版社2007年版,第294页。

② 这种区别如同法学家与法史学家的不同,前者对法律文本的历史性的理解只是为了适应当前生活现实的需要;后者则没有建立立法之体系理论的任务,只需以法律文本为对象确定其原始意义以及其地位价值。参见吴庚:《政法理论与法学方法》,中国人民大学出版社2007年版,第285页。

③ 参见吴庚:《政法理论与法学方法》,中国人民大学出版社2007年版,第285页。

④ 参见吴庚:《政法理论与法学方法》,中国人民大学出版社2007年版,第286页。

⑤ 参见吴庚:《政法理论与法学方法》,中国人民大学出版社2007年版,第286页。

者的目的,法律解释学无论是追求立法者意思的主观解释论还是追求文本客观意义的客观解释论,均承认立法者的目的,即立法目的,对于法条含义的决定作用。① 郑永流指出,哲学诠释学对法律解释的启示,核心在于为法律解释与价值立场的关系提供有说服力的理论工具:解释者不可能价值无涉,解释者均有是非感,是非感存在于先见、前理解之中,解释者的立场偏向,就决定了不存在能普遍接受的要么对要么错的判决,只有通过理解者与作者的对话,在探究性造法解释中,才能得到一个合理的、可接受的、合意的结论。② 而传统方法论的解释学的致命弱点是将一切先见、前理解看作正确理解的障碍,要求判断者心底无私,这既是误解也是苛求;先见、前理解中也有谬误,但消除它们的办法不是将先见从理解中彻底驱逐,而是不断地修正先见。③

除却一般解释学或哲学诠释学与法律解释学的这种差异性之外,作为诠释学三大源头之一的法律解释学,既然属于诠释学大传统的一部分,那么哲学诠释学的方法和理念无疑对法律解释学有重要的指引和启示意义。拉伦茨深刻地指出,"以诠释学的眼光对法学作自我反省"④。笔者认为,当前,法律解释学的发展尚处于哲学诠释学第一次转向所奠定的阶段之中,继承了历史主义诠释学的基本理路,对于法律的解释多限于一种基于或围绕文本的分析,限于方法论的层面。就此,郑永流也曾指出,哲学解释学在海德格尔之前属方法论的,法律解释学是其体现之一,之后的主流属本体论的,法律解释学是否可追随它,却是各有说法。⑤ 例如,有论者认为,过度诠释使后现代解释学从客观主义走向了主观主义,从绝对主义走向了相对主义,从一个极端走向了另一个极端;⑥ 法律解释者在其主体性上,应该适当强调受约性的一面,应该再次返回

---

① 参见梁慧星:《民法解释学》,法律出版社 2009 年版,第 151~152 页。

② 参见郑永流:《出释入造——法律诠释学及其与法律解释学的关系》,载《法学研究》2002 年第 3 期。

③ 参见郑永流:《出释入造——法律诠释学及其与法律解释学的关系》,载《法学研究》2002 年第 3 期。

④ [德]卡尔·拉伦茨:《法学方法论》,陈爱娥译,商务印书馆 2003 年版,第 121 页。

⑤ 参见郑永流:《出释入造——法律诠释学及其与法律解释学的关系》,载《法学研究》2002 年第 3 期。

⑥ 此种立论的基础,在于将伽达默尔的哲学诠释学和德里达的结构主义相通之处放大或混同,进而认为安置解释者主体性的关键在于扬弃后现代解释学,安置解释者主体性的路径在于适当回归古典解释学。参见陈金钊等:《法律解释学——立场、原则与方法》,湖南人民出版社 2009 年版,第 182~187 页。

到作者、返回到文本,应该适当回归古典解释学。[①] 就此可以认为,由反垄断法的竞争政策法制化的特点所决定,其在法律文本和适用中所大量存在的“前理解”使历史主义诠释学的分析理路已经在诸多领域逐渐失去其解释力。这已成为难以回避的事实。哲学诠释学从认识论到本体论的转向,其所接续的不应当是后现代的解释学,即走向开掘并发扬的解释破坏性和暴力的解构主义,[②]而应当是立基于本体论诠释学所主张的在传统中探究文本的含义,并逐渐吸纳“实践哲学”转向的精华。据此,当前法律解释学的发展,应当开始观照哲学诠释学第二次转向的基本理路,探索立基于存在论诠释学的法律解释学,更加紧密地与现代法律的发展与演进相勾连,剖析法律文本和适用中的“前理解”,并且结合哲学诠释学“实践哲学”转向的趋势,提倡“交谈合理性”,以捍卫法律的确定性,为法律实践之中的路径选择提供背景理论支援。至此,笔者所强调的是哲学诠释学对于法律解释学的理论支援上的意义,具体到法律解释的操作层面,还需结合具体法域和专门法律的现实,从法学方法论和法律解释操作上予以进一步的分析。

立足于当前法律解释学的发展阶段,考察诠释学从方法到本体的转向,可测知法律解释学与哲学诠释学的认知距离。其中,认识“前理解”是关键。作为诠释学第二次转向的枢纽,海德格尔主张将诠释学与哲学结合成为哲学的诠释学,面向人的“此在”本身:理解是对人的存在方式的揭示,诠释学则被规定为对文本所展示的存在世界的阐释。[③] 于是,“此在”从其所处世界的整体性中释放出来,它不是毫无前提地以事物为对象,而是具有理解的前结构或前理解。[④] 进而,伽达默尔不再将诠释学看作一种方法,也不将理解看作主观性的行为,而是将理解看作透过传承事物沟通过去与现在的中介,传承事物与解释者之间的互动。[⑤] 沿海

---

① 参见陈金钊等:《法律解释学——立场、原则与方法》,湖南人民出版社 2009 年版,第 191 页。

② 美国学者菲尔德曼指出:“德里达和伽达默尔都探索我们怎样理解文本,尽管他们都拒绝了现代主义的基础论的形而上学。他们的不同之处在于:如果说,伽达默尔的哲学诠释学是在建设性之中内含着解构的潜力,那么德里达的结构主义则进一步发掘了这种潜力——解释所具有的破坏性、暴力性。”参见[美]斯蒂芬·M. 菲尔德曼:《从前现代主义到后现代主义的美国法律思想》,李国庆译,中国政法大学出版社 2005 年版,第 51~57 页。

③ 参见洪汉鼎:《当代西方哲学两大思潮》(下册),商务印书馆 2010 年版,第 459 页。

④ 参见吴庚:《政法理论与法学方法》,中国人民大学出版社 2007 年版,第 278~281 页。

⑤ 参见吴庚:《政法理论与法学方法》,中国人民大学出版社 2007 年版,第 281~284 页。

德格尔—伽达默尔—脉的哲学诠释学观照反垄断法解释,正是反垄断法制定与实施各环节中“前理解”蕴含的不确定性,构成了适用传统法律解释学方法的核心挑战。

四、反垄断法解释的深层结构

反垄断法解释的挑战,不仅源于问题本身,也在于回应问题的方式不同。反垄断法解释的传统方法,旨在回答“如何通过解释消除反垄断法的不确定性”这一问题。而“前理解”的引入,则意味着反垄断法解释不再直接指向该问题,而是先要“改变问题自身的性质”①。由此,问题的性质已经转变为如何区分对待反垄断法中不确定性可以经解释而“祛除”的部分,以及受制于“前理解”而不能被“祛除”的部分?据此,反垄断法解释的知识转型和方法重构得以展开。

(一)哲学诠释学下反垄断法的“前理解”

法学学者如果要根本理解哲学诠释学,首先必须把哲学诠释学的文本与自己所处的具体诠释学境况联系起来。② 具体到反垄断法,需要回答三个问题。

第一,什么是反垄断法中的“前理解”?法,作为善良与公正的艺术,最终指向正义。追溯至罗尔斯的传统,正义要求所有的社会基本善——自由和机会、收入和财富及自尊的基础——都应当被平等地分配,除非对一些或所有社会基本善的一种不平等分配有利于最不利者。③在诺奇克的传统下,“如果一个人根据获取和转让的正义原则或者不正义的矫正原则对其持有是有资格的,那么他的持有就是正义的;如果每一个人的持有都是正义的,那么持有的总体(分配)就是正义的”④。沿袭功利主义的方法,则认定“如果一个社会之中的主要制度被安排得能够达到总计所有属于它的个人而形成的满足的最大净余额,那么这个社

---

① [英]以赛亚·伯林:《自由及其背叛》,赵国新译,译林出版社 2011 年版,第 3~4 页。

② 参见郑永流:《出释入造——法律诠释学及其与法律解释学的关系》,载《法学研究》2002 年第 3 期。

③ 参见[美]约翰·罗尔斯:《正义论》,何怀宏、何包钢、廖申白译,中国社会科学出版社 1988 年版,第 303 页。

④ [美]罗伯特·诺奇克:《无政府、国家和乌托邦》,姚大志译,中国社会科学出版社 2008 年版,第 180~184 页。

会就是正义的"①。反垄断法所内含的正义观就是解释该法所面向的"前理解";而法律解释的要义在于识别、确认并最终实现反垄断法规范背后所蕴含的正义观。

第二,何者构成了反垄断法的"前理解"? 作为反垄断法之"前理解"的正义观,作用于政治体制与市场机制形成特定的价值内涵,并内化于法规范体系。在此,政治与经济价值是具有主导性的。在政治价值上,反垄断法或追求捍卫经济民主(如美国),或追求实现经济一体化(如欧盟)从而推进政治融合,或为了防止经济权力过于集中导致极权主义重新崛起(如德国和日本),或为了削弱、限缩不断扩大的贫富差距以深化改革(如中国)。在经济价值上,反垄断法被认为或是旨在通过"结构—行为—绩效"范式来评估并保障市场具有"可竞争性"(哈佛学派),或是基于价格理论通过自由进入促进市场中企业的竞争行为和良好绩效(芝加哥学派),或是基于博弈论通过对策略行为的分析强调对消费者福利的维护(后芝加哥学派)。进而,在一个经济体内部,反垄断法所维护的价值谱系与位序也会随着时事的推移发生改变。② 在时间之流中,保护竞争者等价值被否弃,福利转移的价值标准在不断修正,而效率、公平和正义等主导性价值持续消长。"前理解"表现为不同理论模式之间的分野、冲突,主流学派的易变、新生,实践随着政策的波动、摇摆。无论其主张者是否有清晰的认识,上述政治价值与经济价值都实在地型塑了反垄断法的正义观,构成了反垄断法解释中不可回避的"前理解",也成为适用与解释反垄断法的背景、前设和出发点。

第三,如何认识反垄断法的"前理解"。哲学诠释学是本体论上的观照,重在明确"存在什么样的反垄断法",而回答"反垄断法能够知道什么以及如何知道"的问题,尚需认识论的支撑。就此,自近代哲学的认识论转向以来,自然科学、社会科学和人文科学方法论受到了巨大影响。在法学中,从经验论与理性论的二分,③到康德把感性和理性两种认识结合

① [美]约翰·罗尔斯:《正义论》,何怀宏、何包钢、廖申白译,中国社会科学出版社 1988 年版,第 22 页。

② 政治价值内涵和序列可变性的分析,参见王旭:《行政法解释学研究:基本原理、实践技术与中国问题》,中国法制出版社 2010 年版,第 32 页。

③ 肯定认识必须起源于感觉经验,就会重视经验的归纳法,将认识与对象的契合作为真理的标准,宣扬"摹本说";而肯定普遍必然性知识只能起源于理性本身,就会强调理性的演绎法,将认识本身的清楚明白或无矛盾作为真理的标准,宣扬"一贯说"。参见陈修斋主编:《欧洲哲学史上的经验主义和理性主义》,人民出版社 2007 年版,第 215~216 页。

起来的努力,[①]再到伽达默尔关于效应历史在哲学诠释学中作用的阐释,清晰地确立了其认识的基本前提,即法学不应再渴求知识的科学性,而应在"经验—理性"调和观下探索法律解释的应有路向。据此,基于认知结构的不同,法律解释学发展出了统一模式、选择模式、融合模式的主要类型。其中,统一、选择模式都以主客体分裂为基础,认为"解释学乃避免误解的学问",把解释者的历史性作为阻碍获得正确解释的因素加以排斥和否定;而在受超越主客体(观)划分的哲学诠释学影响的融合模式中,立法原意、法律语义和解释者的理解构成三种不能互相替代、不为严格复制关系的"视界",解释的最终结果是三者之间的"视界融合"。[②] 由此进入"前理解",在流变、多元的价值谱系中进行选取,释放规范背后的正义观,方能走出法律、经济学和政治哲学的理论迷宫,确立法律解释与适用的稳定性和延续性。

(二)反垄断法解释的"确定性—妥当性"坐标

从本体论和认识论的宏大叙事中沉淀下来,亟须在融合模式下确立法律解释的正当性坐标。其核心在于把握法律解释的确定性和妥当性之间的合理关系,即解释的结论必须满足法律确定性的要求,同时又是合情合理的;在二者发生冲突时,确定性优位。[③] 而在不克减确定性的同时对妥当性予以观照,唯一的选择就是重新思考确定性的概念,即最主要的问题就是,什么是判断法律确定性的标准?[④] 由此展开,在以"确定性—妥当性"为轴线的解释坐标下,缕析确定性标准问题,匹配适切的解释路径,方能深入反垄断法解释的深层构造。

第一,疑难案件中确定性的相对主义路径。多数论者区分一般案件与疑难案件以研判法律解释中的确定性问题,认为疑难案件中存在法律解释的不确定性,但这并不意味着丧失对法律确定性或客观性的追求,因为就与不确定性或主观任意性相对立而言,法律的确定性或客观性可以有不同的含义。[⑤] 在判断疑难案件确定性的问题上,这是似是而

---

① 康德承认认识起源于感觉经验,但同时强调人们获得科学知识的过程是认识主体以先验范畴的形式对感觉材料进行综合的过程,认识主体必须能动地把综合判断与先天判断结合起来,形成先天综合判断,才能获得科学知识。参见涂纪亮:《从古典实用主义到新实用主义——实用主义基本观念的演变》,人民出版社 2006 年版,第 135~138 页。

② 参见张志铭:《法律解释原理(中)》,载《国家检察官学院学报》2008 年第 1 期。

③ 参见张志铭:《法律解释原理(下)》,载《国家检察官学院学报》2008 年第 2 期。

④ 参见张志铭:《法律解释原理(下)》,载《国家检察官学院学报》2008 年第 2 期。

⑤ 参见张志铭:《法律解释原理(下)》,载《国家检察官学院学报》2008 年第 2 期。

非的相对主义论断。然而，据此可以区分反垄断法适用中的非疑难问题，明晰其应遵守的规则，以划定自由裁量的边界。

在此，非疑难案件的典型是垄断协议中横向垄断协议类案件。横向垄断协议通常有着确定的外观：有竞争关系的企业之间达成的横向垄断协议，多是直接通过书面或口头形式的协议固定价格、限定产量和划分市场；在涉及行业协会的案件中，则存在明确的决定。当然，在协同行为的认定中，超越了书面或口头的形式，需要结合行为的一致性和市场结构、环境等要素来考虑。但这并不意味着解释上的不确定性，而更多是在垄断行为的发现、证据收集和认定①上难度的增加。

第二，以确定性吸纳妥当性的内部化路径。在德沃金看来，法规的法律效力，取决于质问该术语的抽象含义承认的不同解释中，哪一个解释最好地推进了为通过该法规提供支持的最好的政治正当化辩护的那套原则和政策。② 这种把妥当性纳入确定性之中的方法，认为对妥当性的追求任何时候都可以从法律体系中或者从法律本身找到答案。③ 其核心是通过重新分类和建构相关概念的范围，将法律渊源的范围加以拓宽至涵盖标准、原则和政策。④ 据此，面向疑难案件，反垄断法解释可拓宽法律渊源范围，把妥当性纳入确定性之中以规范自由裁量。

确定性吸纳妥当性的内部化的典型，存在于反垄断法的效果分析类型中：纵向垄断协议规制中的"品牌内—品牌间"竞争，以及经营者集中审查中的单边效应、协调效应与封锁效应。上述类型并不是反垄断法律条文之中予以明确规定的法律规范，而是在案例、司法解释和指南等中予以确认的分析标准。这种通过确定性使妥当性内部化的路径，在纵向

① 若属"事实描述"只需要审查其真实性(涉及证据问题)，而"事实涵摄"还需要审查描述者归类过程的正确性问题。参见卢佩：《"法律适用"之逻辑结构分析》，载《当代法学》2017年第2期。

② 参见[美]罗纳德·德沃金：《原则问题》，张国清译，江苏人民出版社2008年版，第158页。

③ 参见张志铭：《法律解释原理(下)》，载《国家检察官学院学报》2008年第2期。

④ 有学者指明经济法中大量运用法律标准。参见叶明：《经济法偏重法律标准的原因及意义》，载《西南民族大学学报(人文社科版)》2003年第11期。亦有学者认为，反垄断法中属于原则、标准的弹性规范占据绝对多数。参见吴元元：《反垄断司法的知识生产——一个知识社会学的视角》，载《现代法学》2014年第6期。实际上，德沃金对"原则"这个词汇的使用在大多数情况下本来就是概括的，用以指代法律规则之外的其他准则的总体。参见[美]罗纳德·德沃金：《认真对待权利》，信春鹰、吴玉章译，中国大百科全书出版社1998年版，第40页。反垄断传统中未开展对基本原则的识别，对政策入侵亦持抵触态度，法律渊源的拓宽以标准为主导。

垄断协议反垄断规制①和经营者集中反垄断审查②中的运用形成了较高程度的共识。但是,在滥用市场支配地位规制中,具体滥用行为类型的内在属性和竞争影响仍存在较大差异,标准适用受到限制。

第三,基于“合乎情理性之过程和理由”的外部化路径。基于对客观性强弱程度的区分,③波斯纳认为,就疑难法律问题,法官的恰当目标只是获得合乎情理的结果,而不是要获得某个其正确性可以予以论证的结果。④ 这种分析把确定性的关切从追求答案的“唯一正确”转为专注获得答案的“过程和理由的合乎情理”。⑤ 由此,在反垄断法解释中,就原则、标准上仍难以消弭的分歧,在解释活动无法完全从法律体系内部或者从法律本身找到答案的时候,可以转向经由交谈合理性方案框定的“法律之外追求”,在不同原则、标准之间的“交谈”和“沟通”过程中充分论证理由,指向具有相对客观性的合乎情理的结果。

---

① 早期的茅台、五粮液案从品牌间竞争、品牌内竞争和消费者利益展开分析竞争效果。后续的奶粉案和江苏奔驰案,则仅提及上述要点而未做出进一步的说明。进一步地,在眼镜镜片、湖北一汽大众、上海克莱斯勒、广东东风日产、上海韩泰轮胎、上汽通用和上海领鲜物流等案件中,皆未明示竞争影响的具体分析。在美敦力案中,执法机构重申了“品牌内—品牌间”竞争的分析框架。到了扬子江药业案,执法机构则重新回归“禁止+豁免”的分析框架,但在实质上进行了较为详尽的竞争影响分析。在法院的判决中,早期的强生案即奠定了详细的品牌内—品牌间竞争分析基础,其影响一直延续到裕泰案中,亦强调民事案件中对竞争影响分析之证明的必要性。虽然对于行政执法案件中执法机构应当满足的纵向垄断协议证明标准仍存在不同的理解,但竞争影响的分析本身对于案件结果的决定性作用应当是毋庸置疑的。

② 在中国,从最初的支配地位传导分析(可口可乐/汇源案),到单纯市场控制力的判断(辉瑞/惠氏、嘉能可/斯特拉塔和丸红/高鸿案等),进而聚焦协调效应(乌拉尔/谢尔维尼特、佩内洛普/萨维奥、希捷/三星、加阳/萨斯喀彻温钾肥和马士基/汉堡南美船务案等)、单边效应(松下/三洋、西部数据/日立、默克/安智、雅培/圣犹达、陶氏化学/杜邦、博通/博科、惠普/三星电子、马士基/汉堡南美船务、贝克顿-迪金森/巴德公司和日月光半导体/矽品精密案等)和封锁效应(通用/德尔福、通用电气/中国神华、微软/诺基亚、科力远/丰田中国等、博通/博科案等)的分析,逐步形成分析的连续性。

③ 本体论的客观性、科学意义上的可复观性和交流意义上的合理性,客观性强度逐级递减。在交流意义上的合理性中,客观性是指一种合乎情理的中间立场,要求要有说服力,尽管不必然是令人信服的解释,而非任性、个人化或(狭义的)政治化,并可合理地加以修改。参见[美]理查德·A. 波斯纳:《法理学问题》,苏力译,中国政法大学出版社 2002 年版,第 8~9 页。

④ 参见[美]理查德·A. 波斯纳:《法理学问题》,苏力译,中国政法大学出版社 2002 年版,第 34 页。

⑤ 更具体的论述,参见张志铭:《法律解释原理(中)》,载《国家检察官学院学报》2008 年第 1 期。苏力也指出,法律解释的问题不在于发现对文本的正确理解,而在于为某种具体的司法做法提出有根据的且有说服力的法律理由。参见苏力:《解释的难题:对几种法律文本解释方法的追问》,载《中国社会科学》1997 年第 4 期。

基于"合乎情理之过程和理由"的外部化路径适用的典型,是滥用市场支配地位规制中的标准确立及其"沟通"的过程。在滥用市场支配地位的规制中,尽管通过排斥性行为和剥削性行为的分类对分析框架作出了进一步的细化,但是不仅在二者之间有较大的分析差异,在属于排斥性行为的掠夺性定价、拒绝交易、排他性交易、歧视性待遇和搭售之间分析标准也有不同。① 就此,理论界与实务界至今尚未达成有效共识,需要引入交谈合理性方案,探求沟通标准的方案。

易言之,在区分疑难与非疑难案件的基础上,融合德沃金和波斯纳的理路,分层架设反垄断法解释的制度结构,方为可欲的选择。在此,波斯纳的交谈合理性与德沃金的"整合法学"之间应当存在一种引力。这种法律解释学上的理论进展,实际上也暗合了哲学诠释学第二次转向和第三次转向的大方向,应是法律解释学未来的发展趋势。具体而言,如何确立非疑难案件的经验共识从而直接适用规则?反垄断法的法律渊源拓宽之后,其边界止于何处?交谈合理性在哪个节点应当被引入?探索这一系列问题的答案,方可建构反垄断法解释的深层结构。

(三)反垄断法解释的结构体系

以哲学诠释学中的"前理解"为基底,在法律解释学"确定性—妥当性"的分析坐标下,反垄断法解释的方法重构应以经验世界、规则结构、标准序列、理论基础和观念内核五个层次展开(见图 1-1)。结合哲学诠释学和认识论的观察,反垄断法解释的结构层次的建构,既是反垄断法在实施中展开的经验映射,也贯穿了反垄断法制度生成的内在逻辑。反垄断法解释结构的各个层次之间既相对独立,边界又相对模糊,随着经验与观念的互动演进而不断相互渗透、互为修正。

① See Antitrust Modernization Commission, *Report and Recommendations* (2007), UNT University Libraries(Apr., 2007), https://govinfo.library.unt.edu/amc/report_recommendation/toc.htm.

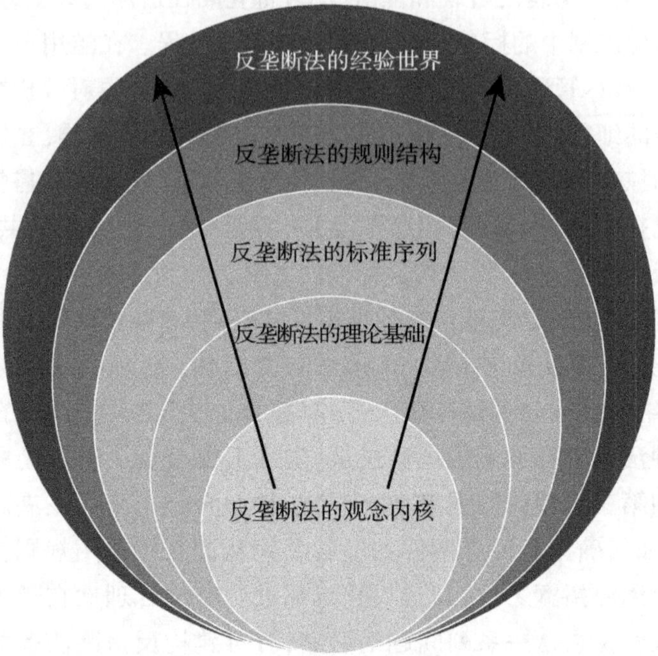

图 1-1 反垄断法解释的深层结构

第一,反垄断法的经验世界与思维逻辑。面对经验世界,反垄断法解释的首要任务是确立寻找可靠知识的框架。就此,无论是经验主义者还是理性主义者,都不否认人能通过感觉经验或理性推理获得知识,其分歧不过在于这样或那样获得的知识是否可靠;①前者重视经验归纳法,主张思维与存在的一致性;后者重视理性演绎法,主张思维自身的逻辑一致性。概括来看,反垄断法思维自身的逻辑在于修正"价格—产出"受到限制或扭曲所造成的市场失灵。据此,可靠知识的巩固,一是要在对规则的制定和解释上贯彻此种以"价格—产出"为中枢的内在逻辑,二是要将市场行为的经验效果与反垄断思维的内在逻辑进行匹配。据此,竞争者之间限定"价格—产出"的协议,总是或几乎总是排斥、限制竞争;竞争者与交易相对人之间的协议直接限定特定品牌的价格(如转售价格维持),或者直接限定特定品牌的经销地域或客户群体(如排他性经销),却可能增进产出,效果具有双重性;支配地位企业的单方行为通常

① 参见陈修斋主编:《欧洲哲学史上的经验主义和理性主义》,人民出版社 2007 年版,第 221 页。

旨在限定产出和提高价格，但是经验证据表明其带来静态或动态效率的提升，因此应当分析其合理理由；经营者集中虽然可以改变市场结构或提升经营者的市场力量从而使其在未来有能力限定“价格—产出”，但要与其规模、范围效应可能带来的效率进行权衡。由此，在思维内在逻辑的穿透下，经验世界被赋予反垄断法上的意义。

第二，反垄断法的思维整理与规则结构。在韦伯看来，由于区分了“价值判断”与“经验知识”，从而也就假定了社会科学领域事实上存在一种绝对有效的认识，即对经验现实的思维整理。① 据此，反垄断经验世界的思维整理意义重大。其中，反垄断法发展的百年积淀，形成在横向协议规制上适用本身违法的一致认识；而对于既有反竞争效果又有促进竞争影响的纵向协议、支配地位企业行为或经营者集中，则需通过合理规则分析，在个案中积累、更新经验认识。而“本身违法—合理规则”②也由此构成了反垄断法经验知识整理的基础框架。在本身违法规则一侧，若无法对经验证据予以反证则系违法。但在合理规则一侧则复杂得多，因其并非直接给出“是”或“否”的结论，而需经历细致的分析流程。在此分析流程中，反垄断法经验基础上的可靠知识逐步确立起其对规制模式选择上的影响，从而形成了垄断行为类型化的细分规则结构：区分横向协议与纵向协议的适用规则；经营者集中审查中横向、纵向和混合合并的适用规则；滥用市场支配地位规制中剥削性行为与排斥性行为的适用规则。这些经由经验不断提炼、固化的规则，有效地在“本身违法—合理规则”的基础上作出进一步类型化适用。

第三，反垄断法的规则适用与标准序列。在法律推理中，“规则是充分或近乎充分的法律权利的事前分配，或者说是全部或几乎全部的法律后果的事前详细说明”③，构成大前提。可规则明确之后，确定小前提

---

① 参见[德]马克斯·韦伯：《社会科学方法论》，李秋零、田薇译，中国人民大学出版社 1999 年版，第 11 页。

② 本身违法和合理规则既区别于严格意义上的原则，也不是典型的法律规则。法律原则不能为个别或具体的法律规则所涵盖，而在司法判决中作为司法推理的权威性起点的一般性原则。参见薛波主编：《元照英美法词典》，法律出版社 2003 年版，第 1091 页。而本身违法—合理规则显然不是推论的出发点，而重在廓清推论的流程。同时，比照法律规则“假定—行为模式—法律后果”的典型逻辑结构，“本身违法—合理规则”亦不完全符合特征，而应视为分析或裁判规则。参见雷磊：《法律规则的逻辑结构》，载《法学研究》2013 年第 1 期。

③ [美]凯斯·R. 孙斯坦：《法律推理与政治冲突》，金朝武、胡爱平、高建勋译，法律出版社 2004 年版，第 23 页。

(调查事实)经常很困难。有别于小前提只叙述单一事实的简单规则,有些规则需要对事实进行相对广泛的调查才能确立小前提,是谓“标准”(standard)。二者适用的区别是,规则由一项或多项事实所激发,将会引致确定的法律后果;标准则要求法律决策者结合背景原则或一组原则针对一组特定的事实进行评估,进而得出法律结论。① 相较而言,规则减少了纠纷中诸多潜在的关联因素;标准必须发现、权衡和比较更多的事实,给了审理事实者更多的裁量权。很显然,反垄断法不可能是完全由规则构成的体系。即便细分垄断行为的类型,也无法满足规则在事前详细说明法律后果的要求。在规则确定性和标准精确性的权衡之下,当前反垄断分析已更加重视多因素的、以事实为基础的,以及事后分析导向的模式。② 经由逻辑与经验的适配,以确定性吸收妥当性的进路提炼出标准序列:纵向协议的“品牌内—品牌间”竞争标准;经营者集中审查的单边效应、协调效应和封锁效应标准;滥用市场支配地位分析中的利润牺牲标准、无经济意义标准和同等效率竞争对手标准,以及合比例性标准和消费者福利效果标准。③

第四,反垄断法的标准形成与理论基础。通过确立反垄断法的标准体系,将法律不确定性内部化仍存在限度,因为标准的确立受到哈佛、芝加哥和后芝加哥三大反垄断学派理论的直接影响。其中,最具根本性的分野在于对于市场在多大程度上有效、政府在何种程度上能够有效干预市场的理论假定的不同。在干预主义一方,哈佛学派认为,在集中的市场中,企业更加容易产生反竞争行为;④同时,认为应当采取措施解决集中度的进一步提升并实施去集中化,⑤并注重反托拉斯规则的“可操作

---

① See Kathleen Sullivan, *Forward: The Justices of Rules and Standards*, 106 Harvard Law Review 22, 58-59 (1992).

② See Daniel Crane, *Rules Versus Standards in Antitrust Adjudication*, 64 Washington and Lee Law Review 49, 50 (2007).

③ 前者以布鲁克集团案为基础演化而来,后者以阿斯彭案和微软案为基础演化而来。See Antitrust Modernization Commission, *Report and Recommendations* (2007), UNT University Libraries (Apr., 2007), https://govinfo.library.unt.edu/amc/report_recommendation/toc.htm.

④ See Herbert Hovenkamp, *The Rationalization of Antitrust*, 116 Harvard Law Review 917, 920 (2003).

⑤ See Richard Posner, *The Chicago School of Antitrust Analysis*, 127 University of Pennsylvania Law Review 925, 944 (1979).

性”①。在非干预主义一方,芝加哥学派认为,市场远比人们想象的强健,且几乎总是能够自行维续或恢复竞争性;②同时,质疑政府和法院熟练介入并解决支配地位企业问题的能力。③ 后芝加哥学派对市场信心不足,担心支配地位企业的策略性反竞争行为,但对于政府干预解决问题能力的信心有所增加。④ 进一步地,在对竞争的基本理解上,芝加哥学派认为,竞争只是实现效率提升和总体福利(aggregate economic welfare)的最终目标的手段,因此竞争的缺失本身并不必然构成问题。⑤ 反对者则认为,竞争本身是具有价值的, 众多较小的竞争者之间的竞争比支配地位更有效,因其可以更快发现和利用促进销量的机会,并能够回应消费者的需求;⑥应当追求纯粹消费者福利(pure consumer welfare)的目标。⑦ 上述理论假定的差异是结构性的,对标准的形成有决定性的影响,亦构成标准适用的解释边界。

第五,反垄断法的理论模式与观念内核。芝加哥学派与哈佛学派在诸多问题上相互影响,波斯纳和科瓦契奇认为二者出现了融合的趋势。⑧ 但是,埃尔霍格却指出,自从 20 世纪 70 年代出现两大学派的分野以

① See William Kovacic, *The Intellectual DNA of Modern U. S. Competition Law for Dominant Firm Conduct*: *The Chicago/Harvard Double Helix*, 2007 Columbia Business Law Review 1, 75 (2007).

② See Herbert Hovenkamp, *Post-Chicago Antitrust*: *A Review and Critique*, 2001 Columbia Business Law Review 257, 266 (2001).

③ See William Kovacic, *The Intellectual DNA of Modern U. S. Competition Law for Dominant Firm Conduct*: *The Chicago/Harvard Double Helix*, 2007 Columbia Business Law Review 1, 12 (2007).

④ See Herbert Hovenkamp, *Post-Chicago Antitrust*: *A Review and Critique*, 2001 Columbia Business Law Review 257, 266, 267 (2001).

⑤ See Richard Posner, *Antitrust Law*: *An Economic Perspective*, University of Chicago Press, 1976, p. 22.

⑥ See United States *v.* Aluminum Co. of Am., 148 F. 2d 416, 427 (1945).

⑦ 真正的消费者福利标准对于行为是否损害竞争者并不关心,除非该行为同样可能损害消费者。相反,总体福利标准对二者施以同等关注。See Steven Salop, *Question*: *What is the Real and Proper Antitrust Welfare Standard*? *Answer*: *The True Consumer Welfare Standard*, 22 Loyola Consumer Law Review 336, 337-338 (2010).

⑧ 波斯纳认为,芝加哥学派与哈佛学派逐渐处于融合趋势。See Richard Posner, *The Chicago School of Antitrust Analysis*, 127 University of Pennsylvania Law Review 925, 948 (1979). 在科瓦契奇看来,哈佛学派和芝加哥学派的区别也日益不明显,二者共同形成了现代美国反托拉斯法智识 DNA 的双螺旋结构。See William Kovacic, *The Intellectual DNA of Modern U. S. Competition Law for Dominant Firm Conduct*: *The Chicago/Harvard Double Helix*, 2007 Columbia Business Law Review 1, 13-14 (2007).

来,美国联邦最高法院总是选择温和的哈佛学派方案,而非激进的芝加哥学派主张。① 现实证明,融合的存在是不可否认的,但其确有限度。相关学者对融合构成趋势的评估大概过于乐观了。2008 年,美国司法部发布关于《谢尔曼法》第 2 条的报告,不仅没有得到联邦贸易委员会的背书,而且在政府更迭之后于 2009 年被迅速撤回。② 这一举动看似突然,实则必然。因为,对反垄断的不同价值目标的选择,最终是由"观念/意识形态"(ideology)所驱动。一个学派之所以能成就自身,其理论必然不是权宜选择的结果,而是基于对政治或经济的一系列特定假定的先验信奉(priori commitment)③或"前理解"。该等"前理解"超越了竞争和垄断的理论假定与模式的分歧,体现在更深层次上则是政府和市场作用及其缺陷的价值观念的分野,植根于更加广义的经济自由、公平的正义观,以及保守主义与自由主义意识形态。法律解释学在这一层次的运用,应强调普遍必然性知识源于理性本身的逻辑,以及理性的演绎法:基于对市场机制的"价格—产出"影响评估的逻辑主线,重点考察各种理论的认识本身是否清楚明白或无矛盾。进而,不应苛求唯一正解,而要开展"法律之外的追求",专注于获得答案的"过程和理由的合乎情理"。尤应重视伽达默尔意义上"效应历史"观,直面反垄断法背后的正义观和深层的智识结构,探讨主流学术流派如何汇聚传统,并在传统中展开反垄断法解释的对话,而非任由单一学派标举唯一真理。也唯有如此,严肃的学术对话才有可能。

五、小结:通向"前理解"的反垄断法解释之路

深具模糊性的反垄断法,为规范背后的政治和经济价值预留了裁量的巨大空间。摆脱规则怀疑主义质疑的关键,在于反垄断法解释。就此,解释体系的构建应聚焦两条路径:一是确立对于立法机构、行政机关

---

① See Einer Elhauge, *Harvard, Not Chicago: Which Antitrust School Drives Recent U. S. Supreme Court Decisions?*, 3(2) Competition Policy International 59, 77 (2007).

② See *Competition and Monopoly: Single-Firm Conduct under Section 2 of the Sherman Act*, DOJ (Sept., 2008), https://www.justice.gov/atr/public/reports/236681.pdf. 详细说明参见 *Justice Department Withdraws Report on Antitrust Monopoly Law*, DOJ (Oct. 8, 2014), https://www.justice.gov/atr/public/press_releases/2009/245710.htm。

③ See Andrew Gavil & William Kovacic, *Jonathan Baker. Antitrust Law in Perspective: Cases, Concepts and Problems in Competition Policy*, Thomson/West, 2008, p. 63.

和司法分支的解释活动的规范化建构;①二是完成反垄断法解释的知识转型和方法重构,建构其解释的内部层次结构。本书主要是专注于后一路径而作的努力。就此,传统法律解释学的方法仍然是应对怀疑主义的第一道屏障。然而,在复杂案件中,若经由文义,进而通过历史、体系和目的解释反垄断法,都确实存在难以克服的困难,则不得不另寻他法。经济学的引入,虽然在局部有效填补了法律解释学的缺位,但又因其内部流派纷争使反垄断法实施的不确定性被放大。慑于经济学扩张背后强大的准科学气场,法律人在反垄断法的解释上先是犹疑,进而自我放逐。法律解释的不在场,使反垄断法的政策化和工具化也渐成口实。当前的解释方法结构,要么诉诸传统法律解释,失于妥当性之不足;要么依赖现代经济学分析,流于确定性之易变。二者并不自足,之间也未形成有效的互助。更成问题的是,这一解释方法结构易累积为惯习,而惯习或转为陈规,通过流行的想象形态与表现模式控制着对模糊现象和抽象事实的建构,影响司法者、执法者、律师和市场主体的自我想象与自我表现。由此,反垄断法模糊性及其所伴随的不确定性的争议不绝于耳。而且,恪守上述解释"陈规"遮蔽了传统与创造之间的对话性关系及其蕴含的制度演化前景,以至于规则、标准、原则在不同法律部门中的权重和侧重的演化受到禁锢,竞争的法定秩序无法有效回应现实。就此,长期依赖经济学分析而怠于法律建构的反垄断法应该反思:是不是应该迎接新的范式了?

迎接新范式,需要思考的一个基本命题是:为应对反垄断法的不确定性,反垄断法的解释如何根据本法的特殊性确立基于哲学诠释学、接续传统解释学而又拓新解释学边界的进路?据此,要更新反垄断法解释,首先必须正视当前反垄断法理论游离于传统法律知识体系的问题,重新审视哲学诠释学和法律解释学传统在反垄断法解释与适用中的作用,确立克服规则怀疑主义的新路径。尽管对反垄断法确定性的怀疑大抵难以尽数驱散,但这并不意味着要因为泛化的怀疑而遮蔽对话和达成共识的可能。确立反垄断法解释的"确定性—妥当性"坐标及其深层结构,则为有条理的怀疑提供了可能。为此,应清醒地认识到,法律适用

① 沿该路径的研究,参见金善明:《反垄断司法解释的范式与路径》,载《环球法律评论》2013年第4期;金善明:《反垄断行政解释的反思与完善》,载《法律科学》2014年第1期;金善明:《论反垄断法解释权的规制》,载《法商研究》2015年第6期。

与法学研究中主导性的知识体系和解释方法的保守化倾向是本质上的,打破这种定式不是一厢情愿地创造独白,而是赋予法律解释的陈规新的生命力。哲学大传统是促成反垄断法解释体系再造的活力之源。据此,顺着法律解释学的藤蔓寻找反垄断法不确定性的根枝,付诸维特根斯坦意义上"连根拔起"的努力,可以将反垄断法的"前理解"彻底暴露。唯有如此,与我们的表达方式相伴随的旧的问题才告消失,这要求我们以一种新的方式来思考。① 最终,法律解释抛开"旧的语言外套",进入反垄断法的"前理解"及其蕴含的正义观和价值谱系,确立类型化的反垄断法解释的深层结构,将"前理解"予以框定并导入法律确定性和妥当性的解释轨道,是约束裁量的恣意化和克服规则怀疑主义的应然之选。

① 参见[芬]冯·赖特、海基·尼曼编:《维特根斯坦笔记》,许志强译,复旦大学出版社 2008 年版,第 84 页。

第二章　经验认识与垄断行为的类型化规整

马克斯·韦伯认为，由于区分了“价值判断”与“经验知识”，从而也就假定了社会科学领域事实上存在一种绝对有效的认识，即对经验现实的思维整理。① 基于这种立场，思维活动以感性认识活动的结果作为起点，将感性认识多次重复形成的个别性经验认识作为最基本的素材，由思维活动对这些感性经验材料进行加工制作，从而从个别性经验认识中获得普遍性的认识。人类思维的这种特性，在法律的制定、解释与适用中也得到充分展现。反垄断法理论与实践中的类型化工作，就是不断通过思维活动对垄断行为的经验材料进行加工，在个别性经验认识中获得普遍性认识的活动。在获致就某一类垄断行为的普遍性认识之后，规范类型，通过立法、判例确立下来，以类推的方式规范相同或相似的涉嫌垄断行为。

历经百年变迁，反垄断法的类型化之路盘根错节，生成了垄断行为的庞杂类型群。根据垄断行为的经验形式，可分为价格类行为与非价格类行为；根据垄断行为的规范表达，可分为垄断协议、滥用市场支配地位与经营者集中；根据垄断行为的竞争逻辑，可分为单方限制与协同限制。如此种种，若不予规整，反垄断法解释和适用将陷入类型的迷宫，难觅出口。随着大数据时代的到来和网络经济的扩张，反垄断法下的类型化活动似有进一步蔓延之势。为此，更应当回归反垄断法类型化活动的本源，考察垄断行为的“事物本质”、生成机制与类型系列。

一、反垄断法下的经验认识与类型化方法

整理经验认识的过程中，“抽象概念”和“类型”构成了人类处理世

---

① 参见[德]马克斯·韦伯：《社会科学方法论》，李秋零、田薇译，中国人民大学出版社 1999 年版，第 11 页。

上不同性质、情境之事物的两种不同语言、思维策略。① 在立法活动与法律适用中,概念与类型本无优劣之分,但就不同法律文本的适配度而言则存在高低之别。经验沉淀历史悠久的法律部门概念运用更为频密,规制对象变动不居的法律部门则多诉诸类型化方法。在反垄断法的认识活动中,经验认识是概念制定与类型化的基本素材。然而,由反垄断法规制对象的性质所决定,经验认识的概念化固然是法规范建构及其解释的必要构件,但其适用的广度和深度都是有限的。考察经验认识与类型化的方法论,是展开反垄断法解释框架的关键步骤。为此,在确立基本概念的基础上,应当通过经验认识和类型化的交融达致法律规范与现实世界的调和。

(一)诠释学下的经验认识及其整理方法

自培根以来,科学的客观性就是以经久不变、能重复的经验为基础,排除经验中一切历史和文化的因素,保证这些基本经验可以为人所重复;狄尔泰接受了自然科学的经验观念,希望人文科学方法的整个过程也能像自然科学的实验方法那样可检验和证实。② 然而,胡塞尔对“生活世界”的分析,却是要反对“科学世界”对于经验的垄断,主张生活世界的经验要先于经过科学理想化了的经验;黑格尔更是承认并强调经验的历史性因素,将其看作只是意识的运动,其最后导致一种不再有任何异化于自己的东西的自我认识,即完成了意识和对象的同一。③ 进而,在伽达默尔看来,经验的真理始终包含一种朝向新经验的倾向,开放性和有限性构成了经验的一般结构,诠释学经验体现了经验内在的历史性,把科学的经验概念限制在一定的合理范围内,不让它扩展为人类生活最基本的经验。④

哲学的思辨深刻影响社会科学领域的探索。韦伯认为,社会科学在

① “抽象概念”通常在我们希望把事物区分清楚时使用,要求明确化,而且事物本身也正好具有多数的共同特征,方便我们依定义作成区隔。“类型”则是人类理智感受到某些事物明明具有“同理”,却在外在物性特征上未能同时具有一致性,但这个“同理性”,却在此生活领域上有极大的重要性,其对追求公平性的法律而言更是重要。参见林立:《法学方法论与德沃金》,中国政法大学出版社 2002 年版,第 139~140 页。

② 参见张汝伦:《意义的探究——当代西方释义学》,辽宁人民出版社 1986 年版,第 195~196 页。

③ 参见张汝伦:《意义的探究——当代西方释义学》,辽宁人民出版社 1986 年版,第 196~197 页。

④ 参见张汝伦:《意义的探究——当代西方释义学》,辽宁人民出版社 1986 年版,第 197~198 页。

历史上最初是从实践的观点出发的，对国家的某些政策措施作出价值判断是它的最直接的、最初唯一的目的；个人的世界观通常不断地影响科学的论证，会使人根据结果是减少还是加大实现个人理想的机会及希求某种东西的可能性，而对科学论据的重要性作出判断。① 据此，应当对“价值判断”与“经验知识”作出区分，寻求经验现实的思维整理这一在社会科学领域事实上存在的绝对有效认识。进一步地，就经验现实的整理应当如何进行的问题，韦伯指出，社会科学就其对现实的理性考察的整个方式而言，也与自然科学相似，然而其用“规律”的阐述取代对现实的历史认识，或者反过来通过单纯地罗列历史考察来达到严格意义上的“规律”，在方法上是不可能的。② 由此，韦伯提出了理想类型（ideal typus）的观念，认定其就抽象理论的构思而言，涉及人类文化的各门科学所特有的、在某种程度上必不可少的概念形成之形式的一个特例，涉及构思我们的想象力认为有利于去接近、因而“在客观上是可能的”、我们的规则学知识认为适当的联系。③ 类型在现象学上的依据，是多次重复出现而且具有大致相同的外部特征。④ 韦伯从经验认识引出了理想类型的概念，从而引出了类型化的方法。建基于此，超越概念及其体系的建构，类型化方法成为现代人文与社会科学研究的基本方法论范式。

（二）法学方法中的类型化及其路径

无论是方法论特征，还是研究方式、具体研究方法与技术，现代语境下的法学研究都呈现出越来越多的社会科学研究的方法特征，法学应属于一门典型的社会科学。⑤ 在法学方法上，“类型”在具体化思考、法律发现及法律体系形成中的功能被法学家充分关注。在拉伦茨的视界

① 参见［德］马克斯·韦伯：《社会科学方法论》，李秋零、田薇译，中国人民大学出版社 1999 年版，第 1～11 页。

② 在自然科学诸学科中，用根据规律性联系对事实作出一般抽象和分析的方法，以一种具有形而上学的有效性和具有数学形式的概念体系的形态，达到对整个现实的一种纯“客观的”、摆脱一切价值的、绝对理性的和摆脱一切个体性的“偶然性”的一元论认识。参见［德］马克斯·韦伯：《社会科学方法论》，李秋零、田薇译，中国人民大学出版社 1999 年版，第 30 页。

③ 参见［德］马克斯·韦伯：《社会科学方法论》，李秋零、田薇译，中国人民大学出版社 1999 年版，第 31～33 页。

④ 参见［德］亚图·考夫曼：《类推与“事物本质”——兼论类型理论》，吴从周译，台北，学林文化事业有限公司 1999 年版，第 13 页。

⑤ 参见屈茂辉、肖霄：《法学何以是社会科学——法学的社会科学属性再论》，载《湖湘论坛》2018 年第 2 期。

中，与凭借法律原则的发现及具体化和规定功能的概念一道，建构类型、类型系列，是法律体系化努力的重要方法。① 拉德布鲁赫曾主张，“事物本然之理”就是法律人根本的思考方式。② 考夫曼则接续这一主张，将类型化思考与“事物的本质”结合起来，认为对事物本质的思考直接指向类型的思考方式，其是使规范正义与事物正义调和的中间点。③

在此基础上，类型通过与概念的区分而彰显。一方面，二者起点都是从有关的具体事物中区分出一般的特征、关系及比例，但在概念思考中，这些特征就被确定为孤立的要素，而借着一再地放弃这些要素，就构建出越来越一般的概念；类型思考则让类型的构成要素维持其结合的状态，仅系利用这些要素来描述（作为要素整体的）类型，同时还能够维持类型（借直观取得的）形象上的整体性。④ 另一方面，概念是封闭的、分离的，透过一些有限的、彼此分离的“特征”加以“定义（界定）”，其认识只能是明确的“非此即彼”；类型是开放的、有联系的，其直观性与具体性是无法加以定义的，只能是“加以说明的”，普遍的事物在其自身中直观地、“整体地”被掌握——虽有固定的核心，但没有固定的界限，用以描述某一类型的“特征”得以或此或彼、或多或少，以适应复杂多样的现实。⑤ 具体事实无法如同“涵摄”于概念之下被一般地涵摄于类型之下，相反只能以一种较高或较低的程度将具体事实“归类”于类型之下，“使产生对应”。⑥

进一步地，拉伦茨主张将类型分为经验性类型、逻辑的理念类型及规范的理念类型。其中，经验性（形象）类型，同时也算是平均类型；逻辑的理念类型虽然也是由经验中得来，但就“纯粹”的形态而言，经验现象中未必有其适例；规范的理念类型并非现实的“反映型”，毋宁为其“模范型”或原型。⑦ 一般而言，法规范指示应参照交易伦理或商业习惯时，其涉及经验性的经常性类型——被提升为规范的经常性的或平均的类型；

① 参见[德]卡尔·拉伦茨：《法学方法论》，陈爱娥译，商务印书馆2003年版，第362页。

② 参见林立：《法学方法论与德沃金》，中国政法大学出版社2002年版，第147页。

③ 参见[德]亚图·考夫曼：《类推与“事物本质”——兼论类型理论》，吴从周译，台北，学林文化事业有限公司1999年版，第103页。

④ 参见[德]卡尔·拉伦茨：《法学方法论》，陈爱娥译，商务印书馆2003年版，第338页。

⑤ 参见[德]亚图·考夫曼：《类推与“事物本质”——兼论类型理论》，吴从周译，台北，学林文化事业有限公司1999年版，第111页。

⑥ 参见[德]亚图·考夫曼：《类推与“事物本质”——兼论类型理论》，吴从周译，台北，学林文化事业有限公司1999年版，第111~113页。

⑦ 参见[德]卡尔·拉伦茨：《法学方法论》，陈爱娥译，商务印书馆2003年版，第339页。

在规范类型中,其整个“表现形象”以经验性的类型为基础,但在选择标准的“表现形象”及详细地界分类型时,规范目的及规整背后的法律思想亦有决定性的影响。① 质言之,必须以规范性的观点来从事选择及界分。由是,在形成类型及从事类型归属时,均同时有经验性及规范性因素参与其中,其结合正系此种类型的本质,是为“规范性的真实类型”。②

沿着社会科学—法学方法论一脉传统,法律解释学在诠释学的知识框架下展开,认为不同于自然科学,法律并不是以“主体—客体”模式进行认识的;认为法律裁判的作出,乃至法律的发现,是一个“解释学循环”的过程,一个规范与事实、解释者与文本“交互澄清”的过程。③ 显然,自然科学的理论要澄清自然界的事物,其意欲追溯最一般的自然法则;而法学理论则不拟“澄清”何等事实,毋宁希望指明法秩序中的脉络关联。④ 进而,在类型的描述上,我们同意考夫曼的如下观点,即认为类型意指规范类型,而非平均类型或频率类型,也不必是马克斯·韦伯意义下的“理想类型”——法律理念与生活事实的这个中间点。⑤ 在类型的区分上,我们兼采拉伦茨的分类,并聚焦经验类型、逻辑类型和规范(真实)类型。因为,一般而言,法学上的类型思考既强调出发点的一般性、概括性,又试图找到立足于经验观察、能够量化的分析工具,以一定的方式在理想类型和经验研究之间架设桥梁,是规范性的真实类型在法学方法论上的应有之义。⑥ 在这种认识的基础上,通过类型化方法观照反垄断法,结合经验认识在反垄断法解释中的作用,以期厘定垄断行为的类型系列及其规整。

二、反垄断法下的概念界定与类型化

韦伯认为,理性的法律概念能够并且必须作为理想类型被运用。⑦

---

① 参见[德]卡尔·拉伦茨:《法学方法论》,陈爱娥译,商务印书馆2003年版,第340页。

② 参见[德]卡尔·拉伦茨:《法学方法论》,陈爱娥译,商务印书馆2003年版,第339~340页。

③ 参见雷磊:《方法和限度:回到事情“本身”——解析考夫曼〈类推与“事物本质”〉》,载郑永流主编:《法哲学与法社会学论丛》总第9期,北京大学出版社2006年版。

④ 参见[德]卡尔·拉伦茨:《法学方法论》,陈爱娥译,商务印书馆2003年版,第328页。

⑤ 参见[德]亚图·考夫曼:《类推与“事物本质”——兼论类型理论》,吴从周译,台北,学林文化事业有限公司1999年版,第113页。

⑥ 参见周光权:《类型思考与中国法学研究》,载《中国社会科学评价》2015年第4期。

⑦ 参见[德]马克斯·韦伯:《社会科学方法论》,李秋零、田薇译,中国人民大学出版社1999年版,第146页。

但在法律文本中,界定概念、确立原则的律令通常不占主流。[①] 比较而言,美国法、欧盟法皆无明文概念界定,而中国法则仅对部分关键概念作出了界定,法律规范主要以垄断行为类型化为基础展开。为此,检视概念界定与类型化的选择是首要工作。

(一)反垄断法下的概念界定与类型化选择

世界主要法域的反垄断法无不贯穿类型化方法。类型的广泛使用,并不意味着反垄断法已经放弃了概念定义的方法与实践。在普通法传统下,将判例语言转化为立法文本的路径天然欠缺概念定义的空间。由此,美国的《谢尔曼法》《联邦贸易委员会法》《克莱顿法》,以及英国的《竞争法》皆未进行任何概念界定。在成文法的传统下,概念定义在某种程度上是一种惯习,但在反垄断法下定义概念的作用空间亦不充分。欧共体竞争法因其条约性质,其中缺乏专门针对垄断行为的概念界定并不让人意外。但即便在大陆法传统深厚的德国,其《反限制竞争法》中关于概念界定的条文亦属少见,仅有"竞争规则"[②]的概念。在日本,《禁止私人垄断及确保公平交易法》则于总则中统一对"事业者""事业者团体""干部""竞争""私人垄断""不合理交易限制""垄断状态""不公平交易行为""子公司"作出了概念界定。[③] 在韩国,《规制垄断与公平交易法》同样在总则中界定了"经营者"(含"控股公司""子公司""孙公司")、"企业集团"、"附属公司"、"经营者组织"、"高级职员"、"转售价格维持"、"具有市场支配地位的经营者"、"特定交易领域"、"实质性限制竞争行为"、"信贷"及"金融业或保险业"的概念。综观上述成文法传统下的概念界定,德国法的规定虽然存在界定概念的实践,但其"竞争规则"的概念不属于反垄断法的核心内容,旨在规范协会的竞争行为。而在日本法和韩国法下,相关的概念界定则既涉及行为主体,也包括垄断行为,范围更广、体系化程度更高。

---

① 按照庞德的分类,律令体由规则、原则、界定概念的律令以及确立标准的律令构成。参见[美]罗斯科·庞德:《法理学》(第2卷),邓正来译,中国政法大学出版社2007年版,第123页。在中国,一般认为,可以把现代法律系统的要素简化为规则、原则和概念,其中在数量上规则占绝对多数。参见张文显:《法哲学范畴研究》,中国政法大学出版社2001年版,第49页。

② 《德国反限制竞争法》(2005年)第24条。参见时建中主编:《三十一国竞争法典》,中国政法大学出版社2009年版,第99页。

③ 《禁止私人垄断及确保公平交易法》第2条。参见时建中主编:《三十一国竞争法典》,中国政法大学出版社2009年版,第155~156页。

中国法下概念界定的密度，处在欧美和日韩之间。在《反垄断法》中，总共定义了“经营者”“相关市场”“垄断协议”“市场支配地位”四个关键概念。① 其中，经营者关涉反垄断法规制的市场主体，相关市场通常构成竞争分析的起点或重要步骤，对于反垄断法的解释与适用至关重要。而垄断协议的概念界定则举明了垄断协议的表现形式和竞争影响构件，成为对该等垄断行为进行规制的法律依据起点。市场支配地位的确立是支配地位滥用行为实施的关键，该概念旨在明确的是，只有市场支配地位企业才拥有在足够长的时间内剥削交易相对人的能力，而在此之前，其亦有能力以单独或联合的方式实施排斥性行为，将竞争对手排除出市场或者限制在市场的既定范围。除此之外，中国法未再就概念界定的范围进行扩展。② 其中值得注意的是：首先，垄断行为的概念并未得到界定，而是以列举作出规定；其次，在垄断行为中，对于支配地位作出界定但并未给出支配地位滥用的概念而是直接规定行为类型，对于经营者集中也没有界定其概念，而是列举规定其主要情形；最后，对于“行政性垄断”行为亦未界定其概念，而是作出松散的列举。③

由上可知，不同法域对于反垄断法下概念界定与类型化的选择，并无定法。究其原因，固然存在立法技术上的取舍，但法律概念在概括复杂多变的反垄断法适用对象时缺乏涵摄力应为主要考虑。比较而言，“抽象概念”可以精确地列举出其固定不变的组成特征来加以“定义”，而“类型”虽拥有一个“意义”，但却容许形形色色的特征组合，即其都可能呈现出这种“意义”，所以对“类型”无法采用定义、无法列举出（物理）特征项目之相同，进而能诉诸一种“整体性观照”，在这种观照下，“直觉”到一事物整体所呈现的图像是“已经足以算是具有”某种意义，因而平均判定其属于某一类型。④ 或者说，只有当某事物满足所有定义特征时，它才属于某概念之外延，而事物本质和类推所凭借的是类型

---

① 分列于《反垄断法》第 15 条第 1 款、第 15 条第 2 款、第 16 条和第 22 条第 3 款。

② 有学者指出，应对诸如“垄断行为”、“协同行为”、“不公平的高价（低价）”、“控制权”，以及“决定性影响”等概念的内涵和法律意义在文本规范中予以适当明确。参见金善明：《〈反垄断法〉文本的优化及其路径选择——以〈反垄断法〉修订为背景》，载《法商研究》2019 年第 2 期。

③ 本书聚焦法定垄断行为，对行政性垄断的分析不予展开。

④ See Lothar Kuhlen, Typuskonzeption in der Rechtstheorie, Duncker & Humblot 1977, S. 93. 转引自林立：《法学方法论与德沃金》，中国政法大学出版社 2002 年版，第 131 页。

学的思考,强调的是类型边界的流动性、开放性和内部的层级性。① 在反垄断法中,相关市场、经营者、市场支配地位等事物或状态尚可用固定不变的组成特征加以定义。但垄断行为丰富多样的特性,使其无法完全诉诸概念。如拉伦茨所言,当抽象——一般概念及其逻辑体系不足以掌握某生活现象或意义脉络的多样表现形态时,大家首先会想到的补助思考形式是类型。② 在本体论诠释学的框架下,考夫曼更是强调法律适用(法律发现)的基本模式是等置而非涵摄,法律思维的基本范畴是类型而非抽象概念。③ 这在一定程度上对法学理论进行了祛魅,因为长期以来认为事实可以被涵摄在法律概念之下的观念,已经极大地束缚了我们认识事实所需要的开放性的特质。④ 在反垄断法领域,面对纷繁的商业形式,单凭概念工具难以涵摄,法律体系就不应再局限于用抽象概念搭建的体系,而应更多地借助于类型建构体系,并以类型——类推作为法律适用中的主要方法。

(二)反垄断法下垄断行为类型化的展开方式

"类型无法被定义,只能描述"⑤,其几乎处于个别直观及具体的掌握与"抽象概念"二者之间,比概念更具体。⑥ 在反垄断法下,类型化构成在经验积累的基础上提炼共性并进而简化分析的重要方式。最初,在《谢尔曼法》中,垄断行为依其实现方式经验直观地分为垄断协议与滥用市场支配地位两种。其展开方式,是在美国判例法下根据分析模式,按照行为的违法性是否达到可以推定违法的程度划分具体行为类型。经过长期的经验积累,有些类型的行为因呈现出总是或者几乎总是排除、限制竞争的性质,即被推定为违法而无须就其效果进行举证,除非行为人提出相反的证据证明其促进竞争效果。针对上述行为,形成了所谓"本身违法"的分析模式,而针对此外的行为则适用"合理规则"的分析模式。欧盟竞争法下作出相似划分,即基于形式的进路(目的限制)与基

① 参见雷磊:《法理学与部门法学的三重关系》,载《河北法学》2020年第2期。
② 参见[德]卡尔·拉伦茨:《法学方法论》,陈爱娥译,商务印书馆2003年版,第337页。
③ 参见雷磊:《法理学与部门法学的三重关系》,载《河北法学》2020年第2期。
④ 参见王晓:《法律类型理论和类推方式研究——以考夫曼类型理论为起点的认识论探究》,载《浙江学刊》2009年第5期。
⑤ [德]亚图·考夫曼:《类推与"事物本质"——兼论类型理论》,吴从周译,台北,学林文化事业有限公司1999年版,第117页。
⑥ 参见[德]卡尔·拉伦茨:《法学方法论》,陈爱娥译,商务印书馆2003年版,第338页。

于效果的进路(效果限制)。[①] 时至今日,“本身违法—合理规则”也构成了反垄断法经验知识整理的基础框架。[②] 在本身违法的框架下,形成了基本稳定的行为类型;在合理规则的框架下,具体到个案分析则需进一步考察行为类型的细分、深化与杂糅。为此,应从本身违法和合理规则的理论基础与适用范围展开讨论。

1. 以本身违法为分析模式的行为类型

本身违法—合理规则提供了一个统一的分析结构,透过可能性去认识企业竞争活动的现实性,用以概括性地评判涉嫌垄断行为的可能的违法性程度。以本身违法—合理规则的分析模式对垄断行为进行类型划分之所以在反垄断法中被广泛适用,在于其可以作为初步筛选机制,推断行为的违法性。[③] 在该等分析模式框架下,行为类型化一方面可以节约司法成本,因为依本身违法规则可以有效地制裁那些明显不合理的协议;另一方面可以提高可预见性,便于企业在从事经营活动的初始阶段就可以进行更为有针对性的合规管理,避开适用本身违法规则的限制竞争行为类型,大大降低违法的风险。当前,世界主要法域的共识是,诸如横向价格固定、限定产量、划分市场等行为,由于已有经验的积累,可以直接通过本身违法规则认定为违法,从而将资源投入竞争影响复杂的限

---

① See Richard Whish & David Bailey, *Competition Law*, 8th ed., Oxford University Press, 2015, p. 123.

② 参见江山:《论反垄断法解释的知识转型与方法重构》,载《现代法学》2018 年第 6 期。

③ 霍温坎普认为,本身违法与合理规则都属于分析模式,而不是正式的分类。See Herbert Hovenkamp, *The Rule of Reason*, 70 Florida Law Review 81, 96-98 (2018). 伊斯特布鲁克也认为,反托拉斯有两种分析模式:本身违法和合理分析。See Frank Easterbrook, *The Limits of Antitrust*, 65 Tex. L. Rev. 1, 9 (1984). 在中国,有学者将其视为反垄断法的分析模式,借助其达到分类规制的目的。参见叶卫平:《反垄断法分析模式的中国选择》,载《中国社会科学》2017 年第 3 期。也有学者指出,在原则层面上,并无“本身违法原则”与“合理原则”的区分。二者都是判断行为违法性的具体标准与规则。参见许光耀:《“合理原则”及其立法模式比较》,载《法学评论》2005 年第 2 期。还有学者认为,“per se rule”译为“本身违法原则”时是描述一种判断竞争损害效果的分析模式。参见兰磊:《重估合理原则的制度成本——兼评〈制度成本与规范化的反垄断法〉》,载《经贸法律评论》2020 年第 3 期。亦有学者指出,“本身违法原则”和“合理分析原则”是一种审查方法或者分析原则。参见黄勇、刘燕南:《关于我国反垄断法转售价格维持协议的法律适用问题研究》,载《社会科学》2013 年第 10 期。进一步地,有学者认为,当然违法原则更接近规则,而合理原则则接近标准。参见李剑:《制度成本与规范化的反垄断法　当然违法原则的回归》,载《中外法学》2019 年第 4 期。还有学者认为,本身违法与合理分析为两大反垄断法适用原则。参见金善明:《〈反垄断法〉文本的优化及其路径选择——以〈反垄断法〉修订为背景》,载《法商研究》2019 年第 2 期。

制中。

中国《反垄断法》第 17 条规定,禁止具有竞争关系的经营者达成固定价格、限定产量、划分市场等垄断协议。一般认为,上述行为应适用本身违法规则。其在 2012 年司法解释中的体现,为"被诉垄断行为属于反垄断法第十三条第一款第(一)项至第(五)项规定的垄断协议的,被告应对该协议不具有排除、限制竞争的效果承担举证责任"①。亦即,上述涉嫌构成横向垄断协议的行为,原告无须证明其具有排除、限制竞争效果,只有在被告举证证明该协议不具有排除、限制竞争效果的情况下,才进行后续效果权衡。也就是说,适用本身违法时反垄断法对竞争损害的关切完全融入特定的行为要件之中,行为形式与竞争损害之间存在由前者推断后者的固定联系,这种联系已得到事前的验证和法律的认可。②本身违法规则框架下的"类型化",在实际上构建了行为形式与竞争影响实质的统一。

本身违法规则的好处,在于证明具体类型行为的存在,而无须查明相关市场、测度市场力量和评估反竞争效果。③ 20 世纪五六十年代,某些几乎绝对有效率的竞争者协作也被认定为本身违法,因其划分市场④或者构成联合拒绝交易⑤。在纵向行为之中,最低和最高转售价格维持均被宣布为本身违法,⑥许多搭售安排亦是如此,⑦纵向非价格限制也被认为本身违法。⑧ 在经营者集中审查中,如果合并方的市场份额超过某

---

① 《最高人民法院关于审理因垄断行为引发的民事纠纷案件应用法律若干问题的规定》(法释〔2012〕5 号)第 7 条。其中,第 5 项联合抵制行为又可细分为不同类型,对于其是否应"一揽子"纳入本身违法,尚存争议(下文详述)。在 2024 年的司法解释修改中,这一条款被删除,或许是因其已成为共识而无须解释。参见《最高人民法院关于审理垄断民事纠纷案件适用法律若干问题的解释》(法释〔2024〕6 号)。

② 参见兰磊:《重估本身违法原则的制度成本——评李剑教授〈制度成本与规范化的反垄断法〉》,载《竞争政策研究》2020 年第 2 期。

③ See Herbert Hovenkamp, *The Rule of Reason*, 70 Florida Law Review 81, 98 (2018).

④ See United States *v.* Topco Assocs., Inc., 405 U. S. 596, 608 (1972); United States *v.* Sealy, Inc., 388 U. S. 350, 357-358 (1967).

⑤ See Radiant Burners, Inc. *v.* People's Gas Light & Coke Co., 364 U. S. 656, 659 - 660 (1961).

⑥ See Dr. Miles Med. Co. *v.* John D. Park & Sons Co., 220 U. S. 373, 396 (1911); Albrecht *v.* Herald Co., 390 U. S. 145, 153 (1968).

⑦ See Fortner Enters., Inc. *v.* U. S. Steel Corp., 394 U. S. 495, 513 (1969); N. Pac. Ry. Co. *v.* United States, 356 U. S. 1, 4 (1958); Times-Picayune Publ'g Co. *v.* United States, 345 U. S. 594, 614 (1953).

⑧ See United States *v.* Arnold, Schwinn & Co., 388 U. S. 365, 372-373 (1967).

个门槛,并购交易也适用准本身违法规则。① 至今,调整纵向价格、非价格限制的本身违法规则已被明确推翻;②调整联合抵制的本身违法规则被限缩适用于涉及至少两个竞争者的情形;并购非法的强结构推定也已经遭到极大幅度的稀释。③ 据此,霍温坎普指出本身违法规则的正确适用取决于如下判断:特定行为作为一个类别或族群是不合理的;要避免任意裁量,应当是将本身违法规则视为一种分析模式,而不是一种对竞争限制的归类方式。④

2. 适用合理规则分析的行为类型

当前,在没有足够的经验证据确保适用本身违法规则的地方,非核心卡特尔、转售价格维持、支配地位滥用和经营者集中审查都一体化适用合理规则。在中国法下适用合理规则分析的横向协议,主要涉及《反垄断法》第 17 条未明文规定,但"通常不仅是良性而且是具有促进竞争效果的"⑤竞争者协作或企业联营(joint venture);第 18 条规定的"固定向第三人转售商品的价格"和"限定向第三人转售商品的最低价格"的协议,以及未明文规定的纵向非价格协议。其中,对于非核心卡特尔,依合理规则的流程审查事实,就可以得出是否具有反竞争效果的结论;对于纵向限制,因其促进竞争的效果和反竞争效果往往如影随形,还需要诉诸竞争效果的权衡。就支配地位滥用规制的合理规则适用,《反垄断法》第 22 条规定之超高或超低定价、掠夺性定价、拒绝交易、排他性交易、搭售和差别待遇六类涉嫌滥用行为,显然不可推定违法,而需要对价格的高低、行为的反竞争影响进行评估,考察其是否构成"不公平"或者相关的"正当理由"是否成立,进而作出效果权衡。就经营者集中审查的合理规则适用,《反垄断法》第 34 条规定,"经营者能够证明该集中对竞争产生的有利影响明显大于不利影响,或者符合社会公共利益的……可以作出对经营者集中不予禁止的决定";结合第 33 条审查经营者集中考虑因

---

① See United States *v.* Philadelphia National Bank, 374 U. S. 321, 362 (1963).

② See Cont'l T. V., Inc. *v.* GTE Sylvania, Inc., 433 U. S. 36 (1977); State Oil Co. *v.* Khan, 522 U. S. 3 (1997); Leegin Creative Leather Prods., Inc. *v.* PSKS, Inc., 551 U. S. 877 (2007).

③ See Herbert Hovenkamp, *The Rule of Reason*, 70 Florida Law Review 81, 136 (2018).

④ See Herbert Hovenkamp, *The Rule of Reason*, 70 Florida Law Review 81, 136-166 (2018).

⑤ FTC & DOJ, *Antirust Guideline on Collaboration Among Competitors*, FTC (Apr., 2000), https://www. ftc. gov/system/files/documents/public _ statements/300481/000407ftcdojguidelines. pdf.

素的规定,包含效果权衡的合理规则分析的立场清晰明确。

在此基础上,应当确立“本身违法—合理规则”适用的流程,分层过滤案件事实。目前,对于本身违法和合理规则的认识,一是将其视为两种分立的规则,法律适用必须在二者之间进行非此即彼的选择;二是将其视为规则连续体(continuum),其间实际上并无明显的分界线,根据个案的实际情况进行规则选择和法律适用。笔者同意如下观点,即二者之间并不是一个二分(dichotomy)的关系,应当将其看作一个测度涉嫌反竞争行为之合理性的反托拉斯分析的连续体中的两极。① 进而,在统合规则的框架下,合理规则至少还可以细分为全面的合理规则(full-blown rule of reason)和结构化的合理规则(structured rule of reason)——包括截略的合理规则(truncated rule of reason)或“快速审查”(quick look),② 后者可以看作本身违法和全面合理规则之间的中间地带。③ 在明确本身违法与合理规则的适用系反垄断分析连续体的两极,而不是完全独立、分立的规则之后,在反垄断法的适用中就可以相应区分二者的界限和适用规则的流程。④ 但究其根本,作为分析模式,本身违法—合理规则更侧重框定本身违法规则的适用范围,明确对此外其他涉嫌垄断行为的合理规则适用。而对于合理规则范围内的个案分析,仅仅明确适用流程是不够的,一般需要考察所涉行为是否以及如何不合理地限制了产出、损害了价格或非价格竞争,这就需要根据不同的垄断行为的表现形式、竞争影响及其二者之间的关系设定类型,以明确规制的进路。

---

① ABA Antitrust Section, Monograph No. 23, The Rule of Reason 9 (1999).

② See Joel Klein, *A Stepwise Approach to Antitrust Review of Horizontal Agreements*, U. S. Department of Justice (Nov. 7, 1996), https://www. justice. gov/atr/speech/stepwise-approach-antitrust-review-hori zontal-agreements.

③ 有学者认为,这些方式在很大程度上是方法上“折中”的产物,却隐含了趋向于当然违法原则内核的,提炼行为违法构成要件的处理方式。参见李剑:《制度成本与规范化的反垄断法 当然违法原则的回归》,载《中外法学》2019 年第 4 期。另有学者则认为,合理原则承担着积累司法经验、类型化分析标准的规则发展重任,而就自由裁量问题,解决方案在于深入类型化,而非回归本身违法原则。参见兰磊:《重估合理原则的制度成本——兼评〈制度成本与规范化的反垄断法〉》,载《经贸法律评论》2020 年第 3 期。

④ 合理规则分析的路线图,参见[美]赫伯特·霍温坎普:《联邦反托拉斯政策:竞争法律及其实践》(第 3 版),许光耀、江山、王晨译,法律出版社 2009 年版,第 283~284 页。

三、"事物本质"与垄断行为的类型系列

立法是使法律理念与将来可能的生活事实相调适,法律发现是使法律规范与现实的生活事实相调适。① 本身违法—合理规则的适用,就是通过相互对应和调适将经验认识反馈到类型演化中,促进法律规范和法律判决的发展。这些提炼出的垄断行为类型,其基础都是经验类型,有的通过适当的剪裁、升华形成了逻辑类型,而逻辑类型为法所评价并接受为法秩序时,就演变成规范类型。② 进而,反垄断法下类型化规整的展开,首先是建构类型系列。通过这种系列建构,使过渡及混合类型的掌握成为可能:借着指定某类型在类型系列中的适当位置,表明该类型之特征,以及使其与毗邻类型相邻的特征更清楚显示出来。③ 在此基础上,类型化的终点就是在不同经验类型的交错杂糅中定位规范的真实类型。其关键,在于明确作为事实与规范的联结中介的"事物的本质",即"一个同样代表特殊与普遍,事实与规范的构造物,一个个别中的普遍,一个实然中的应然"④。

(一)经验类型之典型:价格类限制与非价格类限制

在当今的反垄断法实践中,在分析一项涉嫌反竞争的限制之时,默认的一种分析起点是对行为的横向或纵向、价格与非价格进行区分。⑤ 其中,价格限制与非价格限制长期以来是一种重要的划分。顾名思义,价格限制涉及的是与价格有关的限制或由价格造成的限制;而非价格限制涉及的是主要通过价格之外的作用机制所造成的限制。价格限制与非价格限制的类型划分是跨越垄断协议与滥用市场支配地位两种垄断行为的类型划分,其在垄断协议中的划分更为细致。

当前,主要反垄断法域都将横向垄断协议中的固定价格等行为视为本身违法,而最低转售价格维持等纵向限制则逐渐转变为合理规则。但

---

① 参见[德]亚图・考夫曼:《类推与"事物本质"——兼论类型理论》,吴从周译,台北,学林文化事业有限公司1999年版,第103页。

② 参见李可:《类型思维及其法学方法论意义——以传统抽象思维作为参照》,载《金陵法律评论》2003年第2期。

③ 参见[德]卡尔・拉伦茨:《法学方法论》,陈爱娥译,商务印书馆2003年版,第346页。

④ [德]亚图・考夫曼:《类推与"事物本质"——兼论类型理论》,吴从周译,台北,学林文化事业有限公司1999年版,第254页。

⑤ See Mark Lemley & Christopher Leslie, *Categorical Analysis in Antitrust Jurisprudence*, 93 Iowa Law Review 1207, 1264 (2008).

是,在反垄断法发展的初期,无论是横向还是纵向协议中的固定价格类行为都是一体适用本身违法的。这种立场,与价格机制作为市场经济神经中枢的地位和作用密不可分:一旦涉及价格,则被认为应当无差别地引发严重的竞争关切。深入考察可知,在美国,法院适用本身违法规则处理的第一起转售价格维持案件就是关于固定最低价格的,①进而才将规制范围扩展到固定最高价格。② 随后,法院认定最高转售价格维持应根据合理规则审查,③从而使最高转售价格限制与最低转售价格限制的区分变得意义重大。直至丽锦案(Leegin),法院将最低转售价格也纳入合理规则审查之后,这种分类在美国又失去了意义。欧盟的《纵向集体豁免条例》④将转售价格维持作为核心限制整体排除出集体豁免的适用;而在《纵向限制指南》⑤中,转售价格维持被推定处于第 101 条第 1 款的适用范围且无法满足第 3 款的豁免条件。要证明该等行为的合法性,只能在个案中进行抗辩。在中国,根据《反垄断法》第 18 条的规定,“固定向第三人转售商品的价格”和“限定向第三人转售商品的最低价格”两种纵向行为均属于价格限制的范畴。但是,转售价格维持中并没有严格区分最高价格限制和最低价格限制,这在立法技术上应有缺失。然而,以当前的眼光来看,既已全面适用合理规则分析,这种区分已无关紧要。应当关注的,是对由企业自愿达成的与由具有市场力量的企业施加胁迫所达成的协议进行区分,从而识别协议的发起者和参与者,并预设抗辩中可能存在的效率考量。

时至今日,价格与非价格类型区分已逐渐弱化。这有其内在的原因,亦存在外部体制机制的因素。很显然,并非所有定价都是明显反竞争的。但是根据既有的证据,通常是很难或需要花费很大成本来确认哪些具体的定价是反竞争的。而全面禁止的立场规定所有定价均违法,则必须确定固定价格的行为无法有效地辨别良莠,且坏的所占的比例远远大于好的。这种规制模式自有其限度:在垄断协议规制中,其范围应当

① See Dr. Miles Med. Co. *v.* John D. Park & Sons Co., 220 U. S. 373, 394 (1911).

② See Albrecht *v.* Herald Co., 390 U. S. 145, 152-154 (1968).

③ See State Oil Co. *v.* Khan, 522 U. S. 3, 7 (1997).

④ See Commission Regulation (EU) 2022/720 of 10 May 2022 on the Application of Article 101 (3) of the Treaty on the Functioning of the European Union to Categories of Vertical Agreements and Concerted Practices, Article 4.

⑤ See European Commission Notice, Guidelines on Vertical Restraints (2022/C 248/01), para. 203.

限缩到横向价格固定；在滥用市场支配地位行为中，同样有价格与非价格的形式区分，但其通常让位于竞争影响的直接分析。当然，在定价的案例中，中间目标（阻止反竞争的定价）和终极目标（资源优化配置）并没有改变。① 但将固定价格作为直接目标进行“一揽子”的禁止，或作为与非价格行为相对应的类型进行分析，已经失去了其类型化的价值。同时，由于反垄断执法机构职权的分割可能导致价格与非价格的类型区分。例如，在中国反垄断执法机构整合之前，根据政府传统职能的划分，主管价格的国家发展和改革委员会与国家市场监督管理总局在反垄断执法上的权限是以是否涉及价格为基准划分的。在机构整合之后，价格与非价格严格的区分在制度设计上和法律实施上都失去了实质意义。

考夫曼认为，“‘事物本质’是一种观点，在该观点中存在与当为互相遭遇，它是现实与价值互相联系（对应）的方法论所在。因此，从事实推论至规范，或者从规范推论至事实，一直是一种有关‘事物本质’的推论”②。价格类与非价格类限制的划分无疑现实存在，但在规范性评价下无法直接推论作出竞争效果认定的价值当为。其作为经验类型仍不失价值，但无须上升为反垄断法的规范类型。

（二）规范类型之典型：垄断行为的三大支柱

当前，主要法域对于垄断行为的规范类型划分是以垄断行为的实现方式展开的，通常被分列为“三大支柱”：垄断协议，滥用市场支配地位和排除、限制竞争的经营者集中。这三大类行为又相互衔接、补充，形成垄断行为规制的闭环。

第一，垄断协议与滥用市场支配地位的划分。美国《谢尔曼法》第1条所禁止的“任何契约，以托拉斯形式或其他形式的联合、共谋，用来限制州际与外国之间的贸易或商业”与第2条所禁止的“任何人垄断或企图垄断，或与他人联合、共谋垄断州际或与外国间的商业和贸易”之间的区分，就在于垄断行为是由双方合意达成，还是由支配地位企业单方行为实施的。相应地，《欧盟运行条约》第101条所禁止的“可能影响成员国之间贸易并且具有阻止、限制或者扭曲共同市场内的竞争的目的或者

① 参见［美］罗伯特·S. 萨默斯：《美国实用工具主义法学》，柯华庆译，中国法制出版社2010年版，第66页。

② ［德］亚图·考夫曼：《类推与“事物本质”——兼论类型理论》，吴从周译，台北，学林文化事业有限公司1999年版，第103页。

效果的,企业之间的一切协议、企业团体所作的决定和协同一致的经营行为”和第102条所禁止的“可能影响成员国之间贸易的,一个或多个在共同市场内或者其中的相当一部分地域内占有优势地位的企业滥用这种地位的任何行为”之间的区分,也主要在此。中国《反垄断法》沿袭此种共识,通过第二章“垄断协议”和第三章“滥用市场支配地位”对此种分类作出了肯认。

该等类型划分,将通过协议方式联合起来行使市场力量的行为和已经具有市场支配地位而足以单独行使市场力量的行为区分开来(共同支配地位滥用等跨类型的行为下文另述)。这一类型系列的形成,一方面,是经验类型的自然表达,即在经营者的竞争活动中自然形成的联合或单独排除、限制竞争的方式,与经营者排除、限制竞争的能力和动机密切相关。另一方面,是根据其竞争影响的逻辑的应然归纳,并将上述经验类型上升为规范类型,与经营者排除、限制竞争的可能性及其实现机制直接勾连。总体看来,垄断协议与滥用市场支配地位的类型系列基本满足分类上的完备性与排他性。但是,该等类型划分的方法仍不可避免地存在其限度,至少在两种类型上存在重叠:一是横向垄断协议与共同支配地位滥用的规范竞合;二是纵向垄断协议与(单方)滥用市场支配地位行为的规范竞合。

第二,垄断协议、滥用市场支配地位规制与经营者集中审查的划分。当前,在大多数法域,垄断协议与滥用市场支配地位被划归事后调查型垄断行为,而经营者集中被划归事前申报型垄断行为。这一类型划分的形成与垄断行为的实现方式密切相关。就垄断协议而言,其一旦达成或实施,即构成排除、限制竞争或造成排除、限制竞争的影响;就滥用市场支配地位而言,其一旦实施,即产生排除、限制竞争的影响。对于此二者,反垄断法介入的时机即发现该等涉嫌垄断行为的时间。就经营者集中而言,无论是横向还是纵向的集中都将造成市场结构的变化,以及经营者实施排除、限制竞争行为的能力、动机和可能性的变化。但是,在该等集中发生之时,上述变化并未转化为实际影响竞争的行为,亦不能马上产生排除、限制竞争的效果。就此,反垄断法介入的时机是预测到该等集中具有或者可能具有排除、限制竞争效果的时间,即事前审查之时。

上述类型划分并非一蹴而就,而是实践检验的结果。在20世纪相当长的时间内,欧共体竞争法将垄断协议的规制也纳入事前申报的范围,[1]耗费大量行政资源却未能收到预期的效果。直至后续的改革,才将该等类型化规制方案予以废除,全面推行垄断协议的事后调查。该等类型化思维的转变,也就意味着不再将横向、纵向协议看作总体上弊大于利的经济活动。当然,这并不意指法律对经营者集中总体上持弊大于利的认知。因为,经营者集中审查前置的营业额门槛,已经筛选出体量较大,更可能具有排除、限制竞争影响的经营者集中予以关注,大量小规模的经营者集中活动并不进入反垄断法审查的范围。当然,该等类型划分的方法仍存在限度,特别在企业联营这一类型上可能存在规制竞合。

第三,垄断行为规范类型闭环之形成。规范是一种类型的概括,立法者在制定规范的过程中,描述生活事实中反复出现的各种类型,抽象出规范的形式;事实与规范的联结方法是类推,通过对事实加以抽象,与规范进行相似点的比较,从而使用演绎得出结论。[2] 通过立法者的类型概括,再经由反垄断法适用中的类推实践,事实与规范的联结才得以验证,所谓"三大支柱"的垄断行为规范类型才得以确立。垄断协议、滥用市场支配地位与经营者集中审查三大规范类型之间,相互补足、完成。在垄断协议规制不及的品牌间纵向限制与无意思联络的寡头市场协同之处,滥用市场支配地位规制迅速进入角色。在垄断协议与市场支配地位规制皆由于市场结构的原因无法或难以实现之处,经营者集中审查则预判并作出结构性或行为性的预防安排,提前补足可能的规制缝隙。以考夫曼的视角,该等类型系列最为符合垄断行为之"事物本质",即既符合市场中经营者所为之竞争活动的经验事实,又符合反垄断法的规范价值的构造物。据此,垄断行为的规范类型为体系建构确立了完整的主体框架,为解释与适用提供了清晰的切入点。

(三)逻辑类型之典型:单方限制与协同限制

在反垄断法的垄断行为类型系列中,单方限制与协同限制的分类虽然并未形成规范类型,但这一划分标准直接指向竞争影响及其分析路径。长期以来,就协同限制的反竞争效果及其规制已经产生了广泛的共

---

① 参见阮方民:《欧盟竞争法》,中国政法大学出版社1998年版,第403页。

② 参见王晓:《法律类型理论和类推方式研究——以考夫曼类型理论为起点的认识论探究》,载《浙江学刊》2009年第5期。

识;但就单方限制的反竞争影响及其在何种程度上应当规制的问题仍存在较大的争议。该等分类不仅型塑了不同垄断行为的划分,也影响了同一垄断行为项下的类型细分,为典型的逻辑类型。

第一,单方限制与协同限制对于垄断行为分析的影响。从竞争影响评估的角度来看,单方限制与协同限制首先将垄断协议与支配地位滥用两类行为区分开来。横向协议所包含的是处于分销链条同一环节的竞争者所达成的合同或者共谋;纵向协议所包含的是处于分销链条不同环节的企业所达成的协议。二者的共性及其异于典型的支配地位滥用行为的特性在于,需要处于同一行业的竞争者之间或者经营者与交易相对人之间协同一致所施加的限制。之所以需要协同一致,或达成所谓的"意思一致",主要是因为经营者囿于自身市场力量的限制,尚不足以独立为相应的行为而能够维持其经营模式(包括定价、产出和创新水平)。以价格为例,市场力量较小的经营者若不与竞争者之间达成固定价格的意思一致,则无法有效地实施独立的价格上涨而不流失客户。同样地,市场力量较小的经营者若不与交易相对人达成转售价格维持的意思一致,则通常难以有效地保证转售价格维持的实施。在这种情形下,无论是横向还是纵向垄断协议的达成和实施,都需要经营者之间在"意思一致"基础上不同程度的协同。但具有支配地位的企业则不然,其通常可以单边实施剥削性或排斥性行为,而无须与竞争对手和交易相对人达成任何共识,竞争对手或交易相对人只能接受由其剥削或被其排斥的现实。

第二,在垄断协议下,协同限制可以进一步分为横向与纵向限制。这种对垄断协议的纵横划分在美欧制定法中并未体现,只是美国在判例法中、欧盟在《关于横向合作协议的指南》①和《纵向限制指南》②等规范性文件中对此种分类予以发展。在中国,《反垄断法》分别规定了"禁止具有竞争关系的经营者""禁止经营者与交易相对人"达成垄断协议的情形,横向与纵向的区分已经法定化。据此,一方面,竞争者之间达成协议构成对竞争的赤裸裸的限制或附属性限制。其分类的逻辑是:若为赤裸裸的限制,相应的横向协议不能够产生任何竞争补偿性价值;若为附属

① European Commission, Guidelines on the Applicability of Article 101 of the Treaty on the Functioning of the European Union to Horizontal Co-operation Agreements (C/2023/4752).

② European Commission Notice, Guidelines on Vertical Restraints (2022/C 248/01).

性限制,则存在与其可能的促进竞争影响进行权衡的空间。另一方面,经营者与交易相对人之间达成协议,限制品牌间竞争或品牌内竞争。其分类逻辑,则是若存在充分的品牌间竞争,则品牌内竞争限制尚可容忍;而容忍的前提,是品牌内竞争的限制可能提供某种程度的效率以促进竞争。①

第三,在典型的滥用市场支配地位行为下,单方限制可以再分解为剥削性行为与排斥性行为。② 当然,对于"剥削性滥用行为"提供指南的要求并不迫切,实践中一般并不需要直接追究过高定价行为。③ 二者的共性在于,通常都可以由支配地位企业独立实施,而不需要协同合作。二者的差异在于,在剥削性行为的情形下,支配地位企业已经获得了足够的市场力量,可以直接实施提价、限产等行为攫取垄断利润而不存在客户实质性流失的风险;在排斥性行为的情形下,支配地位企业虽已获得支配性的市场力量,但这种力量尚不足以使其在相关市场直接实施提价、限产等行为,尚需通过排斥可能对其施加竞争约束的现实或现在竞争者,以巩固或延伸其市场支配地位,最终以期实现其剥削性目标。

第四,在经营者集中审查中,单方限制与协同限制均有重要影响。在主要法域,经营者集中审查的效果评估多以单边效应、协调效应和封锁效应为路径展开。该等分析路径的确立,主要受到单方限制和协同限制类型化思维的影响。以横向集中为例,协调效应最初简单聚焦于竞争者数量的减少可能促进共谋这一结构性假定;随着经验和理论的积累,分析变为更复杂的评估,即在产品同质化情形下并购后企业更加便于协同一致进行提价、限产等排除限制竞争的行为。而单边效应,则重在评估产品高度差异化行业的并购可能造成竞争性影响的额外复杂性,主要源自对市场份额的解释;④预防集中实施后并购后企业进行单独提价,而其共同客户的分流将不足以约束该提价。在非横向合并中,则主要聚焦封锁效应,考察对原材料或客户的封锁和提高竞争对手成

① 参见江山:《论纵向非价格限制的反垄断规制》,载《法律科学》2020 年第 1 期。

② See European Commission, Guidance on the Commission's Enforcement Priorities in Applying Article 82 of the EC Treaty to Abusive Exclusionary Conduct by Dominant Undertakings (2009/C 45/02), para. 7.

③ 参见许光耀:《支配地位滥用行为的反垄断法调整》,人民出版社 2018 年版,第 40 页。

④ 参见[英]西蒙·毕晓普、迈克·沃克:《欧盟竞争法的经济学:概念、应用和测量》,董红霞译,人民出版社 2016 年版,第 378 页。

本,以及竞争性敏感信息的单边效应。① 由于纵向合并不直接改变相关市场的集中度,其协调效应通常在涉及搅局企业或保密信息交换时才较为凸显,故在实践中对其的关注不如单边效应。②

上述基于竞争影响的类型化,通过单方限制与协同限制的划分直接指向垄断协议、滥用市场支配地位和经营者集中三类规范类型下的垄断行为竞争影响评估,构成反垄断法下的逻辑类型。该等类型的重要意义在于,提供了分析垄断行为的重要思考方式,穿透形式多样的垄断行为具体表达,直接指向竞争影响本身,成为反垄断法下规范类型深化的重要支撑,亦为规范竞合提供了解释方法。

四、垄断行为的类型深化、规范竞合及其规整

类型的或多或少式的归类思维,最大限度地将社会事实的本来面目展示给人们,在其中,繁多性、重叠性、关联性、交叉现象得以尽情生长。③垄断行为类型化活动发展至今,已经形成无可争议的三大规范类型,类型化活动也在此基础上深化并产生规范竞合。无论是检视经验类型提升为规范类型的可能性,还是解决已有类型之间的规范竞合,都应当确立其指导性价值观点。如莱嫩所称,“在描述事物的属类时,类型学的思考总是维持其与指导性价值观点间的联系,因为所有被考量的特征都取向于这个——促成整体类型的——中心价值,唯有如此它们‘才具有价值’”④。在反垄断法中,整体类型的促成服务于以下指导性价值观点:修正因“价格—产出”受到限制或扭曲所造成的市场失灵。⑤

(一)垄断行为的类型深化及其边界

行为类型化在反垄断法中之所以重要,是因为实体规范旨在为垄断

---

① See U. S. Department of Justice & The Federal Trade Commission, *Vertical Merger Guidelines*, Federal Trade Comission (Jan. 1, 2021), https://www. ftc. gov/system/files/documents/reports/us-departme nt-justice-federal-trade-commission-vertical-merger-guidelines/vertical_merger_guidelines_6-30-20. pdf.

② 参见宁度:《美国〈纵向合并指南〉的介评与启示:以竞争损害的认定为中心》,载《竞争政策研究》2020 年第 5 期。

③ 参见李可:《类型思维及其法学方法论意义——以传统抽象思维作为参照》,载《金陵法律评论》2003 年第 2 期。

④ Leenen, Typus und Rechtsfindung, S. 64. 转引自[德]卡尔·拉伦茨:《法学方法论》,陈爱娥译,商务印书馆 2003 年版,第 101 页。

⑤ 参见江山:《论反垄断法解释的知识转型与方法重构》,载《现代法学》2018 年第 6 期。

行为违法性的认定提供制度依据和法定标准,因而其设置的疏密关系到行为定性的准确性。① 但如果过度依赖类型化的行为,以之为依据作出非此即彼的判断,则可能“失之毫厘,差之千里”。首先,类型本身和类型适用的过程中可能会产生偏差:一方面,类型本身会随着理论和实践的变化而迁移;另一方面,有些类型在反垄断法适用中比较易于受到人为的操作,如横向/纵向协议、自愿的/胁迫的协议和单方/协同限制划分下的次级分类有些即处于模棱两可的状态。② 其次,对类型化的依赖,特别是对本身违法规则的依赖,因其通常具有一定的武断性,可能会造成误判(false positive);③还可能会造成漏判(false negative),如合理规则之下的纵向限制评估,因为违法性证明难度之大造成事实上的本身合法。④ 最后,类型化进路会产生不精确的结果:由于许多行为并不是简单地属于某个特定类型,或者不同的类型本身就可能覆盖同一种行为,留下大量的不确定空间;而可能在类型化过程中耗费的时间甚至超过其在分析涉嫌违法行为竞争效果上的时间,抵消了类型化可能带来的效率。⑤ 以此为基础,可以评估三大垄断行为项下的类型深化。

第一,在横向垄断协议的情形下,相关协议可能存在同时限制和促进竞争的情形。此时,应当考察所涉限制系赤裸裸的限制还是附属性限制。前者是指那些对于竞争施加限制,却不存在新的产品或新增产量的限制竞争行为;后者是指那些本身作为更广泛的目标的一部分,并用来促进该类目标的形成而实施的限制。⑥ 赤裸裸的限制一般适用本身违法规则,而附属性限制一般适用合理规则。一项限制是赤裸裸的还是附属性的,这既是一个法律问题,又是一个事实问题。⑦ 因为,一旦确认所涉

---

① 参见金善明:《〈反垄断法〉文本的优化及其路径选择——以〈反垄断法〉修订为背景》,载《法商研究》2019 年第 2 期。

② See Mark Lemley & Christopher Leslie, *Categorical Analysis in Antitrust Jurisprudence*, 93 Iowa Law Review 1207, 1225-1248 (2008).

③ 在本书中,“false positive”和“false negative”分别译为误判和漏判,前者指本来不应构成违反反垄断法的行为而被判作违法,后者指本应构成违反反垄断法的行为而被判作合法。

④ “在这类案件中,不能指望法官和陪审团适用复杂的经济分析而不犯相当数量的错误,这其中本身就可能构成重要的成本。”Leegin Creative Leather Prods., Inc. *v.* PSKS, Inc., 127 S. Ct. 2705, 2730 (2007).

⑤ See Mark Lemley & Christopher Leslie, *Categorical Analysis in Antitrust Jurisprudence*, 93 Iowa Law Review 1207, 1260-1263 (2008).

⑥ See Polk Bros., Inc. *v.* Forest City Enters., Inc., 776 F. 2d 185, 188-189 (7th Cir. 1985).

⑦ See Herbert Hovenkamp, *Federal Antitrust Policy: The Law of Competition and Its Practice*, 3rd ed., West Academic, 2005.

限制属于赤裸裸的限制,就意味着该等协议纯粹限制(品牌内和/或品牌间)竞争而无任何补偿性价值。而如果是附属性限制,则通常进入企业联营的分析框架规制。即便存在《反垄断法》第17条规定的行为,若仅为附属性限制,服务于企业联营的效率整合目标,则该行为应当依据该法第20条进行合理规则分析以寻求豁免。上述分类,通常在法律解释与适用中形成,在立法上并不具备“促成整体类型”的中心价值,并无上升为规范类型的必要。

第二,在纵向垄断协议下,纵向价格限制的类型已经成熟。就纵向非价格限制而言,中国法没有作出明文规定,美国法下也仅作出笼统的类型划分。在欧盟的《纵向限制指南》中,对纵向非价格限制作出了充分的类型化展开,包括单一品牌或排他性购买、排他性分销/排他性客户划分、排他性供应、选择性分销、特许经营、搭售、进场费、品类管理协议。① 为回应现实的需求,促进纵向非价格限制的行政执法与司法诉讼,需框定其规范类型。② 具体而言,排他性购买、搭售、品类管理协议这三种限制通常主要由供应商发起,直接作用于品牌间竞争;进场费、排他性分销、排他性供应、选择性分销和特许经营这五种限制由供应商或购买商发起,首先指向品牌内竞争。直接作用于品牌间竞争的纵向非价格限制在不具备支配性市场力量时,通常难以产生实质性的竞争限制,在纵向垄断协议中无法实现“促成整体类型”的中心价值。鉴于此,反垄断法下纵向非价格限制规范类型应予扩充,但应限于直接影响品牌内竞争的纵向非价格限制。③

第三,在滥用市场支配地位行为中,剥削性滥用一般单列为一

① See European Commission Notice, Guidelines on Vertical Restraints (2022/C 248/01).

② 我国法律也有相关的兜底条款,因此企业在日常运营中有关纵向非价格限制竞争协议的合法性判断就面临着很大的不确定性。参见王先林:《论我国垄断协议规制制度的实施与完善——以〈反垄断法〉修订为视角》,载《安徽大学学报(哲学社会科学版)》2020年第1期。不仅如此,以所谓“窜货”为例,从《反垄断法》的角度处理窜货争议不只是费时耗力,法院甚至还面临着无权直接从《反垄断法》的角度处理纵向非价格限制争议的尴尬。参见万江:《窜货的法律规制》,载《中外法学》2016年第4期。

③ 参见江山:《论纵向非价格限制的反垄断规制》,载《法律科学》2020年第1期。还有学者指出,有些纵向非价格垄断协议的消极效果不以市场力量为前提,当前需要增加纵向地域与客户限制。参见焦海涛:《纵向非价格垄断协议的反垄断法规制:困境与出路》,载《现代法学》2019年第4期。也有学者认为,应由反垄断委员会颁布统一的《纵向限制指南》。参见张骏、王先林:《纵向地域限制的反垄断法规制研究》,载《华侨大学学报(哲学社会科学版)》2015年第5期。

类，而排斥性滥用则通常作出多项分解。长期以来，在主要法域，剥削性滥用要么不被规制，要么则聚焦于价格类剥削，即对下游的超高价格或对上游的超低价格，从而构成所谓剥削。但晚近以来，隐私保护渐被纳入反垄断的视野下考察，引发了对该等类型完备性的重估，以吸纳判例法中已经存在的对“剥削性商业条款”(exploitative business terms)的规制。① 就排斥性滥用而言，与主流法域的基本分类相吻合，中国法下细分为掠夺性定价、拒绝交易、排他性交易、搭售和差别待遇。在此基础上，价格挤压(price squeeze)②、忠诚折扣(loyalty rebate)③和自我优待(self-preferencing)④等行为，有将其作为新

---

① 德国联邦卡特尔局裁定Facebook在未经用户知晓或允许的情况下搜集个人数据，并形成用户的个性化数据库，以便向广告商提供针对明确对象的广告，从而提高其收入，这构成了剥削其用户（而非排斥其竞争对手）的剥削性滥用。See *Bundeskartellamt Prohibits Facebook from Combining User Data from Different Sources*, Bundeskartellamt (Jan. 1, 2021), https://www.bundeskartellamt.de/SharedDocs/Meldung/EN/Presse mitteilungen/2019/07_02_2019_Facebook.html.

② 有学者认为，价格挤压可以分为非歧视性价格挤压、歧视性价格挤压（排他性、封锁性）和掠夺性价格挤压。参见唐要家、唐春晖、杨坦能：《电信主导运营商价格压榨的竞争效应》，载《中国工业经济》2012年第4期。还有学者认为，在典型的纵向市场结构下，上游厂商对下游厂商实行纵向价格歧视的典型形式就是价格挤压。参见喻言、任剑新：《价格挤压与反垄断规制》，载《广东财经大学学报》2014年第2期。也有学者认为，价格歧视与价格挤压存在区别。参见易芳、龚炯：《论价格挤压行为的反垄断分析思路》，载《价格理论与实践》2012年第1期。

③ 有学者认为，忠诚折扣在实践中通常被视为排他性交易、搭售或者掠夺性定价，但从逻辑推论上看，应当通过排他性交易来分析忠诚折扣，通过搭售来分析捆绑折扣，并避免适用掠夺性定价的明线规则。See Sean Gates, *Antitrust by Analogy: Developing Rules for Loyalty Rebates and Bundled Discounts*, 79 Antitrust Law Journal 99, 129 (2013). 也有学者将忠诚折扣视作排他性交易的一种。See Derek Moore & Joshua Wright, *Conditional Discounts and the Law of Exclusive Dealing*, 22 George Mason Law Review 1205, 1205 (2015). 还有学者将该等行为定性为掠夺性定价、价格歧视或者市场封锁等违法行为。参见李俊峰：《“忠诚折扣”的垄断违法性判定——以利乐公司行政处罚案为材料》，载《当代法学》2019年第2期。另有学者则认为，上述观点忽略了忠诚折扣与独家交易协议的差异。See Steven Salop, *The Raising Rivals' Cost Foreclosure Paradigm: Conditional Pricing Practices and the Flawed Incremental Price-Cost Test*, 81 Antitrust Law Journal 371, 372 (2017). 以及有学者认为，忠诚折扣的反竞争机制与反竞争效果与掠夺性定价、独家交易协议都存在区别，不能简单“类比”。参见钟洲、王麒植：《忠诚折扣、产品和消费者的异质性与竞争壁垒》，载《中国工业经济》2018年第9期。

④ 大型互联网平台企业利用其平台或服务的特殊设计，损害相关市场竞争者竞争能力或为自有产品、服务增加竞争优势，从而扭曲市场以消除潜在竞争威胁并巩固、扩大竞争优势。See Subcommittee on Antitrust, Commercial and Administrative Law, U.S. House of Representative, Investigation of Competition in Digital Market, 2020, CP 117-8 PART Ⅰ, p. 322-324.

的规范类型纳入反垄断法中讨论的空间。由此,排斥性滥用项下的具体类型是否应当进一步深化? 首先,就价格挤压而言,若相关行为不具有歧视性但对上下游企业的利润产生了实质性的削减,则一般应交由市场进行调节,只在特殊情形下依超高定价的规制;若具有歧视性,则根据其排他性或封锁性进行竞争影响评估;若低于恰当界定的成本,则以掠夺性定价进行规制。其次,就忠诚折扣而言,当将折扣的金额计入成本之后,若支配地位企业的定价低于恰当界定的成本,则此时折扣应当可以纳入掠夺性定价的类型来进行规制;若最终价格高于恰当界定的成本,一般而言该企业行为应属于有效竞争的范畴,除非构成阻碍竞争对手进入或提高竞争对手成本的情形。就此,在理论与实践中尚待达成进一步的共识。最后,就自我优待而言,其内涵上并没有超出差别待遇的竞争影响范围,但外延上可能突破了当前差别待遇的基本表现,应当在差别待遇类型下作出法律解释的探索。总之,在滥用市场支配地位行为的类型化中,当前规范类型基本涵盖了已有经验类型,若相关类型对规范类型建构在整体上没有促成作用,则在类型深化上应当审慎,以避免产生不必要的规范竞合。

第四,在经营者集中审查中,横向与非横向合并构成常见类型。反垄断机构和法院早期对各类合并不加区分地适用严格的结构主义规制标准。但 1982 年和 1984 年美国的《合并指南》都采用了横向合并和非横向合并的两分法,对于非横向合并则采取了更为宽松的政策。① 横向和纵向合并的分类相对清晰,其中常见的单边效应与协调效应,系因并购企业都处于相同的一个或多个相关的市场,所产生的排除限制竞争影响也主要限于上述市场。而纵向合并与混合合并被视为非横向合并,② 涉及的竞争影响则可能涵盖合并双方所在的不同相关市场。由此,竞争分析聚焦的是两个相关市场之间市场力量的相互巩固的问题。不同之处是,封锁效应在前者主要表现为原材料和客户的封锁;③在后者主要表

① 参见胡甲庆:《美国合并反垄断法律规制的范式转型》,载《经济问题》2009 年第 8 期。

② See European Commissions Guidelines on the Assessment of Non-horizontal Mergers under the Council Regulation on the Control of Concentrations between Undertakings (2008/C 265/07), pars. 2-3; U. S. Department of Justice & The Federal Trade Commission, Vertical Merger Guidelines (2020).

③ 其中,不仅包括完全封锁,还包括提高竞争对手的成本所构成的部分封锁。See Steven Salop, *The Raising Rival's Cost Foreclosure Paradigm*, *Conditional Pricing Practices*, and the Flawed Incremental Price-Cost Test, 81 Antitrust Law Journal 371, 376-378(2017).

现为合并后企业能够在相互关联的市场上,使产品形成互补组合,整合后企业有能力通过捆绑销售、搭售或者其他排他行为,利用在一个市场上的强大地位而在另一市场上取得杠杆效应。① 分析至此,再将非横向合并进行细分无益于"促成整体类型"这一中心价值,不如更加聚焦于竞争影响,考察其封锁效应的作用方式和效果。

（二）垄断行为的混合类型与规范竞合

若法律中存在混合类型,则可能导致同一个案件事实可以被多个法律规范所指涉,构成规范竞合,造成三种后果:一是不同法律规范的法效果相同;二是它们的法效果不同但彼此不排斥;三是它们的法效果不同且彼此相互排斥。② "在经济及商业交易作精密区分的阶段,'混合类型'殆属不可避免的现象。"③随着垄断行为规范类型的深化,在反垄断法适用中存在或多或少的规范竞合。在对竞合规范的选择中,亦要着重把握类型思维的重要的特点,及其总是维持其与指导性价值观之间的联系,明确所有被考量的因素都应利于"促成类型整体"的中心价值。

1. 横向与纵向垄断协议的规范竞合

第一,联合抵制。联合抵制的特点在于,既存在横向之间的联合,又存在纵向关系。典型的联合抵制场景是竞争者之间联合起来,要求其交易相对人不与上述竞争者之外的经营者进行交易。其实质,是单个竞争者没有足够的市场力量要求其交易相对人从事上述行为,转而诉诸经营者之间的联合。一般认为,"联合抵制"一词是指如下情形,即若干企业在与另一个人谈判时,全部都提出与具体的合同标的并不相干的要求;如果一群企业只是坚持按其约定的价格销售,不能得到这个价格就不销售,则它们的行为只是一个卡特尔。④ 有学者以零售木材经销商协会案

---

① 参见黄勇、蒋涛:《非横向企业合并的反垄断规制——以欧盟〈非横向合并指南〉为基础展开》,载《清华法学》2009 年第 2 期。当然在纵向合并中也存在通过搭售与捆绑实现的封锁。参见吴白丁:《论纵向合并审查中竞争损害理论的证明——以 AT&T 收购时代华纳案为切入点》,载《经贸法律评论》2019 年第 5 期。

② 参见[德]卡尔·拉伦茨:《法学方法论》,陈爱娥译,商务印书馆 2003 年版,第 146 页。

③ [德]卡尔·拉伦茨:《法学方法论》,陈爱娥译,商务印书馆 2003 年版,第 341 页。

④ 参见[美]赫伯特·霍温坎普:《联邦反托拉斯政策:竞争法律及其实践》(第 3 版),许光耀、江山、王晨译,法律出版社 2009 年版,第 242 页。

(Eastern States)①为典型,指出其中存在两种性质的“联合抵制”:木材零售商达成固定价格协议后,必须拒绝与低价购买者进行交易,是与固定价格“无法分割”的;而对批发商的联合抵制则是独立的行为,将其分割开来并不影响固定价格协议的存在与实施,而其合法性状况不能完全取决于固定价格协议的合法性。② 我们同意这一分析,究其本质,联合抵制的内涵仍为横向限制,但应适用合理规则分析。

第二,串通投标。不少法域将串通投标作为一种典型的垄断行为予以规制。鉴于此,有学者指出,投标者相互之间的串通投标行为属于横向垄断协议的一种形式,而投标者和招标者直接的串通招投标行为属于纵向垄断协议的一种形式;我国虽然有专门的《中华人民共和国招标投标法》,但不应排除在《反垄断法》中明确其垄断协议行为的性质和相应的法律适用,增加规定串通招投标条款。③ 就此,投标者之间的串通投标行为属于横向垄断协议自无疑义,但投标者与招标者之间的串通招投标是否属于纵向垄断协议的一种形式尚待明确。因为二者之间虽然存在纵向关系,但其行为既不属于典型的固定或限定转售商品的价格,也难以归于纵向非价格限制中的排他性购买等行为,并未产生纵向品牌内限制。由此,可以认为,反垄断法无须关注纵向的串通投标问题,而针对横向的串通投标则归于横向垄断协议规制已足矣。

第三,轴辐协议。轴辐协议就其形式上看既存在纵向关系,也存在横向关系。然而,该等协议的实质是通过纵向的联系来促成横向固定价格,限定产量或划分市场的行为。从竞争影响来看,轴辐协议并非如纵向协议一样,是以品牌内竞争的限制为出发点,而是直接指向品牌间限制。在这种情况下,就应当抛开其纵横交错的形式外观,直接聚焦于其

① 法院认为,如果零售商组织起来协议阻止任何直接与消费者进行交易的批发商或制造商,对公众或受抵制人造成了损害,则可能被禁止或惩罚。See Eastern States Retail Lumber Dealers' Ass'n *v.* United States, 234 U. S. 614 (1914).

② 参见许光耀:《联合抵制交易的反垄断法分析》,载《价格理论与实践》2016 年第 3 期。也有学者认为,联合抵制从行为的表现来看属于横向行为,但是从实施效果而言却又是纵向行为。参见侯利阳:《垄断行为类型化中的跨界行为　以联合抵制为视角》,载《中外法学》2016 年第 4 期。还有学者认为,联合抵制分为横向与纵向联合抵制,前者应归横向垄断协议规制,而后者中的一部分可以视为滥用市场支配地位。参见李剑:《论联合抵制交易的违法性判断标准》,载《当代法学》2009 年第 3 期。

③ 参见王先林:《论我国垄断协议规制制度的实施与完善——以〈反垄断法〉修订为视角》,载《安徽大学学报(哲学社会科学版)》2020 年第 1 期。

竞争效果，进而通过横向垄断协议的规制方法予以认定。① 究其本质，当前已有的规范类型足以涵盖作出协议的相关安排：其在形式上应当属于协同行为的一种，即三边协同；②在效果上应当按照本身违法规则或者基于其总是或者几乎总是排除、限制竞争的性质，推定其为违法。也就是说，从法律的解释与适用上看，并无必要将轴辐协议从经验类型上升为规范类型。但必须明确，为了解决轴心经营者的认定问题，应当新增相应协议条款予以规范。

2. 垄断协议与滥用支配地位的规范竞合

第一，纵向垄断协议与支配地位滥用行为。二者的交集主要存在于纵向非价格限制中。在欧盟法下，《纵向限制指南》将搭售和排他性购买列为纵向非价格限制之中的两种类型。③ 而在中国《反垄断法》下，搭售和排他性交易则在滥用市场支配地位项下予以规制。在美国法与欧盟法下，搭售和排他性交易既可以依据垄断协议也可以依据滥用市场支配地位分析，但通常在当事人具有市场支配地位之时适用滥用市场支配地位的规制框架。④ 究其本质，搭售和排他性交易只有在行为企业具有市场支配地位之时，才可能在下游（或上游）产生显著的排斥性效果，进而存在规制的必要。由此，在扩充纵向非价格限制的规范类型之时，不应将滥用市场支配地位行为的已有规定进行重复规制。同时还需要防止另外一种倾向，即在反垄断法对滥用市场支配地位立法中引入相对优势地位理论。对此，当前的基本共识是：其理论上的重大缺陷可能会引起

① 有学者认为轴辐协议应按横向垄断协议规制。参见刘继峰：《"中心辐射型"卡特尔认定中的问题》，载《价格理论与实践》2016 年第 6 期；郭传凯：《美国中心辐射型垄断协议认定经验之借鉴》，载《法学论坛》2016 年第 5 期；焦海涛：《反垄断法上轴辐协议的法律性质》，载《中国社会科学院研究生院学报》2020 年第 1 期。也有学者认为应打破垄断协议二分法。参见张晨颖：《垄断协议二分法检讨与禁止规则再造——从轴辐协议谈起》，载《法商研究》2018 年第 2 期；王先林：《论我国垄断协议规制制度的实施与完善——以〈反垄断法〉修订为视角》，载《安徽大学学报（哲学社会科学版）》2020 年第 1 期；丁茂中：《论规范垄断协议行为的立法完善》，载《政治与法律》2020 年第 3 期。

② See Case No：2005/1071，1074 and 1623，Argos，Littlewoods *v.* OFT and JJB Sports *v.* OFT，[2006] EWCA Civ 1318，paras. 127，131.

③ See European Commission Notice，Guidelines on Vertical Restraints（2022/C 248/01），paras. 321，389.

④ 总体而言，无论是在美国还是在欧盟，以垄断协议规制排他性交易的案件并不多。参见[美]理查德・吉尔伯特：《排他性交易的经济学分析和反垄断执法》，黄昆译，载《经贸法律评论》2020 年第 5 期。

理论与实务的严重混乱,[①]恐怕将会直接严重影响保护市场公平竞争这个基本立法宗旨的有效实现。[②]

第二,横向垄断协议与共同支配地位滥用。在特定情形下,具有一定市场力量的企业无法单独实施排除、限制竞争的滥用行为,而是需要与市场当中相应体量的企业共同实施。此时,其行为的表现形式符合滥用市场支配地位行为当中的具体类型;同时,具有竞争关系的经营者之间的联合又具有横向垄断协议的部分特征。由此,反垄断规制可能形成错位。一方面,如果以横向垄断协议的路径进行规制,则相应的涉嫌垄断行为无法在横向垄断协议框架下找到适配的类型。另一方面,如果以滥用市场支配地位的路径进行规制,则需要明确相应的涉嫌垄断行为,是否需要支配地位企业达成意思一致的证据,方可予以规制。对此,理论界有诸多不同的认识。[③] 究其本质,若以竞争影响分析为最终归依,则应抛弃在共同支配地位滥用中科以与横向垄断协议规制相同或相近的要求。

3. 垄断行为调查与经营者集中审查的规范竞合

垄断行为调查与经营者集中审查之间可能存在的规范竞合,主要在于企业联营。企业联营作为特殊的企业间联合形态,其联结方式是通过协议完成的,但其最终的影响既可能是行为性的,也可能是结构性的。因为企业联营通常由母公司进行共同控制,如果构成全功能或者完全整合型的安排,其在结构上实质与企业合并无异。然而,当前企业联营在规制对象确定上存在模糊,由于没有法定的概念和条文作为支撑,将企业联营区隔于完全并购的规制框架尚未定型;而且,其在规制标准选择上也存在模糊,无论是基于效果还是功能的标准,区分全功能/完全整合

---

① 参见王晓晔:《论滥用"相对优势地位"的法律规制》,载《现代法学》2016 年第 5 期。不仅于反垄断法如此,有论者认为,其亦不需要在《反不正当竞争法》当中单独规制。参见朱理:《滥用相对优势地位问题的法律规制——虚幻的敌人与真实的危险》,载《电子知识产权》2016 年第 6 期。

② 参见丁茂中:《论滥用市场支配地位行为规范的立法完善》,载《经贸法律评论》2020 年第 2 期。

③ 有学者认为应以高透明度、制约机制、无外部对抗力量等为核心分析。参见侯利阳:《共同市场支配地位法律分析框架的建构》,载《法学》2018 年第 1 期。也有学者指出,应将市场透明度较高、具有惩罚机制、缺少对抗力量作为其适用条件。参见喻玲、兰江华:《滥用市场支配地位诉讼举证困境及对策研究——基于 67 份判决书的实证分析》,载《江西财经大学学报》2020 年第 4 期。还有学者主张考察判断整体性的结构因素和行为因素。参见张晨颖:《共同市场支配地位的理论基础与规则构造》,载《中国法学》2020 年第 2 期。

型和协议型企业联营的边界都存在一定的模糊性。① 鉴于此，一方面，要考察该等企业联营是否具备全功能，即考察其是否符合长期经营和具有独立经济实体全部功能两个要件；另一方面，则要考察是否存在两个或多个企业或自然人有能力对另一个企业实施决定性影响，即存在所谓的“共同控制”。② 若具备这两项条件，则相应的企业联营应当归于经营者集中审查的范围，考察其结构性影响。

五、小结：规范命题与事实命题等置下的类型化

考夫曼指出，“立法的成功与失败，端赖立法者能否正确地掌握类型”③。经过100多年的发展，立法者、学者和司法者在各自的活动场域不断地累积反垄断法的经验认识，并从这些经验认识中归纳反垄断法下的经验类型、逻辑类型和规范类型。在这一过程中，形成了纷繁复杂的反垄断法类型系列。在该等类型系列下，反垄断法共同体进一步地将类型化的成果投射到市场经济的经验世界，进而又型塑了其中经营者、消费者、执法机构与法院的思想与行动。然而，类型化的活动不是没有止境的，应当把握垄断行为类型化的限度所在。立足于“事物本质”的类型化，在反垄断法中形成了垄断协议、滥用市场支配地位与经营者集中三大规范类型，在法律适用中根据基于竞争影响的逻辑类型，以单方限制与协同限制的分析框架评估经验类型及其规范类型转化，构成反垄断法下类型化活动的主轴。

当前，反垄断法下的类型化有其不尽完备和交叉重叠之处，应当作出规整。为此，一方面，应当确立规范类型深化的前提：④一是根据经验证据的累积来恰当地界定本身违法与合理规则的类型边界，特别是在类型化对案件处理起决定性作用之时；二是在实施合理规则的时候，限制类型化分析的使用，避免对其造成过度依赖——若相关限制不能很好地归入成熟的行为类型，应当直接就竞争效果进行评估。另一方面，在混合类型下产生规范竞合之时，应当将以竞争影响为中心的逻辑类型与垄

① 参见江山：《论协议型企业联营的反垄断规制》，载《环球法律评论》2017年第6期。

② 参见江山、黄勇：《论中国企业联营的经营者集中控制》，载《法学杂志》2012年第10期。

③ ［德］亚图·考夫曼：《类推与“事物本质”——兼论类型理论》，吴从周译，台北，学林文化事业有限公司1999年版，第115页。

④ See Mark Lemley & Christopher Leslie, *Categorical Analysis in Antitrust Jurisprudence*, 93 Iowa Law Review 1207, 1263-1270 (2008).

断行为规范价值融合，在规范适用中立足行为的排除、限制竞争影响，以此为基点追溯行为的本源，亦避免法条竞合，作出恰当的规制选择。面向未来，在当前规范类型未涵盖可能出现的经验类型之时，应当善用类推适用的法律方法，解决在法律发现过程中事实与法律规范相对应、对接的问题。其根本，始终是解决如下问题：一个规范命题与一个事实命题如何得以等置。①

① 参见王晓：《法律类型理论和类推方式研究——以考夫曼类型理论为起点的认识论探究》，载《浙江学刊》2009年第5期。

第三章　反垄断法规范中的规则与标准

庞德指出,“律令体乃是由规则(rules)、原则(principles)、界定概念的律令以及确立标准(standard)的律令构成的”①。其中,概念固然重要但不构成独立的法律规范,原则举足轻重却占比有限,规则和标准方为法律规范的主体构成。② 而法律规范采取规则的形式还是采取标准的形式,在于法律后果的发生是取决于某一项或多项事前订明的具体事实是否出现,还是对诸多与立法目标相关的事实因素的综合考虑。③ 基于法律性质与规制对象的不同,规则与标准的作用空间也存在差异。在反垄断法中,标准作为调和规则适用的相对狭隘性所引入的一种法律渊源,发挥着巨大的作用。不仅如此,适用于垄断行为的规则与标准,于不同法律传统下法律规范中的表达也不尽相同。在判例法传统下,反垄断法规范文本简洁,规则精要,将繁复的标准适用融于庞大的判例体系之中,渐进确立标准并促进规制共识的形成。而在成文法传统下,则多沿用以规则为主体的规范文本,规则意识统领法律的解释与适用,标准观念及其体系尚未确立。深嵌于市场之中的反垄断法,自治—回应型法特

---

① [美]罗斯科·庞德:《法理学》(第2卷),邓正来译,中国政法大学出版社2007年版,第123页。

② 我国法学界通行的是“法律规范说”,将法律归结为法律规范单一要素;近年来,学者们开始主张多要素说,其中法律规则、原则和概念三要素说有较强的说服力。参见周永坤:《法理学——全球视野》,法律出版社2016年版,第164页。而法律规范,可以被界定为一种法律上规定命令什么、允许什么与禁止什么的应然命题,被认为包括法律原则与法律规则。参见雷磊:《法理学》,中国政法大学出版社2019年版,第35页。当前,法律规范中的规则与标准的区分并不常见,标准多被视为标准性规则,与规范性规则一同构成规则的两大类型。参见张文显主编:《法理学》,高等教育出版社2018年版,第118页。与此同时,法律规范中的标准,也不同于标准化中为了在一定范围内获得最佳秩序而共同使用和重复使用的规范性文件,如技术标准、管理标准,强制性标准和推荐性标准,技术法规等。参见李春田主编:《标准化概论》,中国人民大学出版社2014年版,第9、25~31页。

③ See Ward Farnswort, *The Legal Analyst: A Toolkit for Thinking about the Law*, University of Chicago Press, 2007, p. 163-164.

性突出。[①] 与此相契合,从规则和标准的性质着手,在规范文本中区分配置规则与标准,进而在解释与适用中充分释放反垄断法规范的功能,是中国《反垄断法》走向成熟和竞争秩序形成稳态的必由之路。

一、《反垄断法》文本的规范组成

反垄断法中涉及概念和原则的条文殊少,规则和标准构成反垄断法规范文本的主体。据此,廓清反垄断法文本的规范组成,首先应当识别与区分规则与标准。

(一)区分规则与标准的意义

无论是规则还是标准,都是法律规范中直面法律问题的文本选择。波斯纳指出,多数法律问题是以三段论的方式解决的,法官从制定法以及先前的决定中抽象出一些规则,然后以之作为前提,三段论式地决定案件。[②] 但确定小前提(调查事实)就经常很困难,有些规则需要对事实进行相对广泛的调查才能确立小前提,有别于那些小前提只叙述单一事实的比较简单的规则,被称为"标准"。[③] 拉伦茨也认为,在很多情况下,"确定法效果的三段论法"尚不能精确规定法效果,其只能适用在案件事实及法效果均相当确定的法条;有些法条运用不确定的概念、须填补的标准来规定案件事实或法效果,则涵摄程序并不能完全解决问题。[④] 在一定意义上,规则与标准具有天然的互补性。而标准和不同程度概括性的规则之间选择的重要性,凸显于处理法律形式问题的过程之中。规则的优点在于可以限制任意性和保有确定性,但将会在实现规则背后目标的过程中牺牲精确性。[⑤] 作为行为尺度的标准,在一定意义上挣脱了法律形式的束缚。但随之而来的弊端是,在适用标准时可能存在自由裁量的扩大,造成法律不确定性的增强,因为在实质正义下,只有关于什么

---

① 参见黄勇、江山:《"国家—市场"尺度下的反垄断法三十年——迈向"自治—回应"型法》,载《法学论坛》2008 年第 3 期。

② 参见[美]理查德·A. 波斯纳:《法理学问题》,苏力译,中国政法大学出版社 2002 年版,第 54~57 页。

③ 参见[美]理查德·A. 波斯纳:《法理学问题》,苏力译,中国政法大学出版社 2002 年版,第 54~57 页。

④ 参见[德]卡尔·拉伦茨:《法学方法论》,陈爱娥译,商务印书馆 2003 年版,第 155~156 页。

⑤ See Duncan Kennedy, *Form and Substance in Private Law Adjudication*, 89 Harv. L. Rev. 1685, 1687-1688 (1976).

是应该被实现的选择以及如何完成选择的工具理性判断。① 如此看来,一个均衡的法律规范文本,应当是规则与标准的融合构造。

更具体比较,规则的适用由一项或多项事实所激发,将会引致确定的法律后果;标准的适用则要求法律决策者结合背景原则或一组原则针对一组特定的事实进行评估,进而得出法律结论。② 规则减少了纠纷中诸多潜在的关联因素,而依据标准就必须发现、权衡和比较更多的事实,给了审理事实者更多的裁量权;如果适用规则时不考虑纠纷的具体情况,就无法完美地实现作为规则之基础的社会政策,标准就是要解决这个问题以获得实质正义而不仅仅是形式正义。③ 规则和标准都可能产生不确定性。标准产生的不确定性主要是行为人不确定未来法院会对标准作何解释,需要其对之进行预测;而规则产生的不确定性则是因为行为人对已然形成的法律规范不甚了解,需要其对之进行猜测。④ 当成本和不确定性不成为问题的时候,选取标准作为分析的基准从而获得正确的结果当然是最优的选择。⑤ 标准的适用本身虽可以接近更为准确的结论,但其所需的成本将远高于简洁的规则适用所需的成本。当然,这并不能成为放弃适用标准的理由。卡普洛指出,刚开始明确一项规则的成本肯定比制定一项标准要高,但其结果是此后的成本节约:在要频繁地适用规则、频繁地作出判决的情况下,规则的相对优势就会体现出来;相反,当法律所规范的行为类型多且不常发生时,标准则更为有效率。⑥ 以竞争法为核心的现代经济法之所以能成为调整市场经济关系的主要法律体系,主要在于其获得了观念与现实上的效率依据。⑦ 而反垄断法

① 参见[美]罗伯托·曼戈贝拉·昂格尔:《知识与政治》,支振锋译,中国政法大学出版社2009年版,第131页。

② See Kathleen M. Sullivan, *The Justices of Rules and Standards*, 106 Harv. L. Rev. 22, 58-59 (1992).

③ 参见[美]理查德·A. 波斯纳:《法理学问题》,苏力译,中国政法大学出版社2002年版,第54~57页。

④ 参见田源:《行为法律经济学视野中的"法律确定性命题"——以规则和标准的分类为线索》,载《法制与社会发展》2018年第2期。

⑤ 参见田源:《行为法律经济学视野中的"法律确定性命题"——以规则和标准的分类为线索》,载《法制与社会发展》2018年第2期。

⑥ See Louis Kaplow, *Rules Versus Standards: An Economic Analysis*, 42. Duke L. J. 557, 557-629 (1992).

⑦ 参见盛杰民:《竞争法在中国:现状及展望》,载杨紫烜主编:《经济法研究》第1卷,北京大学出版社2000年版。

的问题并不是标准太多,相反却是过于依赖规则的认定。①

进一步地,在法律规范的文本选择中以规则为主,还是以标准为主,是由法律规范的性质决定的。在传统法律领域,多数行为的社会危害性根据其行为本身就可以判断,形成以规则为主体的法律规范是限制任意性和保有确定性的必然选择。与此不同,“在反垄断法下,一种行为是否对社会(即对竞争)有害,不能仅凭行为本身作出判断,而必须以行为人的市场势力大小、所处的相关市场结构、社会经济环境等因素综合分析才能作出判断”②。如果简单依赖规则,则难以实现法律适用的精确性。在这个意义上,反垄断法规范从来不是,也不可能是完全由规则构成的体系。然而在成文法传统下,反垄断法规范中规则与标准区分的观念淡薄,使法律适用中大量模糊地带处于不受检视的状态。改变这一现状,要从形式与实质两方面入手展开分析,识别反垄断法中规则与标准的实然。

(二)反垄断法下规则与标准的识别

在形式上,法律规则为一种明确详尽的事实状态附加了一个明确详尽的法律后果;而标准乃是一种由法律规定的行为尺度,如果谁背离了该尺度,就必须对由此导致的损害负责,或必须承担起所作所为被法律判定无效的风险。③ 进一步地,形式可实现性要求规则在一系列可以简单区别的实施情况出现之时,以一种决定性的方式进行干预;而标准直接指向法律秩序的实质性目标,其适用不仅要求法官发现特定情境的事实,还必须根据标准中所包含的目的或社会价值对事实进行评估。④ 在某种程度上,规则与标准的区别是法律形式正义与实质正义的区别。前者创建一些调控行为与人的一般类型的规则,再根据这些已经创建的规则来决定在人们之间所发生的特定争议;后者确定目标,然后在相对不涉及规则的情况下,去判断特定情形下哪个决定看来最可能有益于前述

① See Mark A. Lemley & Christopher R. Leslie, *Categorical Analysis in Antitrust Jurisprudence*, 93 Iowa Law Review 1207, 1257 (2008).

② 刘水林:《反垄断法的挑战——对反垄断法的整体主义解释》,载《法学家》2010 年第 1 期。

③ 参见[美]罗斯科·庞德:《法理学》(第 2 卷),邓正来译,中国政法大学出版社 2007 年版,第 123~126 页。

④ See Duncan Kennedy, *Form and Substance in Private Law Adjudication*, 89 Harv. L. Rev. 1685, 1687-1688(1976).

已经明确的目标。[①] 因此，单纯从法律规范的文本本身，并不能得出其属于规则或标准的结论。无论是在判例法还是成文法传统下，反垄断法下规则与标准的识别都需要结合 100 余年来反垄断法适用共同经验的代际综合，作出于特定时空下的近距观察与当代认知。

可以认为，当今反垄断法下法律后果的发生，在有限的情形下，取决于某一项或多项事前订明的具体事实是否出现，如核心卡特尔的本身违法认定；但在更多的情形下，则取决于对与立法目标相关的诸多事实因素的综合考虑，如对纵向限制、支配地位滥用和经营者集中的合理分析。对于存在固定价格、限定产量和划分市场等事实状态的核心卡特尔而言，由于其总是或者几乎总是排除、限制竞争的性质，规则关于行为本身的规定就具备了实际内容，通过三段论的推理就可以有效适用并附加明确详尽的法律后果。而对其他垄断行为的合理分析的过程，不仅需要对事实的广泛调查，很多时候还需要通过经济学方法评估其效果。在这种情况下，垄断行为的认定无法诉诸简单规则的直接适用，而多有赖于标准的指引。

（三）反垄断法下规则与标准的分布

以规则与标准为主要构件，作为法律规范体系的反垄断法包括了二者之间的多种中间样态形式。孙斯坦指出，从规则到不受约束的自由裁量权之间存在一个缓冲区，各种因素、标准和指南就落在二者之间。[②] 其中，规则、规则的例外和因素是大陆法系反垄断法文本的惯常形式，规则和标准通行于英美法系的反垄断判例法，而指南是执法机构颁布的无法律约束力但有指引意义的文件。就反垄断法规范文本而言，应着重考察规则、规则的例外、因素与标准四种文本形式。

聚焦中国《反垄断法》涉及垄断行为的规范性条文，[③]有以下四组是考察的范围：关于垄断协议认定的规定，市场支配地位推定、认定与滥用市场支配地位行为认定的规定，经营者集中申报的规定，以及经营者集

① 参见［美］罗伯托·曼戈贝拉·昂格尔：《知识与政治》，支振锋译，中国政法大学出版社 2009 年版，第 129~130 页。

② 参见［美］凯斯·R. 孙斯坦：《法律推理与政治冲突》，金朝武、胡爱平、高建勋译，法律出版社 2004 年版，第 23 页。

③ 除了直接表示法律规范的规范性条文，尚有不直接表述法律规范的非规范性条文，包括定义性条文、辅助性条文和宣言性条文。参见雷磊：《法律规则的逻辑结构》，载《法学研究》2013 年第 1 期。

中审查的规定。[①] 一般认为，规范的性质不可能从其原文中读出，一切都依赖于对实践的解释。[②] 因此，上述反垄断法规范的性质亦有待分别考察。从形式上看，包括垄断协议认定、支配地位推定、滥用支配地位行为认定、经营者集中申报在内的规则大多存在例外；而支配地位认定和经营者集中审查中的法律规范，则以应当考虑的因素形式呈现。鉴于此，还应当厘清反垄断法下的规则例外与标准、因素与标准之间的关系。

第一，反垄断法下的规则例外与标准。有规则就必然存在例外。孙斯坦认为，许多规则都包括明示或者默示的必要情形或紧急情况，通过这类规则的例外充分参考特定案件的细节以区分其彼此之间的不同情况。[③] 波斯纳指出，实用主义法官可能会更容易为规则建立例外，同时其比形式主义法官更容易看到按照有限、严格之例外的规则进行裁判的实际好处。[④]《反垄断法》中规则的例外多有体现，垄断协议认定中的"不适用"情形，支配地位推定的抗辩，支配地位滥用行为中的"没有正当理由"，经营者集中申报中"可以不向国务院反垄断执法机构申报"的规定都为规则例外的典型。例外的范围可能狭窄而含糊，也可能狭窄和具体，甚至可能将例外的规则转化为复杂的规则或准则——但无论如何，有例外的规则仍然是规则，而如果例外的范围模棱两可就可能会远离规范性，而法律内容也将源于对特定事实的调查。[⑤] 一般而言，规则加例外的判决方式并不等于在标准之下考虑所有相关后果的判决方式，除非例外吞掉了规则。[⑥]

第二，反垄断法下的因素与标准。孙斯坦指出，在许多法律场合中，决策者通过评估衡量一定数量的相关因素作出特定的判断，而其具

① 滥用行政权力排除、限制竞争不属于垄断行为，无法基于主要法域的实践展开功能比较，不在此分析。对涉嫌垄断行为的调查的规定，属于程序规范，亦不在此分析。

② 参见[美]凯斯·R.孙斯坦：《法律推理与政治冲突》，金朝武、胡爱平、高建勋译，法律出版社2004年版，第30页。

③ 参见[美]凯斯·R.孙斯坦：《法律推理与政治冲突》，金朝武、胡爱平、高建勋译，法律出版社2004年版，第28~29页。

④ 参见[美]理查德·A.波斯纳：《法律、实用主义与民主》，凌斌、李国庆译，中国政法大学出版社2005年版，第85页。

⑤ 参见[美]凯斯·R.孙斯坦：《法律推理与政治冲突》，金朝武、胡爱平、高建勋译，法律出版社2004年版，第28~29页。

⑥ 参见[美]理查德·A.波斯纳：《法律、实用主义与民主》，凌斌、李国庆译，中国政法大学出版社2005年版，第85页。

体内容事先没有加以明确规定。[①] 中国《反垄断法》下市场支配地位认定和经营者集中审查的规定就是典型。因素和标准的共同点是仅预先对后果做出评估,不同点在于前者至少在某种程度上将具体适用时需要考虑的各种情况列举出来;而规则与因素之间的区别只是程度上的而非性质上的,因为对最明显的规则作出解释的人至少有时候必须确定其内容的一部分,因此因素不是跟规则完全相对立的。[②] 进一步地,就因素作出规定,需要列举纳入考量范围的主要事项。问题是,简单列举并不能够直接转化为可适用的规则。因为存在多项因素,如果其存在强逻辑关联,以及优先位序,则易转化为规则;反之,若仅存在较弱的逻辑关联,则易转化为标准。据此,因素亦具有双重属性,其向规则或标准的转换应当结合具体适用的场景作出分析。

二、垄断协议规制中的规则与标准分野

在《反垄断法》下,垄断协议中存在两组法律规范:一是认定横向垄断协议的规则及其例外,二是认定纵向垄断协议的规则及其例外。其中,规则于横向垄断协议认定中占主导;而在纵向垄断协议认定中,随着时间的推移,标准渐成主流。

(一)反垄断法下"协议"认定的规则

垄断协议分析的起点是其概念,而该概念的基底是"协议"。认定具有竞争关系的经营者之间或者经营者与交易相对人之间达成垄断协议,首先要认定其达成的是反垄断法意义上的"协议"。就此,《反垄断法》规定,垄断协议"是指排除、限制竞争的协议、决定或者其他协同行为"。这类概念,"乃是一个从法律上加以界定的可以把各种案件归入其间的范畴,因此,当某些特定的事实情势与此范畴相符合的时候,一系列规则、原则和标准就变得可适用了"[③]。拆解垄断协议的概念可知,其表现形式包括协议、决定或者协同行为,其特性为排除、限制竞争。二者相

① 之所以没有任何规则,那是因为没有对这些因素作出详尽、准确的说明,而且还因为其重要程度没有完全确定。参见[美]凯斯·R.孙斯坦:《法律推理与政治冲突》,金朝武、胡爱平、高建勋译,法律出版社2004年版,第31页。

② 参见[美]凯斯·R.孙斯坦:《法律推理与政治冲突》,金朝武、胡爱平、高建勋译,法律出版社2004年版,第31页。

③ [美]罗斯科·庞德:《法理学》(第2卷),邓正来译,中国政法大学出版社2007年版,第123~126页。

结合,才能够认定一项协议构成垄断协议。作出这一认定的前提,是要满足反垄断法意义上的“协议”形式,进而才分析其排除、限制竞争性质。特别是对于核心卡特尔规制,发现“协议”的存在是重点,而该等“协议”一旦被发现,基于其总是或几乎总是排除、限制竞争的性质,通常被认为本身违法。

无疑,通过概念将协议、决定和协同行为纳入反垄断法的“协议”范围之内,是统合垄断协议认定之必需。但如果仅界定概念,法律规范在遭遇效果分析上或形式认定上较为复杂的协议时将不敷使用。效果分析上的复杂性如企业联营,其兼具实质性的促进竞争和反竞争效果,需审慎评估。形式认定上的复杂性如协同行为,又分为双边协同行为和三边协同行为(或称轴辐协议)。前者指在不存在口头或书面的协议或决定的情况下,经营者之间达成的有意识协同;后者指通过共同的纵向交易相对人来协调横向关系。协同行为的认定难,在于查证难。据此,一方面,应就协同行为的认定确立更加清晰的规则,以明确查证的方向在于证明:竞争者之间存在信息传递,且相关市场的结构、竞争状况和产品特性等证据能够重要、明显、一致地指向竞争者之间达成“意思一致”的事实。另一方面,应就三边协同行为这一变体设定规则,明确作为共同纵向交易相对人的轴心经营者应视为横向垄断协议的参与者,承担相应责任;禁止经营者、行业协会等组织促进其他经营者达成垄断协议,监督其他经营者实施垄断协议。当然,“协议”形式的认定本身并不产生法律后果(其排斥、限制竞争性质待定),不能构成一个完整的规则。为此,应进一步分析横向/纵向垄断协议的规范性质。

(二)横向垄断协议认定中的规则及其例外

“规则是充分或近乎充分的法律权利的事前分配,或者说是全部或几乎全部的法律后果的事前详细说明。”①对于横向垄断协议的认定而言,其规范即以此种规则为主体。一旦认定具有竞争关系的经营者之间存在反垄断法意义上的“协议”,且所涉协议内容落入《反垄断法》规定的固定价格、限定产量、划分市场、限制技术、联合抵制等行为类型(第17条),而又不符合“不适用”情形(第20条)的,将被认定为违法(第56条)。一般认为,在横向垄断协议的认定中,上述规定“为一种明确详尽

① [美]凯斯·R.孙斯坦:《法律推理与政治冲突》,金朝武、胡爱平、高建勋译,法律出版社2004年版,第23页。

的事实状态附加了一个明确详尽的法律后果”，构成反垄断法下的包含例外的规则。在此，例外之所以被认为包裹在规则之中，是因为竞争者之间的核心卡特尔协议总是或几乎总是排除、限制竞争的性质，决定了满足例外条件的情形较少，且例外规定列明的事实状态相对而言仍然是明确详尽的。

具体来看，在中国《反垄断法》下，如果证明存在可识别的法定效率，经营者所达成的协议不会严重限制相关市场的竞争，并且能够使消费者分享由此产生的利益，则不能直接适用横向协议的行为类型认定为违法。这种“不适用”情形，显然属于规则例外的一种形式。在此，以列举加兜底条款的方式规定，使每一种例外的类型得以明确，且同时要满足“所达成的协议不会严重限制相关市场的竞争，并且能够使消费者分享由此产生的利益”(第 20 条第 2 款)的证明。在横向垄断协议项下，分析该例外应识别所产生的效率，并在此基础上与反竞争效果进行比较。其比较的维度单一，聚焦于对同一层面的竞争削弱所造成的价格升高和产出减少，无须引入标准。即便是在企业联营这一复杂形式中，依据附属性限制原理评估反竞争限制的关联性，确认其对于实现企业联营目的是否必不可少；进而通过衡量效果实现的程度、方式和比重，考察相关市场竞争是否实质性地被排除，即可作出认定。[①] 因企业联营组织形式不同带来的效果分析差异，也可通过类型化解决。问题是，当前例外规定缺失一项评估的必备要素，即经营者应当证明所达成的协议“未施加对效率目标之实现并非必不可少的限制”，对此应作出补充。在分析要素完备的前提下，对企业联营的效果评估甚至都无须进入权衡环节，在“较小限制性选择”(less restrictive alternative)的评估环节就能解决多数问题。[②] 易言之，在横向垄断协议的认定中，“不适用”情形的规定构成规则的例外，但仍属于规则。而该规则例外在纵向垄断协议规制中的属性，随着理论与实践的发展，产生了有别于横向垄断协议的显著变化，脱离了规则的范畴。

(三)纵向垄断协议认定中的标准转向

当前，纵向与横向协议的反垄断法规制方法存在显著差异。这一差异并未体现在规范文本的表达上，而是反映在法律解释中。《反垄断法》

① 参见江山：《论协议型企业联营的反垄断规制》，载《环球法律评论》2017 年第 6 期。
② 参见江山：《论协议型企业联营的反垄断规制》，载《环球法律评论》2017 年第 6 期。

规定：禁止经营者与交易相对人达成固定向第三人转售商品的价格、限定向第三人转售商品的最低价格的垄断协议（第 18 条），相关“不适用”情形（第 20 条），以及法律后果（第 56 条）。鉴于横向与纵向垄断协议竞争影响的经验性差异，“不适用”情形条款（第 20 条）与横向垄断协议的规定（第 18 条）结合形成规则，与纵向垄断协议的规定（第 18 条）结合则构成标准。该等分野并非一成不变，而是垄断协议规制长期演进的产物。在判例法下，纵向限制的规制逐渐从本身违法走向合理分析。在成文法下，纵向垄断协议的认定中，例外规定吞掉了规则（即便存在如欧盟法下的成批豁免和中国《反垄断法》第 18 条规定的安全港），转向标准的适用。

1. 规则时代的纵向垄断协议

以转售价格维持为典型的纵向限制，长期以来一直被视为本身违法。最早在 1911 年，美国联邦最高法院指出，所涉转售价格维持协议实际上等同于竞争者之间的固定价格协议，明显构成了一种损害竞争的行为。① 在判决中，没有进行对竞争效果的实质分析。此后，对该案适用本身违法的解读占据主流，并在 20 世纪 60 年代从价格类逐步扩展至非价格类纵向限制。当然，其中也存在反复。美国联邦最高法院先是拒绝对纵向地域限制适用本身违法，②继而宣布供应商对批发商和零售商施加的所有限制皆为本身违法。③ 适用本身违法，也就意味着只要相关协议符合《谢尔曼法》第 1 条所明确的详尽的事实状态——“任何契约，以托拉斯形式或其他形式的联合、共谋，用来限制州际与外国之间的贸易或商业”，其附加的明确详尽法律后果即为“非法”并承担相应的法律责任。那么，其适用严格依照规则。

在 1977 年的西尔瓦尼亚公司案（Sylvania）中，美国联邦最高法院在纵向非价格限制的分析中开始转向，认定制造商试图通过划分地理区域限制零售商销售产品范围的行为，应当适用合理分析——只有在存在“明显经济效果”的情况下，才能够排除“合理分析的适用”。④ 在该案中，由制造商施加的地域限制鼓励零售商“投入促销互动或提供服务和维修用于产品有效营销所需的设施”来促进竞争；零售商开展非价格竞

① See Dr. Miles *v.* John D. Park & Sons, 220 U. S. 373, 408–409 (1911).

② See White Motor Co. *v.* United States, 372 U. S. 253 (1963).

③ See United States *v.* Arnold Schwinn, 388 U. S. 365 (1967).

④ See Continental Television *v.* GTE Sylvania, 433 U. S. 36, 58–59 (1977).

争而使制造商的品牌比其他品牌更有竞争力，地域限制可以促进品牌间竞争。① 品牌内—品牌间竞争分析标准由此确立，使本身违法及其关联的规则适用路径在纵向限制反垄断规制中逐渐瓦解，合理分析渐次展开。此后，法院系统推翻诸多适用本身违法规则的先例，转向更多依靠经济学分析。② 在1997年的卡恩案(Khan)③中，美国联邦最高法院认定对纵向限定最高转售价格不适用本身违法。2007年，美国联邦最高法院更是在丽锦案中指出，转售价格维持具有"促进竞争的合理理由"是公认的；并由此评估认为，最低转售价格维持可以通过降低品牌内竞争来促进品牌间竞争，不应当适用本身违法规则。④ 这一判决推翻了迈尔斯博士医药公司案(Dr. Miles)的先例，实现了合理分析对纵向限制的全面覆盖。在美国法下，这就意味着对所有纵向限制类案件都不能依据《谢尔曼法》第1条给定的事实状态直接附加法律后果。这一判决影响了主要法域对于纵向转售价格维持的分析方法。而适用合理分析，通过经济学评估促进竞争的合理理由并在此基础上权衡竞争效果，就势必需要引入标准。

2. 纵向垄断协议规制转型下的标准适用

在纵向限制的反垄断规制中采用合理分析，意味着法律适用从基于规则转向立足于标准，即品牌内—品牌间竞争分析标准。在判例法下，该标准的适用深嵌于案件论证过程之中。在成文法下，该标准应基于对规则例外的解释和适用，分别评估所涉行为对品牌内竞争与品牌间竞争的影响，并对两种竞争影响进行权衡。

回到中国法，在纵向限制的反垄断规制中，《反垄断法》中的"不适用"条款不能在规范意义上被理解为"规则的例外"。因为，在"协议不会严重限制相关市场的竞争，并且能够使消费者分享由此产生的利益"的证明中，所涉及的品牌内—品牌间竞争的权衡并不能够简单地通过规则适用解决。适用这一"规则的例外"，通常会反过来吞噬掉纵向限制的反垄断规则。此时，应当挖掘"不适用"条款的标准属性。如前所述，从这一条款的构成来看，识别法定效率和证明消费者能够分享利益主要依

---

① See Continental Television *v.* GTE Sylvania, 433 U. S. 36, 55 (1977).

② See Andrew Gavil, William Kovacic & Jonathan Baker, *Antitrust Law in Perspective: Cases, Concepts and Problems in Competition Policy*, Thomson/West, 2002, p. 358.

③ See State Oil Co. *v.* Khan, 522 U. S. 3, 22 (1997).

④ See Leegin Creative Leather Products, Inc. *v.* PSKS, Inc., 551 U. S. 877, 886-892 (2007).

赖于定性分析，而是否会“严重影响相关市场的竞争”则涉及定量分析或权衡。在欧盟法下，通常还需要考察是否存在“对竞争较小限制的选择”。其益处在于，这一比较可以筛查出部分案件，而避免进行难度更大的竞争影响权衡。但若不存在上述选择，仍需要进入最后的权衡阶段。由此，引入品牌内—品牌间竞争分析标准，是对是否“严重影响相关市场的竞争”进行法律解释的必然选择。当然，这一评估极具挑战性，因为将一种竞争影响与另外一种竞争影响进行权衡没有比较的标尺。① 即便如此，比较并非没有方向，通常有两种方法：一是将品牌内竞争限制所致消费者选择的减少，与供应商之间品牌间竞争的增强进行比较；二是直接聚焦于品牌间竞争是否增强（因消费者将从中最终受益）。② 进一步地，在竞争影响评估中，效果权衡其实只是表象，确认品牌内限制向品牌间竞争促进的转化才是实质所在；因此，应重在识别和评估品牌内竞争的“过度”限制，品牌间竞争的“可能”促进，进而分析效率及其促进竞争转化。③ 分析的关键，是评估该供应商利用品牌内限制是否能更有效地与其他供应商竞争，在品牌间竞争中推动价格降低、产出增加或服务提升。

就当前纵向垄断协议的行政执法来看，中国反垄断法适用呈现一定的波动。在最早的茅台/五粮液案④中，执法机构尚从品牌间竞争、品牌内竞争和消费者利益三个方面展开分析纵向垄断协议的效果；在后来的奶粉案⑤中，仅仅简略提及上述三点，并未作出进一步的说明；而到眼镜案⑥中，则仅直接指向“排除、限制了市场价格竞争”的规定，未作任何分解。之后，在美敦力案⑦中，执法机构又重新强调，转售价格维持等行为排除、限制了经销商之间的价格竞争，限制了医疗器械行业品牌间的竞争，进而损害了终端购买者的合法权益和消费者利益。执法似乎又回归

---

① 伊斯特布鲁克认为，既然品牌内竞争与品牌间竞争是不可通约的，二者之间的比较就毫无意义。See Frank Easterbrook, *Limits of Antitrust*, 63 Tex. L. Rev. 1, 13 (1984).

② See Kevin J. Arquit, *Market Power in Vertical Cases*, 60 Antitrust L. J. 921, 922 (1992).

③ 参见江山：《论纵向非价格限制的反垄断规制》，载《法律科学》2020 年第 1 期。

④ 参见《四川发改委公布罚单　五粮液价格垄断受罚 2.02 亿》，载人民网，http://politics.people.com.cn/n/2013/0222/c70731-20572752.html。

⑤ 参见《发改委对六家乳企罚款 6.7 亿　涉案企业提整改措施》，载中国新闻网，https://www.chinanews.com/gn/2013/08-07/5133709.shtml。

⑥ 参见《发改委：博士伦等眼镜企业维持转售价格被罚 1900 万》，载中国法院网 2014 年 5 月 30 日，https://www.chinacourt.org/article/detail/2014/05/id/1306167.shtml。

⑦ 参见国家发展和改革委员会行政处罚决定书〔2016〕8 号。

到品牌内—品牌间竞争分析框架。在扬子江药业案①中，执法机构指出，经营者与交易相对人达成转售价格维持和限定最低转售价格协议目的就是消除竞争，具有排除、限制竞争的影响，对此类协议的适用原则依法为原则禁止加例外豁免。就此，执法机构对涉案企业的转售价格维持行为予以禁止，并接下来对涉案企业所提出的研发新产品、保证药品质量等豁免理由进行了分析。虽然最终上述理由被认为并不成立，但对该等理由的分析仍保有合理分析的基底。②

相较而言，在司法实践中，法院似乎更倾向于基于品牌内—品牌间的标准进行裁判。其中，最为典型的是强生案。③ 二审法院提出的一套多因素的分析框架，从整个市场竞争的状况、涉案企业的市场力量、涉案行为的目的等方面对竞争效果的识别与权衡作出了翔实的论证，融汇了品牌内—品牌间竞争标准的细致分析。很明显，在转售价格维持这一问题上，反垄断行政执法和司法实践之间存在分歧，这种分歧主要在于就法律适用的基本结构是否严格依照"禁止+豁免"的路径展开；在分析的过程中是否需要对相关市场进行界定并判断其竞争的充分程度，是否需

① 参见国家市场监督管理总局行政处罚决定书，国市监处〔2021〕29号。

② 有学者指出，"可抗辩的违法推定主要源于欧盟经验，是一种较严厉的反垄断规制标准……其本质是违法推定……仍保留了根据《欧盟运行条约》第101条第3款主张个案豁免的可能。欧盟竞争法之外，美国反托拉斯法中快速审查的本质也是可抗辩的违法推定"。参见时建中、郝俊淇：《原则性禁止转售价格维持的立法正确性及其实施改进》，载《政治与法律》2017年第11期。还有学者指出，"可抗辩的违法推定规则也是一种结构性合理原则。学界及法院认为转售价格维持适用合理原则亦无不可，只不过具体形式应当是可抗辩的违法推定规则"。参见张骏：《转售价格维持可抗辩违法推定规则的证成——丽晶案及其后续发展的启示》，载《华侨大学学报（哲学社会科学版）》2018年第6期。另有学者则指出，"可抗辩的违法推定"不是一种分析模式，如果非要将此分析方法视为一种分析模式的话，其严厉程度介于模式1（本身违法原则）和模式2（准本身违法原则）之间；模式2是"准本身违法原则"，它就是一种"超级准本身违法原则"或者"事实上的本身违法原则"。参见兰磊：《论垄断行为分析模式的配置逻辑》，载《经贸法律评论》2021年第2期。其中，兰磊作出这一判断的依据，是以下研究："在欧委会和欧盟法院处理的最低RPM案件中（系第1款列举的协议类型），没有一个被告成功地证明了第3款项下的豁免；尽管在成员国层面有成功援引第3款的先例，但也是在最低RPM对竞争没有造成任何显著影响的情况下才得以援引。" See Deirde Trapp, *Resale Price Maintenance and Hub-and-Spoke Collusion: EU Perspective on Recent Developments*, Aba Section of International Law, 2011 Fall Meeting (Oct., 2011), p. 8-9. 这一研究无疑是有意义的，至多在数据上呈现了违法推定的抗辩存在较高的难度，以及该分析模式的选择与违法认定之间的相关关系；但要据此将其在定性上归于实质意义上的本身违法规则，则仍需证明该分析模式与违法认定之间的因果关系。

③ 参见上海市高级人民法院民事判决书，（2012）沪高民三（知）终字第63号。

要对被告实施限制最低转售价格的动机进行分析，是否需要对经济分析展开效果权衡。最后，在海南裕泰案中，最高人民法院再审明确了《反垄断法》就垄断协议的定义当然同样适用于对纵向垄断协议的规定，即限制转售价格维持的垄断协议同样以“排除、限制竞争”为构成要件。① 可以认为，最高人民法院虽未充分展开品牌内—品牌间竞争的分析，但为在该标准下的解释与适用留出了空间。因其从证据的角度，提出了行政执法与民事诉讼中待证事实的差异，即证明排除、限制竞争的性质与证明排除、限制竞争影响的存在(损害)之间的差异。

从维护竞争法制统一性和稳定市场预期的角度来看，行政调查与民事诉讼的不同在于证明的程度，证明方法不应存在实质性差别。从上述分析可知，截至目前，在纵向垄断协议的规制中，规则抑或标准的适用仍有分歧。然而，可以明确的是，无论是在行政执法还是司法裁判的典型案件中，大体上都不同程度地对纵向转售价格进行了合理分析。只不过，在简单案件中，上述分析在效率和反竞争效果的识别环节就已经完成，无须进入复杂的效果权衡环节。而一旦进入效果权衡的环节，基于品牌内—品牌间标准的分析与论证几乎是无可避免的。为此，无论既有分歧如何，都应当保留法律文本的开放结构，为行政执法与司法裁判留足在法律适用中进行品牌内—品牌间标准分析的空间。

三、经营者集中规制中的标准演化

当前，在《反垄断法》下关于经营者集中的文本由两组规范构成：一是针对经营者集中申报的规则及其例外，二是针对经营者集中审查中的因素与标准。在前者，规则是主体，例外仍是规则的一部分；而在后者，标准是主体，因素被吸纳其中，而标准本身也逐渐从结构性标准向行为性标准演化。

(一)经营者集中规制中的规则与标准

1. 经营者集中申报的规则及其例外

有别于垄断协议、滥用市场支配地位的事后调查，主要法域的经营者集中规制实行的是事前申报制度。其中，经营者集中申报通常是后续审查的必经环节，构成了与经营者集中审查紧密关联但又相对独立的一组规范。在《反垄断法》下经营者集中申报的实体规范中，规定列举了通

① 参见最高人民法院行政裁定书，(2018)最高法行申4675号。

过合并、取得股权或者资产和合同等方式取得对其他经营者控制权等经营者集中的情形(第25条);并规定"经营者集中达到国务院规定的申报标准的,经营者应当事先向国务院反垄断执法机构申报,未申报的不得实施集中"(第26条)。[①] 据此,法律明确了什么是反垄断法意义上的经营者集中,以及何种经营者集中需要进行申报。进而,《反垄断法》规定了该规则的例外,即符合经营者集中形式且满足申报标准的行为,若控制权仅存在形式性变化而无实质性转移,仍然可以免于申报(第27条)。在此基础上,法律规则为应报未报的事实状态附加了明确详尽的法律后果,即科以罚款、责令停止实施集中并采取必要措施恢复到集中前的状态(第58条)。可以认为,在经营者集中申报中,由规则及其例外形成了一组明确、完整的规范。在此,例外的范围清晰,并未远离规范性,该等有例外的规则仍然是规则。

2. 经营者集中审查中的因素与标准

经营者提交集中申报之后,执法机构依法进行审查。《反垄断法》规定,审查应当考虑经营者的市场份额及其市场控制力、市场集中度,集中对市场进入、技术进步、消费者和其他有关经营者以及国民经济发展的影响等因素(第33条)。据此,判断经营者集中是否"具有或者可能具有排除、限制竞争效果",并给予经营者证明该集中对竞争产生的有利影响明显大于不利影响或者符合社会公共利益的空间,以作出是否禁止经营者集中的决定(第34条)。该等合理分析的过程,涉及竞争影响的权衡,不能简单地依法条所列举的若干因素来完成,实践中存在宽泛的自由裁量空间,可能使该规范因此远离规则性。这不仅是因为横向、纵向和混合三种类型的经营者集中审查考察相关因素的侧重有所不同;还在于即便是对横向经营者集中的审查,由于市场结构条件和产品差异化程度的不同,所考量上述因素的组合和权重亦不相同。由此,就上述一组因素的考量更趋近于标准的适用,盖因经营者集中审查中涉及效果或其他权衡;或者说,在长期的经验积累中标准确已吸收了因素。

(二)从结构性标准向行为性标准的转化

判定"经营者集中具有或者可能具有排除、限制竞争效果",必须进行分解细化。而依据《反垄断法》,相关因素既有结构性的,也有行为性

① 经营者申报标准并不是一种由法律规定的行为尺度,而是申报的量化门槛,并非实质意义的"标准"。

的。为优化适用因素组合,主要法域长期以来衍生出支配地位标准(Dominance Test)和实质削弱竞争标准(Substantial Lessening of Competition, SLC-Test)或严重妨碍有效竞争标准(Substantial Impediment of Effective Competition, SIEC-Test)两组标准。

支配地位标准是结构主义在经营者集中审查中的体现。该标准以市场份额为重心,将竞争影响预测系于市场结构的高度集中和企业的支配地位状态。一般而言,集中之后若形成独占,所涉企业可以直接攫取垄断利润;若形成寡头市场结构,所涉企业可以更容易地达成价格协同。在支配地位标准下,当企业合并导致出现独占垄断企业或者出现仅面临边缘竞争的支配企业时,市场竞争要么被完全消除,要么就只剩下不能有效影响市场结果的边缘竞争。① 当然,独占的情形并不常见,现实中寡头市场结构居多,但无论如何消费者福利都将受损。基于这一朴素认知,在不同法域的一定发展阶段该标准都曾占据过或仍占据重要地位,但也暴露出诸多问题。特别是,其是否能适用于差异性产品或企业之间并购的评估?

拉长视距,在结构主义起源的美国,横向合并规制长期依赖市场集中度分析。在1968年《横向合并指南》中,提高市场集中度的合并被认为在本质上就是可能削弱竞争的。② 这一对市场集中度的聚焦反映了美国联邦最高法院在布朗鞋案(Brown Shoe)③和费城国民银行案(Philadelphia National Bank)④中的立场。相似地,尽管在很长的一段时间内,欧委会参照绝对市场份额来评判企业合并的立场并不连贯,但参与合并企业绝对市场份额之和对合并案能否被批准有特别大的影响。⑤ 然而,这种结构主义的立场在亨氏案(Heinz)中遭遇极大挑战。在该案中,合并后双方33%的市场份额远落后于市场领先者65%的市场份额,支配地位标准无法适用,但合并会消除对第二货架位的竞争者之间的竞争。⑥ 在这种

① 参见[德]乌尔里希·施瓦尔贝、丹尼尔·齐默尔:《卡特尔法与经济学》,顾一泉、刘旭译,法律出版社2014年版,第270页。

② See Carl Shapiro, *The* 2010 *Horizontal Merger Guidelines: From Hedgehog to Fox in Forty Years*, 77 Antitrust L. J. 49, 50-51 (2010).

③ Brown Shoe Co., Inc. *v.* United States, 370 U. S. 294 (1962).

④ United States *v.* Philadelphia Nat'l Bank, 374 U. S. 321 (1963).

⑤ 参见[德]乌尔里希·施瓦尔贝、丹尼尔·齐默尔:《卡特尔法与经济学》,顾一泉、刘旭译,法律出版社2014年版,第275页。

⑥ See F. T. C. *v.* H. J. Heinz Co., 246 F. 3d 708, 718-719 (2001).

产品差异显著的情况下,即便不占绝对市场份额优势的企业进行合并,如果双方产品具有紧密替代性,则仍可能使竞争者无法对合并后企业的可能涨价行为施加竞争性约束。很明显,市场份额并非判断市场力量的唯一指标,也并不总是判断竞争约束的可靠指标,依托市场份额指标确立的支配地位标准顿失着力点。为此,美国《克莱顿法》第 7 条下实质削弱竞争标准长期被遮蔽的内涵得以发扬,以回应支配地位标准拘泥于市场结构可能造成的漏判。

自 20 世纪 70 年代以来,考虑到新竞争者进入、非合并企业产出扩张的可能性,或者是合并带来的效率,芝加哥学派主张提高被假定将引起竞争关切的横向合并的市场集中度门槛,并提倡为更具弹性的经济分析留出抗辩的空间。① 其主张深刻影响了 1982 年《横向合并指南》,使其急剧背离了 1968 年的版本,聚焦于禁止“创造或提高市场力量或促进市场力量行使”的合并,淡化了市场集中度的角色,扩展了对竞争效果的讨论。② 但是,囿于在工业时代同质性产品占主导的思维定式,1982 年《横向合并指南》中对竞争效果分析的重点限于“协调效应”,以防止共谋的发生。③ 1992 年的《横向合并指南》更加全面地解释了如何衡量不同类型的竞争效果,引入了“单边效应”。④ 由此,从分析相对同质化的产品转向分析更为差异化的产品,成为反垄断法实施从工业时代到信息时代的一个重要跨越。⑤ 再到 2010 年《横向合并指南》颁布,市场份额和集中度的重要性大大减弱,强调合并分析最终是就竞争效果分析。⑥ 直至 2023 年新修订的《合并指南》,又开启了再结构化的征程。⑦ 比较

---

① See Jonathan Baker & Carl Shapiro, *Reinvigorating Horizontal Merger Enforcement*, in Robert Pitofsky ed., How the Chicago School Overshot the Mark: The Effect of Conservative Economic Analysis on U. S. Antitrust, Oxford University Press, 2008, p. 235-236.

② See 1982 *Merger Guidelines*, DOJ (Aug. 4, 2015), https://www.justice.gov/archives/atr/1982-merger-guidelines.

③ Carl Shapiro, *The* 2010 *Horizontal Merger Guidelines: From Hedgehog to Fox in Forty Years*, 77 Antitrust L. J. 49, 53 (2010).

④ See 1992 *Merger Guidelines*, DOJ (Aug. 4, 2015), https://www.justice.gov/archives/atr/1992-merger-guidelines.

⑤ See Carl Shapiro, *The* 2010 *Horizontal Merger Guidelines: From Hedgehog to Fox in Forty Years*, 77 Antitrust L. J. 49, 54 (2010).

⑥ See Carl Shapiro, *The* 2010 *Horizontal Merger Guidelines: From Hedgehog to Fox in Forty Years*, 77 Antitrust L. J. 49, 60 (2010).

⑦ See DOJ & FTC, *Merger Guidelines*, U. S. Department of Justice (Dec. 18, 2023), https://www.justice.gov/atr/2023-merger-guide/ines.

而言,欧盟在21世纪初开始也从强调市场支配地位向聚焦竞争效果转型。2004年,《欧共体理事会关于企业合并控制的第139/2004号条例》第2条规定:"如果通过企业合并将严重妨碍共同市场内或共同市场某一主要部分的有效竞争,尤其是通过促成或巩固某一市场支配地位的话,那么这样的企业合并就应当被认定是与共同市场不相融的。"①由此,旧条例中排序靠后的"严重妨碍有效竞争",如今被视为最核心的构成要件;而此前的核心构成要件——促成或巩固市场支配地位,则变成了该规定中的一个列举。② 相应地,欧盟法下对合并是否巩固市场支配地位的考察退居次位。

(三)行为性标准下的结构性与行为性因素

支配地位标准退居次要地位,并不意味着其完全退出了反垄断法实施的舞台,而是以结构性因素的方式继续留存下来。关键在于,这些结构性因素必须置于严重妨碍有效竞争标准或实质削弱竞争标准的分析框架下与行为性因素结合分析。

1. 行为性标准中的结构性因素存留

从本质上看,实质削弱竞争标准和严重妨碍有效竞争标准并无根本区别,二者都聚焦于合并的效果,要求证明有效竞争被削弱或者妨碍,而不论这些效果将会如何实现;且都可以把所有对竞争构成威胁的案情涵盖其中,甚至包括那些目前还不为人知的情况。③ 进而,在该等标准下又细分出协调效应(coordinated effect)、单边效应(unilateral effect)和封锁效应(foreclosure effect)④三大细分标准,分类涵盖经营者集中所涉及的特定竞争影响。这些标准无疑是对支配地位标准下简单聚焦集中度的超越,但在某种程度上又与结构性因素藕断丝连。单边效应的概念与单个企业支配地位的旧概念有密切联系,因为"支配地位"曾经被视为"显

① Council Regulation (EC) No 139/2004 of 20 January 2004 on the Control of Concentrations between Undertakings.

② 参见[德]乌尔里希·施瓦尔贝、丹尼尔·齐默尔:《卡特尔法与经济学》,顾一泉、刘旭译,法律出版社2014年版,第280页。

③ 参见[德]乌尔里希·施瓦尔贝、丹尼尔·齐默尔:《卡特尔法与经济学》,顾一泉、刘旭译,法律出版社2014年版,第305页。

④ 当前,封锁效应在纵向合并中的经验积累尚未成型,在此不做展开。See European Commission, Guidelines on the Assessment of Non-horizontal Mergers under the Council Regulation on the Control of Concentrations between Undertakings (2008/C 265/07), para. 18.

著的市场力量”的代名词；而且，协调效应也可以认为是共同支配地位的代名词。[①] 应当认为，结构性因素并未消失，不过随着标准的迁移和分析重心的下沉，单边或协调效应的认定比支配地位或共同支配地位的认定门槛更低。

无可争议的是，虽然权重存在差异，但市场份额、集中度和市场进入，以及基于此生发的单边效应和协调效应都已成为主要法域的审查焦点。其中，经营者集中必然会使市场份额发生改变，进而必然会使市场集中度升高。但这还是不能解决审查的全部问题，尚需在实质削弱竞争标准下作出直接指向竞争影响的分析。在判例法传统下，实质削弱竞争标准的分解主要在案件论证中得以体现，而在成文法中则需通过对因素的组合适用或者通过“指南”这一规范形式予以阐明。但问题是，“当事方的律师和经济学家将指南看作是‘一组严格的数学公式’和包含审查要点的清单，结果因忽略其背后的理念而遮蔽了市场的动态性”[②]。在具有并购反垄断指南的法域尚且如此，在尚未制定指南而主要依赖反垄断法及其部门规章进行合并审查效果分析的法域，在单边效应与协调效应项下如何摒除清单式思维，进而吸纳并有机整合相关考虑因素，一直是一个难点问题。为此，需要对各项结构性与行为性因素的组合及其权重分配进行系统的分析。

2. 因素组合和权重分配中的标准导向

结构性与行为性因素组合的方式是由标准决定的。同样的因素，在支配地位标准或实质削弱竞争标准下，将产生不同组合并分配相应权重。这在美国法下体现得最为充分。在早期，美国联邦最高法院认为，鉴于产业中“经济集中的上升势头”，即便是其“削弱竞争的趋势尚处于萌芽阶段”也应当被遏制；[③]并认定推定违法的规则适用于“造成市场集中度实质性提升”以及使企业具有“过度市场份额”的并购；[④]在高度集中市场中，横向并购哪怕只是极小地提升了市场集中度也应当被推定为违法。[⑤]

---

① 参见[英]西蒙·毕晓普、迈克·沃克：《欧盟竞争法的经济学：概念、应用和测量》，董红霞译，人民出版社 2016 年版，第 375 页。

② Daniel Oliver et al., 60 *Minutes with Daniel Oliver, Chairman, Federal Trade Commission*, 57 Antitrust L. J. 235, 238 (1988).

③ See Brown Shoe Co., Inc. *v.* United States, 370 U. S. 294, 317-318 (1962).

④ See United States *v.* Philadelphia Nat'l Bank, 374 U. S. 321, 363 (1963).

⑤ See United States *v.* Aluminum Co., 377 U. S. 271, 279 (1964); United States *v.* Von's Grocery Co., 384 U. S. 270, 277 (1966).

直至亨氏案，这一趋势才得到扭转。而即便自1992年《横向合并指南》修订以来就已将举证责任推移超出结构性清单而必须考察竞争效果，①结构性与行为性因素的比重及其在实质削弱竞争标准下的呈现方式亦存在差异。

一方面，在单边效应分析中，经济学理论将差异化产品中的单边价格效应更直接地与分流比相关联，而不是与合并企业的加总市场份额相关联。② 其内在逻辑，是将实际和潜在竞争性企业的市场行为视作不变，评估合并之后交易对于当事方提高价格或者降低质量的动机和能力的影响。③ 这种静态的效应通常更容易根据模型进行严格分析。④ 基于经济学数学化的驱动，以及晚近以来司法部并购审查聚焦于单边效应的现实，单边效应分析在新指南中得到强化。⑤ 可以认为，在单边效应分析中结构性因素的作用得到了一定的程度削弱——特别是市场份额和集中度的分析在某些场景下可以被分流比的分析替代。但是，市场进入壁垒的分析对于潜在竞争者能否形成竞争约束的判断仍然是不可或缺的。不仅如此，对买方的市场份额及其所处市场的集中度的综合评估依旧十分重要。

另一方面，就协调效应而言，执法机构可以证明集中后企业能够产生控制相关市场的过度市场份额，进而可能造成企业集中度实质性增长，以确立违法性的推定。⑥ 由此，并购审查一度形成如下定式：第一步，识别初始集中度高并可能在并购后实质提升集中度的市场；第二步，考虑包括市场进入在内的多种市场因素，确定企业在这些市场中是否可以实际以共谋的方式行为。⑦ 当前，在协调效应的分析框架下，结构

---

① See Malcolm Coate, *Merger Analysis: Alive and Clicking: Collusion Theories in Merger Analysis at the Federal Trade Commission*, 8 Competition Pol'y Int'l 112, 112 (2012).

② See Carl Shapiro, *The 2010 Horizontal Merger Guidelines: From Hedgehog to Fox in Forty Years*, 77 Antitrust L. J. 49, 70 (2010).

③ See Janusz Ordover, *Coordinated Effects in Merger Analysis: An Introduction*, 2007 Colum. Bus. L. Rev. 411, 413 (2007).

④ See Janusz Ordover, *Coordinated Effects in Merger Analysis: An Introduction*, 2007 Colum. Bus. L. Rev. 411, 413-414 (2007).

⑤ See Carl Shapiro, *The 2010 Horizontal Merger Guidelines: From Hedgehog to Fox in Forty Years*, 77 Antitrust L. J. 49, 60 (2010).

⑥ See FTC *v.* University Health, Inc, 938 F. 2d 1206, 1218 (11th Cir. 1991).

⑦ See Andrew Chin, *Antitrust by Chance: A Unified Theory of Horizontal Merger Doctrine*, 106 Yale L. J. 1165, 1171 (1997).

主义影响仍然显著，但是行为性因素已经开始逐渐渗透效果评估的方方面面。其内在逻辑，是评估并购后市场中是否更容易达成、维持（包括监督并惩罚背离行为）卡特尔。由此，不能仅对市场结构进行静态的描述，而应当综合分析市场竞争的内部因素、外部因素，以及并购对这些因素的改变，①是否提高了经营者排除、限制竞争的能力、动机和可能性。

基于上述认识，盘点中国法下的经营者集中审查，标准下的因素组合和权重分配逐渐清晰，并随着标准导向的变化而变化。在早期支配地位标准的主导下，执法机构在2009年的可口可乐收购汇源公司案②中，着重强调了可口可乐公司在碳酸软饮料市场上的支配地位。从此，该标准的适用间断延续到2020年的丹纳赫收购通用电气生物制药业务案，认定交易将进一步巩固集中后实体在主要相关市场的支配地位，其他竞争者难以构成有效竞争约束。③ 与此同时，证明支配性地位的存在与单边效应、协调效应的分析长期共存。例如，执法机构认定，在松下收购三洋电机案④中，合资设立的企业在市场中具有绝对优势地位，可能导致其具有单方面提价的能力；在百特国际收购金宝公司案⑤中，交易使收购方拥有支配地位，且增加了企业间相互协调、限制竞争的可能性。可见，其虽未完全脱离支配地位标准的路径，但已开始向实质削弱竞争标准转型。与此同时，实质削弱竞争标准的适用从2001年起也逐渐展开。就协调效应而言，例如，执法机构在希捷收购三星硬盘驱动器业务案⑥和西部数据收购日立存储案⑦中指出，集中进一步增加了市场竞争者通过协调从事排除、限制竞争行为的可能性；在晚近的高意收购菲尼

---

① 参见［英］西蒙·毕晓普、迈克·沃克：《欧盟竞争法的经济学：概念、应用和测量》，董红霞译，人民出版社2016年版，第416页。

② 参见《商务部关于禁止可口可乐公司收购中国汇源公司审查决定的公告》，商务部公告2009年第22号。

③ 参见《商务部市场监管总局关于附加限制性条件批准丹纳赫公司收购通用电气医疗生命科学生物制药业务案反垄断审查决定的公告》。

④ 参见《商务部关于附条件批准松下公司收购三洋公司反垄断审查决定的公告》，商务部公告2009年第82号。

⑤ 参见《商务部关于附加限制性条件批准美国百特国际有限公司收购瑞典金宝公司经营者集中反垄断审查决定的公告》，商务部公告2013年第58号。

⑥ 参见《商务部关于附条件批准希捷科技公司收购三星电子有限公司硬盘驱动器业务反垄断审查决定的公告》，商务部公告2011年第90号。

⑦ 参见《商务部关于附加限制性条件批准西部数据收购日立存储经营者集中反垄断审查决定的公告》，商务部公告2012年第9号。

萨股权案[①]中,指出集中增强了双方市场力量的对称性,使两公司在长期博弈中更有动机进行合谋。就单边效应而言,例如,执法机构在恩智浦收购飞思卡尔全部股权案[②]中指出,交易后恩智浦在市场上具有单独行使排除、限制竞争行为的动机和能力;在日月光收购矽品公司股权案[③]中指出,集中消除了紧密竞争关系并进一步增强其差别定价的能力,其可能从事涨价等单边排除、限制竞争的行为。在晚近一些案件中,[④]执法机构开始同时分析单边效应与协调效应。照此趋势,中国法下经营者集中审查标准将继续从单一结构性向结构性与行为性并重演化。进一步地,应摆脱支配地位标准的路径依赖,确立实质削弱竞争标准的主导地位。

四、市场支配地位滥用规制中的标准生成

当前,《反垄断法》中关于市场支配地位滥用的文本,由市场支配地位判定和滥用行为认定作为两阶段的规范构成:一是判定市场支配地位的规则与因素,二是认定滥用行为的规则及其例外。当前,在滥用市场支配地位的规范中,虽然法律文本体现为规则及其例外,但在实施中标准适用构成主流。由于经验积累的缺乏和理论分歧的严重,相关标准的共识尚处于形成阶段。

(一)市场支配地位滥用规制中的规则与标准

1. 市场支配地位判定中的规则

市场支配地位的判定有两种方式。第一种方式,即存在恰当界定的相关市场且市场份额的计算比较可靠的情况下,经由推定再进行推定的抗辩。就此,《反垄断法》分别规定推定经营者具有市场支配地位的市场份额比例化门槛,对市场份额不足的经营者作出反向推定,以及推定的例外(第24条)。该条的具体证明,应当指向支配地位认定所依据的因

① 参见《市场监管总局关于附加限制性条件批准高意股份有限公司收购菲尼萨股份有限公司股权案反垄断审查决定的公告》。

② 参见《商务部关于附加限制性条件批准恩智浦收购飞思卡尔全部股权案经营者集中反垄断审查决定的公告》,商务部公告2015年第64号。

③ 参见《商务部关于附加限制性条件批准日月光半导体制造股份有限公司收购矽品精密工业股份有限公司股权案经营者集中反垄断审查决定的公告》,商务部公告2017年第81号。

④ 参见《商务部关于附加限制性条件批准马士基航运公司收购汉堡南美船务集团股权案经营者集中反垄断审查决定的公告》,商务部公告2017年第77号;《市场监管总局关于附加限制性条件批准诺贝丽斯公司收购爱励公司股权案反垄断审查决定的公告》。

素（第23条）综合考量。第二种方式，即当相关市场界定相对宽泛、市场份额计算不一定可靠的情况下，则应当直接考察认定因素对市场支配地位的认定。概括来看，无论是市场支配地位的推定还是认定，其是否构成规则主要取决于支配地位认定因素相关规定的规范性质。

通常，一组因素可以被理解为一个复杂的规则或准则。① 而只有当详尽、具体地描述了相关的考虑事项并考虑了其各自的重要程度时，因素才转化为规则。但在大多数情况下，事先列出的各种因素不可能穷尽所有情况。在受因素（而非规则）支配的大多数法律领域，已经识别出来的因素尚不完全；如果想要将所有因素识别出来，就需要用一种足够概括的方式来表述，以便能够适用于未能预料的情形。② 在反垄断法中，因素是更接近于规则还是标准，主要取决于经验认识的累积程度和是否涉及效果等权衡。中国《反垄断法》下的因素，主要从所涉企业的市场份额、市场进入壁垒，以及相关市场的在位竞争者、潜在竞争者和买/卖方力量可以施加的竞争约束等方面进行评估，以分析相关企业是否能够在相关市场中控制价格、产量及其他交易条件。上述列举虽未穷尽，但围绕市场控制能力且不涉及效果及其他权衡，更接近规则。即便是在数字经济领域，对市场支配地位的认定要考虑网络效应和锁定效应，也未改变其认定模式，只是改变了不同因素之间的相对权重。同样应指出的是，具有支配地位本身并不产生法律后果，其定不能构成一个完整的规则。据此，应当进一步分析滥用行为的规范性质。

2. 滥用市场支配地位行为认定的标准：以排斥性滥用为中心

波斯纳指出，“受规制的活动越具有流动性，它就越少可能完全为规则治理”③。此时，规则治理应当让位于标准治理。在市场竞争中，滥用市场支配地位的行为形式多样，反竞争效果和促进竞争效果盘根错节，为标准的适用生成了丰厚土壤。《反垄断法》规定，禁止具有市场支配地位的经营者从事不公平的高价或低价、掠夺性定价、拒绝交易、排他性交易、搭售和歧视性待遇六类滥用市场支配地位的行为（第22条）。

---

① 参见［美］凯斯·R. 孙斯坦：《法律推理与政治冲突》，金朝武、胡爱平、高建勋译，法律出版社2004年版，第31页。

② 参见［美］凯斯·R. 孙斯坦：《法律推理与政治冲突》，金朝武、胡爱平、高建勋译，法律出版社2004年版，第32~33页。

③ 参见［美］理查德·A. 波斯纳：《法理学问题》，苏力译，中国政法大学出版社2002年版，第59页。

其中,除了关于剥削性滥用的规定,其他规定都以"没有正当理由"为判定违法的前提。① "没有正当理由"在形式上表现为例外,而在法律适用中这类特例处理逐步制度化,发展形成针对排斥性滥用的标准体制。

之所以如此,是因为在市场支配地位滥用的规制中没有本身违法的适用空间。本身违法的适用,必须限定于针对那些总是或者几乎总是限制竞争和降低产出的行为。在支配地位滥用反垄断规制中,几乎没有哪类单边行为可以被归入这种类型。② 同时,也没有充分经验累积可以确认特定行为在总体上是促进竞争的,对于反竞争影响与促进竞争影响必须个案权衡。这就必然产生适用标准的需求。就此,欧盟发布了《委员会就支配地位企业排斥性滥用行为适用欧共体条约第 82 条执法重点的指引》③,确立了执法优先级,明确需要考察企业是否存在效率和客观合理性抗辩,进而评估是否构成排除、限制竞争。由于未就主要的滥用行为提出明确的认定标准,该等指引中的类型化列举作用有限。在美国法下,美国联邦最高法院则提出认定不恰当的排斥性行为的条件:(1)损害竞争者的机会;(2)要么不能够促进绩效竞争,要么施加了不必要的限制。④ 这些条件的抽象性,促发了标准的生成。⑤ 其中,包括并非专门适用于滥用行为的权衡标准(Balancing Test)和消费者福利标准(Consumer Welfare Test);⑥对标支配地位企业本身的利益牺牲标准

---

① 剥削性滥用认定的关键并不是判断对反竞争的影响,而是直接指向攫取超高垄断利润,其在主要法域仍有是否应当由反垄断法予以规范的存废之争,在此不作展开。

② See John Temple Lang & Robert O' Donoghue, *Defining Legitimate Competition: How to Clarify Pricing Abuses under Article* 82 *EC*, 26 Fordham Int'l L. J. 83, 91 (2002).

③ European Commission, Communication from the Commission, Guidance on the Commission's enforcement priorities in applying Article 82 of the EC Treaty to abusive exclusionary conduct by dominant undertakings(2009/C 45/02).

④ See Antitrust Modernization Commission, *Report and Recommendations*(2007), p. 81 ,UNT University Libraries (Apr., 2007), https://govinfo. library. unt. edu/amc/report_recommendation/toc. htm.

⑤ See Antitrust Modernization Commission, *Report and Recommendations*(2007), p. 91-94, UNT University Libraries (Apr., 2007), https://govinfo. library. unt. edu/amc/report_recommendation/toc. htm.

⑥ 效果权衡在诸垄断行为中都有涉及,对滥用市场支配地位不具有独立意义。消费者福利标准将消费者福利作为一元化原则予以适用,旨在提供一种更广义的标准或分析框架,对滥用市场支配地位不具有独立意义。See Steven Salop, *Avoiding Error in the Antitrust Analysis of Unilateral Refusals to Deal*, UNT Libraries: Cyber Cemetery (Sept. 21, 2005), https://govinfo. library. unt. edu/amc/commission_hearings/pdf/Salop_Statement_Revised% 209-21. pdf.

(Profit Sacrifice Test)、无经济意义标准(No Economic Sense Test),以及对标支配地位企业竞争者的合比例性标准(Disproportionality Test)、较低效率竞争者标准(Less Efficient Competitor Test)和提高竞争对手成本标准(Raising Rivals' Costs Test)。由此,可以探究滥用市场支配地位中标准适用的空间与选择。

(二)对标支配地位企业本身的标准

对标支配地位企业本身的标准分为两类:第一类是考察支配地位企业是否通过牺牲自身的利益以排除、限制竞争的"利益牺牲标准";第二类是考察支配地位企业是否具有明确的排除、限制竞争目的的"无经济意义标准"。这两类标准的共同特点就是其考察的对象主要是支配地位企业本身。二者的主要区别则在于"利益牺牲标准"重在聚焦于支配地位企业的经过恰当界定的成本,进而讨论其排除限制竞争效果;"无经济意义标准"则重在评估支配地位企业排除、限制竞争目的的证据,基于该等证据推断行为的经济意义及其可能蕴含的效果。

第一,聚焦于成本的"利益牺牲标准"。该标准关注"被告是否牺牲了即时利益,而将这种牺牲作为其战略的一部分,以期在排除竞争对手之后将利润收回";或是"即使在不排除竞争者的情况下,涉嫌的反竞争行为对于被告来说是否是可获利的,是否也可以具有商业意义,进而产生或维持了被告的垄断力量"。① 利益牺牲标准首先在布鲁克集团案(Brooke Group)中确立,美国联邦最高法院要求原告证明:一是掠夺者的定价低于恰当测定的成本;二是掠夺者合理地预见或有极大的可能收回其低于成本定价所遭受的损失。② 欧洲法院在阿克苏案(AKZO)中指出,价格低于平均可变成本构成滥用;价格在平均总成本和平均可变成本之间时,如果定价属于排挤竞争对手计划的一部分,则构成滥用;③在欧盟利乐案(Tetra Pak)中则提出,证明收回损失的可能性并不是认定掠

---

① See Antitrust Modernization Commission, *Report and Recommendations* (2007), p. 92, UNT University Libraries (Apr., 2007), https://govinfo.library.unt.edu/amc/report_recommendation/toc.htm.

② See Brooke Group Ltd. *v.* Brown & Williamson Tobacco Corp., 509 U.S. 209, 222-224 (1993).

③ See Case C-62/86, AKZO Chemie BV *v.* Commission of the European Communities, para. 71 (1991).

夺性定价的必要前提。[①] 从标准应当清晰可预测以利于操作适用这个意义上来看,该标准虽然对高于成本定价的行为可能造成漏判,但"提供了简单且有意义的指引"[②]。其问题是,必须在一个假定的、若非即是(but-for)的世界中进行行为评估,确定不具有排斥性的恰当基准水平非常困难。[③]

第二,聚焦于目的的"无经济意义标准"。该标准由美国司法部在微软案(Microsoft)[④]、登士柏案(Dentsply)[⑤]和多林克案(Trinko)[⑥]中提出,但都未获法院采纳。该标准主要考察"基于被挑战行为发生之时企业所能获得的信息,该等行为在不减少或排除竞争的情况下,是否具有经济意义"[⑦]。该标准不需要证明在一定期间内支配地位企业的利润低于其在实施排他性行为之前的利润,[⑧]仅在行为反竞争目标并不模糊的时候才认定其为非法——因其若非为获得或者维持垄断力量则不会发生。[⑨] 这要求原告满足很强的证据要求才能够启动司法程序。[⑩] 而且可能造成只关注支配地位企业的动机,不直接评估竞争影响,而忽略其行为对于竞争者和消费者的影响,并可能允许那些轻微增进了垄断者效率

---

① See Case C - 333/94 P, Tetra Pak International SA *v.* Commission of the European Communities, para. 44 (1996).

② Douglas Melamed, *Exclusionary Conduct under the Antitrust Laws: Balancing, Sacrifice, and Refusals to Deal*, 20 Berkeley Tech. L. J. 1247, 1257 (2005).

③ See Steven Salop, *Avoiding Error in the Antitrust Analysis of Unilateral Refusals to Deal*, UNT Libraries: Cyber Cemetery (Sept. 21, 2005), https://govinfo.library.unt.edu/amc/commission_hearings/pdf/Salop_Statement_Revised%209-21.pdf.

④ Brief for Appellees, United States *v.* Microsoft Corp., Nos. 00 - 5212, 00 - 5213 (D. C. Cir. Feb. 9, 2001).

⑤ Brief for the United States, United States *v.* Dentsply Int'l, Inc., No. 03-4097 (3d Cir. May 14, 2004).

⑥ Verizon Commc'ns, Inc. *v.* Law Offices of Curtis V. Trinko, LLP, 540 U. S. 398 (2004).

⑦ Antitrust Modernization Commission, *Report and Recommendations* (2007), p. 91, UNT University Libraries (Apr., 2007), https://govinfo.library.unt.edu/amc/report_recommendation/toc.htm.

⑧ See Steven Salop, *Exclusionary Conduct, Effect on Consumers, and the Flawed Profit-Sacrifice Standard*, 73 Antitrust L. J. 311, 320 (2006).

⑨ See Antitrust Modernization Commission, *Report and Recommendations* (2007), p. 91, UNT University Libraries (Apr., 2007), https://govinfo.library.unt.edu/amc/report_recommendation/toc.htm.

⑩ See Gregory Werden, *The "No Economic Sense" Test for Exclusionary Conduct*, 31 J. Corp. L. 293, 298 (2006).

但具有更大反竞争影响的行为。① 特别是对于以排斥作为行为机制的排他性交易类案件而言，该标准无法适用。②

在中国法下，如何于"合理理由"的法律适用中有效吸收上述标准，首先要明确：是否存在针对所有支配地位滥用行为的统一标准？当前的共识是，没有任何一项标准足以评估所有的滥用市场支配地位行为。③ 就如何在拒绝交易的规制中分析合理理由，中国法下作出了探索。如在重庆青阳药业有限公司滥用市场支配地位案中，执法机构指出，拒绝供货不符合当事人自身正常经营活动和经济效益的需要，而是为了使垄断利益最大化。④ 这一分析，虽然未直接引用特定标准，但已展现标准适用的雏形。未来在个案中探求标准适用的方式，一方面，应当明确："无经济意义标准"过于依赖难以举证证明的"目的"，可能造成漏判和威慑不足。⑤ 特别是在单独适用"无经济意义标准"的情况下，极其容易造成对目的证据的评估缺乏确定性的标准，纠结其中而忽略行为本身的排除、限制竞争效果；或者是在目的性证据和效果证据同时存在的时候，过于偏重目的性证据。另一方面，虽然"利益牺牲标准"适用空间更广，但存在难以确定排斥性基准的问题。需要在法律适用过程当中探索多元化排斥性基准，对低于不同成本水平下的证据要求作出差异化的规定，同时吸纳其他要素以丰富、扩展收回损失要件。据此，结合当前的经验积累，应当逐步确立掠夺性定价、拒绝交易类案件中以利益牺牲标准为主导，并探索与无经济意义标准结合适用的空间，以防止可能产生的漏判。

（三）对标支配地位企业竞争者的标准

对标支配地位企业竞争者的标准分为三类：第一类是考察支配地位

---

① See Robert Pitofsky, *Standards for Exclusionary Behavior under Section 2 of the Sherman Act* 5, p. 98, UNT University Libraries (Sept. 9, 2005), https://govinfo.library.unt.edu/amc/commission_hearings/pdf/Pitofsky.pdf.

② See Jonathan Jacobson & Scott A. Sher, "*No Economic Sense*" *Makes No Sense for Exclusive Dealing*, 73 Antitrust L. J. 779, 781 (2006).

③ See Antitrust Modernization Commission, *Report and Recommendations* (2007), p. 93, UNT University Libraries (Apr., 2007), https://govinfo.library.unt.edu/amc/report_recommendation/toc.htm.

④ 参见重庆市工商行政管理局行政处罚决定书，渝工商经处字〔2015〕15号。

⑤ See Marina Lao, *Defining Exclusionary Conduct under Section 2: The Case for Non-Universal Standards*, in 2006 Fordham Competition Law Institute, 2007, p. 442.

Viable Scale, MVS)以判断竞争对手是否实质性地失去了交易机会。① 波斯纳指出,该标准的问题在于提高竞争对手成本的一种方式是使自己的效率比该竞争对手高出许多,以至于竞争对手无法实现规模经济。② 无疑,在这种情况下确实可能误判。但是,这种误判在一定程度上可通过限制性更小方式的评估而避免。经历了30余年的探讨,该标准逐渐被实务界所接受并扩展其在排斥性行为分析中的适用范围。

比较而言,聚焦于损害竞争对手机会的比例检验标准,实际上是对阿斯彭案(Aspen)以来所确立的排斥性行为分析框架的细化,很难说达到了标准所要求的"对事实进行相对广泛的调查才能确立小前提"的程度。而聚焦于效率的两类标准中,同等效率竞争者标准需要比较支配地位企业与竞争者的效率,适用要求过高;而聚焦于对竞争对手效率的损害,不仅难以确立恰当的基准,还暗含了支配地位企业促进自身效率的评估。最具有可操作性的,应当是提高竞争对手成本标准。因为,在深具分歧的滥用市场支配地位法律适用之中,不同分析方法和学术流派所建立的初始假定有实质性的差异,在疑难案件中经验证据及其证明具有至关重要的意义,将决定案件分析与论证的说服力。就此,竞争对手机会减少的评估,将主要依赖于间接证据的定性分析,很难通过证据予以量化;而被排除的竞争对手效率的同等性或竞争对手可能受到的效率损害,通常来说很难通过直接证据予以证明;竞争对手成本的提高,则可以通过直接证据进行有效的量化分析,在提高竞争对手成本之后,行为是否实质性地提高了企业制定价格的市场力量、竞争对手是否无法达到"最小可生存规模"等都可以通过经验证据予以相应证明。比较而言,只有可以最大限度吸收经验证据的强标准才能够有效适用。据此,在中国《反垄断法》下就排他性交易、搭售等行为的"合理理由"认定中,应当吸收该标准。就此,中国法下已展开初步探索。在利乐包装滥用市场支配地位案③中,执法机构的论证涉及上述成本标准:利乐"借助其在设备、技术服务市场的支配地位,对用户使用包材施加限制和影响……限制了设备用户的选择权,影响了其他包材厂商的销售,提高了其他经营者的

① See Daniel A. Crane & Graciela Miralles, *Toward a Unified Theory of Exclusionary Vertical Restraints*, 84 S. Cal. L. Rev. 605, 608-609 (2011).

② 参见[美]理查德·A.波斯纳:《反托拉斯法》(第2版),孙秋宁译,中国政法大学出版社2003年版,第229页。

③ 参见国家工商行政管理总局行政处罚决定书,工商竞争案字〔2016〕1号。

竞争成本，损害了包材市场的竞争。利乐的忠诚折扣……短期内对竞争对手造成封锁，导致长期内无法与利乐在相同或相似的成本上竞争，其实质是凭借其在包材市场的支配地位实施排除、限制竞争行为”。上述论证，已接近提高竞争对手成本标准的分析雏形，有待于后续案件跟进完善。

五、小结：规则的归规则，标准的归标准

德沃金指出，实证主义者把法律描绘成一幅规则体系的图画，如果从这一规则模式中解脱出来，也许能够建立一种对错综复杂的实践更为真实的模式。① 而简约型立法思维以及法律解释机制局限性使《反垄断法》文本在实践中时常呈现出规范供给不足的结构性缺陷，无法有效满足垄断规制的规范诉求。② 由此，只有廓清规则与标准的功能区间，优化反垄断法下的规则—标准布局，使规则的归规则，标准的归标准，方可支撑法律解释的一致性和法律适用的稳健性。

第一，规则的归规则。在反垄断法下，规则与标准的选择实际是确定性和精确性之间的权衡，③应在不减损实质正义的情况下追求法律适用的确定性。因而，规则适用的场景：一是当累积的经验已经明白地展现出某类行为的反竞争效果，而无须再考察案件的事实情况并作实质权衡即可将其认定为违法；二是即使可以在个案评估中获得更为准确的结论，但是这种评估的难度太高或不确定性太大。据此，于经验认识确凿且误判成本较低的核心卡特尔规制中，规则应当全面覆盖。

第二，标准的归标准。反垄断法的问题并不是标准太多，相反却是过于依赖规则的认定。④ 当前，纵向限制经历了从规则适用到标准适用的转向，品牌内—品牌间竞争标准逐步巩固但仍存在分歧，应探索形成

---

① 参见［美］罗纳德·德沃金：《认真对待权利》，信春鹰、吴玉章译，中国大百科全书出版社1998年版，第68页。

② 参见金善明：《〈反垄断法〉文本的优化及其路径选择——以〈反垄断法〉修订为背景》，载《法商研究》2019年第2期。

③ See Duncan Kennedy, *Form and Substance in Private Law Adjudication*, 89 Harv. L. Rev. 1685 (1976); Pierre Schlag, *Rules and Standards*, 33 Ucla L. Rev. 379 (1985); Louis Kaplow, *Rules Versus Standards: An Economic Analysis*, 42 Duke L. J. 557 (1992); Cass R. Sunstein, *Problems with Rules*, 83 Cal. L. Rev. 953 (1995).

④ See Mark Lemley & Christopher Leslie, *Categorical Analysis in Antitrust Jurisprudence*, 93 Iowa Law Review 1207, 1257 (2008).

标准适用的一致性共识。在经营者集中审查中,标准适用已成必需,主导性标准由支配地位标准向实质削弱竞争标准迁移,且具体标准相对明确,应纳入成文法。在市场支配地位滥用规制中,统一的共识尚难形成,但利润牺牲标准、较低效率竞争者标准等逐渐成型,提高竞争对手成本标准的适用空间亦不断扩展,应于解释与适用中持续沉淀。

当前,在判例法中,规则向标准的转化趋势确定无疑。晚近以来,美国法院和执法机构已经开始了从规则到标准的范式转型,在反托拉斯的分析中更加重视多因素的、以事实为基础的,以及事后分析导向的模式。① 而在成文法下,"深具模糊性的反垄断法,为规范背后的政治和经济价值预留了裁量的巨大空间"②,合理吸收标准进入规范文本应成为中国反垄断法规范完善的重要目标,从而更大程度地实现实质正义。③ 不仅如此,在法律解释中,亦应提升标准的作用空间,方可最大限度地在保有法律稳定性的前提下应对当前数字经济带来的新挑战。

---

① See Daniel Crane, *Rules Versus Standards in Antitrust Adjudication*, 64 Wash & Lee L. Rev. 49, 56 (2007).

② 江山:《论反垄断法解释的知识转型与方法重构》,载《现代法学》2018 年第 6 期。

③ 不同垄断行为类型的标准背后还有着元标准或者法律原则的分野,产生了反垄断法在整体上应当保护"总体经济福利标准"(或效率或者总体剩余标准)还是"(真实)消费者福利标准"(或纯粹消费者福利或者消费者剩余标准)旷日持久的争议。See Steven C. Salop, *Question: What Is the Real and Proper Antitrust Welfare Standard? Answer: The True Consumer Welfare Standard*, 22 Loy. Consumer L. Rev. 336, 336 (2010).

第四章　反垄断法解释中的学派分歧与交谈前景

2022年8月1日,我国第一次修正后的《反垄断法》开始施行。[①] 在这一修法时刻,十数年来中国反垄断法的制度建构与实施进展清晰可见,同时在垄断行为的规制方法与路径上分歧渐显。其中,既存在规范层面的认知差异,还可追溯至思想市场中的反垄断学派之争。若对此失察,在面对竞争性学派的方法和观念时茫然不知或无所适从,将极大影响反垄断法解释与适用的确定性和妥当性。[②] 细考可知,20世纪中叶以降,以厚实的反垄断法实施经验为土壤,反垄断学派勃兴于美国,影响流被全球。[③] 反垄断的哈佛、芝加哥与后芝加哥学派在争鸣之中形成与发展,促进了反垄断法解释的规范化。然而时移世易,由于在观念传统、市场假定和决策前提上的差异逐级强化,学派理论分歧变得调和维艰,在疑难问题上久议不决。由此,反垄断实施在超过半个世纪的时间跨度内几经摆荡,并在近20年来重新进入并陷于消极实施的区间,面对数字经济的冲击反应迟滞,而市场竞争秩序与消费者福利未得到应有保障。当前,全球范围内数字市场反垄断面临的重重阻滞和种种困局,与理论发展无力突破学派的观念窠臼难脱关系,也使缺乏对反垄断法解释方法与观念反思的现实后果暴露无遗。就此,立法、修法当然是回应现实的重要选项,但并非可以一劳永逸。所谓"解铃还须系铃人",考察反垄断学派的关键分歧,深入认识学派分歧深层结构的方法与观念维度,并在重构的经验世界图景下探寻新的共识,是反垄断法解释必须直面的时代

---

① 参见《全国人民代表大会常务委员会关于修改〈中华人民共和国反垄断法〉的决定》(2022年6月24日第十三届全国人民代表大会常务委员会第三十五次会议通过)。

② 参见江山:《论反垄断法解释的知识转型与方法重构》,载《现代法学》2018年第6期。

③ 在美国之外,被动接受、吸收反垄断学派影响的法域较多,仅有德国形成了自成一体的弗莱堡学派,深刻影响了德国与欧盟的反垄断法制发展。由于学派论争主要发生在勃兴于美国的哈佛学派、芝加哥学派和后芝加哥学派之间,本书主要聚焦于这三大学派进行分析。关于弗莱堡学派的相关论述,参见江帆:《竞争法的思想基础与价值共识》,载《现代法学》2019年第2期。

命题。

一、反垄断法解释学派化的源流

先于反垄断学派存在的,是反垄断法中的民粹主义。《谢尔曼法》出台之后,立法的模糊语言开放了裁量的巨大空间,早期判例法在法律解释上莫衷一是,理论研究也缺乏连贯的严谨标准,民粹主义在早期的法律实施中扮演了重要的角色。直至20世纪中叶,法与经济学的发展为反垄断法解释开辟了增进其妥当性的路径,在与民粹主义的论争中逐渐处于上风,成为反垄断法解释的主流范式。然而,基于经济学分析形成的反垄断学派在推进法律解释的同时,呈现精神的封闭性倾向。久而久之,在环环嵌套的方法与观念建构中自我强化并形成路径依赖,使反垄断法解释未能确立诸多基础性共识,削弱了法律的确定性预期。最终,分离的叙述持续影响着法官、执法者、律师和研究者的制度想象与行为实践。

(一)反垄断法解释争议的立法之源

立法目标的抽象性为《谢尔曼法》的解释埋下了争议的种子。施瓦茨认为,国会的意愿并非将一般认为的经济收益作为解决反垄断争议的唯一或决定性因素,而是同样重视"正义"与"公平"等非经济性目标。① 霍温坎普指出,《谢尔曼法》是应小企业的请求制定的:由于更有效率的大企业的形成,其受到了损害。② 兰德则认为,国会的主要意图是防止消费者福利被"不公平地"转移到具有市场力量的企业。③ 回顾来看,19世纪美国的垄断论争,不仅关注垄断价格,而且关注"庞大"(bigness)本身,以及由此造就的政治权力。总之,美国人的理想是任何企业家都能够进入市场、凭本事进行竞争,而大企业会危及上述理想。④ 也正因如此,早期与民粹主义的关联在某种程度上成为反垄断政策论争的长期特

---

① See Louis Schwartz, *"Justice" and Other Non-Economic Goals of Antitrust*, 127 U. Pa. L. Rev. 1076, 1076 (1979).

② See Herbert Hovenkamp, *Enterprise and American Law*: 1836 - 1937, Harvard University Press, 1991, p. 246-247.

③ See Robert Lande, *Wealth Transfer as the Original and Primary Concern of Antitrust*: *The Efficiency Interpretation Challenged*, 50 Hastings L. J. 871, 873 (1999).

④ 参见[美]赫伯特·霍温坎普:《联邦反托拉斯政策》,许光耀、江山、王晨译,法律出版社2010年版,第54~55页。

点，构成反垄断执行（特别是针对大企业）经久不衰的大众诉求源泉。[①]

民粹主义能够对反垄断法实施的基调产生深刻影响的主要原因是，在《谢尔曼法》的立法时刻和适用初期，经济学界尚未产生关于反垄断法的系统理论学说，而普通法在其中发挥着主导性影响。此时，经济学的边际革命在1890年刚刚开始确立，极有可能《谢尔曼法》的立法者们对边际概念一无所知；20世纪前40余年中，关于市场的经济学研究为对市场比较不信任而很信任管制的进步党人（Progressives）和新政党人（New Dealers）所支配，他们认为很多市场行为对竞争者和消费者都是有害的。[②] 在法院，则更为强调反垄断法在市场领域中的作用的广谱性。美国联邦最高法院甚至指出，"作为自由的宪章（charter of freedom），《谢尔曼法》所具备的普遍性和适应性，可以与宪法条款相提并论"[③]。可以认为，在法律实施之初缺乏基础共识的情况下，反垄断法解释具有宽泛的政治经济学底色。

（二）反垄断法解释的目标分流

随着美国反垄断法观念的发展，关于政治经济学的论辩逐渐发展成关于经济学理论的论辩。[④] 标志着反垄断法解释目标分流的分水岭事件，是反垄断学派与民粹主义的论争。从《谢尔曼法》颁布之初就如影随形的反垄断的民粹主义，一直延续到第二次世界大战之后的沃伦法院时期。典型的表现是，在沃伦法院的反垄断判决中，其似乎不太关注市场经济中必需的竞争程度，而更多关注的是作为市场组成部分的单个企业的"权利"，每一个企业的独立性和受到同等对待的权利成为需要保护的目标本身。[⑤] 与此同时，随着第二次世界大战之后经济学对法学领域的渗透，反垄断法学派也迎来发展的黄金时期。而民粹主义与芝加哥学派

---

① See Andrew Gavil, William Kovacic & Jonathan Baker, *Antitrust Law in Perspective: Cases, Concepts and Problems in Competition Policy*, Thomson/West, 2nd ed., 2008, p. 64.

② 参见［美］赫伯特·霍温坎普：《联邦反托拉斯政策》，许光耀、江山、王晨译，法律出版社2010年版，第79页。

③ Appalachian Coals, Inc. *v.* United States, 288 U. S. 344, 359-360 (1933).

④ See Andrew Gavil, William Kovacic & Jonathan Baker, *Antitrust Law in Perspective: Cases, Concepts and Problems in Competition Policy*, Thomson/West, 2nd ed., 2008, p. 65.

⑤ See Thomas Kauper, *The "Warren Court" and the Antitrust Laws: Of Economics, Populism, and Cynicism*, 67 Mich. L. Rev. 325, 333-334 (1968).

之争从20世纪70年代开始,到20世纪80年代初期效率在反垄断中的地位持续上升,直至20世纪90年代初期反垄断更被视为一种技术术语,最终这一论争失去活力并让位于反垄断经济学的内部争论。① 值得注意的是,在这一过程中,芝加哥学派对于反垄断决策和研究的影响相当重要,但在具体的规则制定层面哈佛学派发挥的作用更大:阿里达和特纳为法院和执法机构在反垄断政策目标中拒绝广义的平等主义主张提供了关键支持。② 彼时,反垄断的哈佛学派与芝加哥学派处于同一阵营,共同拒斥民粹主义。

具体而言,伯克通过考察《谢尔曼法》制定期间的国会记录,指出国会希望法院关注的该法的唯一价值目标是消费者福利,③这就要求区分那些通过效率增进福利和通过限制产出降低福利的协议或商业活动。④伯克指出,法院和公共执行机构不明智地追求支持平等主义的商业环境这一目标,将大企业看作是可疑的,并以此维续小企业生存发展的机会;相反,在反垄断法解释中,应当毫无疑问地遵循消费者福利这一单一目标。⑤ 在此,"平等主义的商业环境"是民粹主义的核心目标之一,蕴含泛化的巨大空间。而波斯纳明确指出,反垄断法的唯一目标应当是促进经济学意义上的效率。⑥ 阿里达和特纳分享了芝加哥学派对于多维公平目标框架的诟病立场,督促法院和执法机构聚焦于涉案行为如何影响经济绩效这一单一目标;并认为在确定反垄断规则和假定之时,不应当或者几乎不应当赋予民粹主义的目标独立的价值。⑦ 比较可知,芝加哥学派和哈佛学派在该问题上达成了基本共识,但二者所主张的方式不同:前者所主张的是在实体上将效率作为唯一目标,而后者所主张的是其他

① See Michael Jacobs, *An Essay on the Normative Foundations of Antitrust Economics*, 74 N. C. L. Rev. 219, 221-222 (1995).

② See Herbert Hovenkamp, *Whatever Did Happen to the Antitrust Movement?*, 94 Notre Dame L. Rev. 583, 600 (2018).

③ See Robert Bork, *The Antitrust Paradox: A Policy at War with Itself*, 51 (Basic Books 1978).

④ See Robert Bork, *Legislative Intent and the Policy of the Sherman Act*, 9 J. L. & Econ. 7, 7 (1966).

⑤ See Robert Bork, *The Antitrust Paradox: A Policy at War with Itself*, 201-210, 79-89 (1978).

⑥ 参见[美]理查德·A. 波斯纳:《反托拉斯法》(第2版),孙秋宁译,中国政法大学出版社2003年版,第2~3页。

⑦ See William Kovacic, *The Chicago Obsession in the Interpretation of US Antitrust History*, 87 U. Chi. L. Rev. 459, 473 (2020).

非经济类目标对于执法机构和法院来说是难以实施的。① 总的来说，伯克激发了右派，而阿里达和特纳在形成更广泛的消费者福利共识上发挥了核心作用，将中间派和中间偏左的学者、执法官员、法官和律师纳入了该阵营。② 皮托夫斯基指出，由于保守派经济分析以更为严格的经济分析取代20世纪50~60年代的分析进路，当前美国反垄断实施比沃伦年代处于更好的状态。③ 自此，反垄断法下多元目标和单一目标的解释分流形成了基本固定的格局，一边是主张多元目标的民粹主义，一边是统一在单一目标下的主流反垄断学派。

（三）反垄断法解释分歧的学派化

随着反垄断法解释的目标分流，解释的分歧逐渐转至学派之间。所谓学派，是在自然科学与社会科学研究中自然形成的现象和形式，根据组织形式可以分为思想型学派、组织型学派和结合型学派。④ 主流反垄断学派，无论归于理想型、组织型还是结合型，都是经济学与法学交叉融合的结果。起初，张伯伦和罗宾逊提出垄断竞争或不完全竞争理论，分析了介于完全竞争与完全垄断市场之间的不完全竞争与寡头垄断市场。⑤ 20世纪40年代，克拉克提出“有效竞争”这一现代市场经济中的理想竞争状态，即由“突进行动”和“追踪反应”两阶段构成的一个无止境的动态过程。⑥ 进而，梅森和贝恩指出，有效竞争就是能够保证和促进经济增长和技术进步的竞争，并运用经验研究方法提出了市场结构决定

---

① See William Kovacic, *The Chicago Obsession in the Interpretation of US Antitrust History*, 87 U. Chi. L. Rev. 459, 474 (2020).

② See William Kovacic, *The Chicago Obsession in the Interpretation of US Antitrust History*, 87 U. Chi. L. Rev. 459, 479 (2020).

③ See Robert Pitofsky, *Conservative Economic Analysis and Its Effects, Introduction: Setting the Stage*, in Robert Pitofsky ed., How the Chicago School Overshot the Mark: The Effect of Conservative Economic Analysis on U. S. Antitrust, Oxford University Press, 2008, p. 7.

④ 思想型学派，即单凭某种有吸引力和凝聚力的理论预设、研究进路和基本观点把彼此没有组织上联系的学者维系着，由他们自发地形成松散的群体，其成员在时间、空间和师承关系方面都没有严格的要求。组织型学派，即有一个研究机构作为固定的科研基地，有一份甚至多份期刊作为成果的发表阵地，这个机构里的学者除有某种共同的理论预设、研究进路和基本观点之外，还具有组织上的紧密联系。结合型学派，即既有组织型学派的研究机构作为中心，又存在思想型学派的成员围绕在中心的周围，但中心和外围具有相同的理论预设、基本观点和研究进路。参见陈国达：《学派在建立和发展学科中的作用》，载《大地构造与成矿学》1995年第3期。

⑤ 参见臧旭恒：《从哈佛学派、芝加哥学派到后芝加哥学派——反托拉斯与竞争政策的产业经济学理论基础的发展与展望》，载《东岳论丛》2007年第1期。

⑥ 参见陈秀山：《现代竞争理论与竞争政策》，商务印书馆1997年版，第56~60页。

市场绩效的理论假定，奠定了现代产业组织理论的基本范畴（市场结构、行为和绩效）。① 由此发展，轮廓更为分明的经济学流派开始在反垄断法中扮演更为重要的角色。

20 世纪 60~70 年代，谢勒进一步揭示了市场行为与市场绩效的关系，建立了“结构—行为—绩效”三段论范式（以下简称 SCP 范式），即市场结构决定了市场行为，而在一个给定的市场结构中市场行为又决定了市场绩效。② 围绕这一范式，形成了反垄断的哈佛学派。该学派认为，市场结构是因果关系链的源头，被视作外生的因素，在市场的有效运行中起着决定性的作用；为了保持有效竞争、获得令人满意的市场绩效，必须运用反垄断政策对市场结构和市场行为尤其是对前者的干预来间接改善。③ 由此展开，SCP 范式的影响力在 20 世纪 60 年代达到顶峰。需要明确的是，在竞争政策议题上存在两个哈佛学派：从 20 世纪 30 年代到 60 年代，对反垄断干预持友好态度的哈佛学派，力推结构—绩效—行为分析；从 20 世纪 70 年代至今，以阿里达为代表的现代哈佛学派，其主张中增加了更为谨慎的制度化考量。④

反垄断的芝加哥学派崛起于 20 世纪 60 年代与民粹主义、哈佛学派的论争，并在与后芝加哥学派的论争中发展。芝加哥学派认为，反垄断应该以价格理论中的完全竞争模型为参照系，反垄断政策的唯一目标是效率及消费者福利最大化。⑤ 其不把竞争作为一种静止状态而是作为一个动态过程，但又承认存在一种市场均衡，不过这种均衡不是最终状态，不能通过人为的竞争政策实现，而只能让市场竞争过程强迫经济主体不断适应这种本身也在不断变化的市场均衡。⑥ 需要明确的是，在竞争政策议题上也存在两个芝加哥学派：从 20 世纪 30 年代到 50 年代的芝加哥学派以西蒙斯为代表，支持降低市场集中度；从 20 世纪 50 年代至今的现代芝加哥学派则是以伯克等为代表，对反垄断干预持怀疑

① 参见辜海笑：《美国反托拉斯理论与政策》，中国经济出版社 2005 年版，第 14~15 页。

② 参见辜海笑：《美国反托拉斯理论与政策》，中国经济出版社 2005 年版，第 14~15 页。

③ 参见辜海笑：《美国反托拉斯理论与政策》，中国经济出版社 2005 年版，第 15~18 页。

④ See William Kovacic, *The Chicago Obsession in the Interpretation of US Antitrust History*, 87 U. Chi. L. Rev. 459, 467-468 (2020).

⑤ 参见辜海笑：《美国反托拉斯理论与政策》，中国经济出版社 2005 年版，第 23~28 页。

⑥ 参见陈秀山：《现代竞争理论与竞争政策》，商务印书馆 1997 年版，第 84~86 页。

态度。①

自20世纪90年代起,博弈论与信息经济学催生了新产业组织理论,认为市场结构以及某些市场条件仅是影响企业行为选择的部分因素,企业之间的策略性互动才是解释企业行为的更重要的出发点。在反垄断领域,基于新产业组织理论形成了以博弈论为主要方法的后芝加哥学派。与哈佛学派相比,后芝加哥学派也提倡政府干预,反对将反垄断政策限定于禁止水平价格的协调中,认为政府应加强对大企业行为的反垄断规制,但主张更为柔和;与芝加哥学派不同,后芝加哥学派对市场的信心相对要少一些,对占市场支配地位的企业的策略性反竞争行为更加担忧,并且对政府干预的有效性在很大程度上恢复了信心。②

21世纪初至今,作为政治经济领域的民粹主义潮流的一部分,反垄断的民粹主义开始回归。夏皮罗认为,20世纪80年代以来的反垄断执行不足造成了不平等,其结果是在当前的政治辩论中产生了民粹主义的回应。③ 这一波反垄断的民粹主义与《谢尔曼法》颁布前后的略有不同,主要围绕两个基本命题:一是“大的就是坏的”,二是芝加哥学派应当为“任由大企业做坏事”负责。④ 前者是反垄断民粹主义的一贯主张,后者则是其就反垄断法解释学派化的弊端提出的新批评。在民粹主义者看来,为了对抗芝加哥学派及其代表的非干预主义主张,诉诸意识形态或大众情绪才是行之有效的解决之道。与此同时,在学界内部,对非干预状态也几乎忍无可忍。拉奥认为,支持更严格或更宽松规则的经济学理论,在已有不充分的经验证据之下通常不具有决定性作用,这也为意识形态发挥作用提供了空间。⑤ 霍温坎普也指出,在经济学可以实现其反执行目标(anti-enforcement ends)时,芝加哥学派选择拥抱经济学;但在20世纪70年代之后却极大程度地忽略了经济学在理论和经验技术上的进展,因为这些工具有时证明反竞争行为确实存在,进而需要反垄

---

① See William Kovacic, *The Chicago Obsession in the Interpretation of US Antitrust History*, 87 U. Chi. L. Rev. 459, 467 (2020).

② 参见辜海笑:《美国反托拉斯理论与政策》,中国经济出版社2005年版,第33~37页。

③ See Carl Shapiro, *Antitrust in a Time of Populism*, 61 International Journal of Industrial Organization 714, 717-721 (2018).

④ See Timothy Muris & Jonathan Nuechterlein, *Chicago and Its Discontents*, 87 U. Chi. L. Rev. 495, 495 (2020).

⑤ See Mario Lao, *Ideology Matters in the Antitrust Debate*, 79 Antitrust L. J. 649, 684-685 (2014).

断执行。该学派主张“机会主义经济学”,即在经济分析可以给出想要的答案时使用分析结果,反之则弃之不顾。①

当前,反垄断的芝加哥学派和后芝加哥学派在美国之外产生了相当大的影响,许多人将美国反托拉斯法的非干预主义特质归因于芝加哥学派的影响。② 在很大程度上,现代哈佛学派处于被忽略的状态,人们在论及哈佛学派时仍主要指第二次世界大战之后20年中梅森和贝恩等人更加偏干预主义的研究,而阿里达、特纳和布莱耶等型塑20世纪70年代美国反托拉斯原理和政策的哈佛学派学者却少有提及。③ 在此,有必要框定讨论的范围。第一,现当代意义上反垄断学派的论争,主要在现代芝加哥学派、现代哈佛学派和后芝加哥学派三者之间展开。第二,三大学派的组织程度和结合紧密度不同,分析其论争的核心观点则应聚焦于学派的核心成员。因为在某种程度上,智识学派更像是新教式的,而不是天主教式的,不存在核心教义权威来界定主流和异端;因此,一个学派不应当根据其边缘人物来界定,而应当由其中心人物来刻画。④ 第三,由于反垄断理论的发达程度和阶段不同,在评估反垄断法解释的学派化悖论的现象和问题上,美国是最佳的样本,而且其影响无疑是全球性的。据此,可逐层深入探析学派分歧的形式与实质。

二、垄断行为规范解释的关键学派分歧

在规范层面,反垄断解释的学派分歧在垄断行为规制的规则与标准适用之中均有显著呈现。其中,学派的分歧是自然分布的,就不同议题的争论焦点有别,但又始终贯穿着不同学派理论、方法和观念的内在逻辑。在很长一段时间内,这些分歧都难以部分或完全调和,使反垄断法解释无法在确定性与妥当性之间获得应有均衡。为此,对反垄断学派规范解释的关键分歧进行清晰刻画是首要工作。

---

① See Herbert Hovenkamp & Fiona Scott Morton, *Framing the Chicago School of Antitrust Analysis*, 168 U. Pa. L. Rev. 1841, 1853 (2020).

② See William Kovacic, *The Intellectual DNA of Modern U. S. Competition Law for Dominant Firm Conduct*, 2007 Colum. Bus. L. Rev. 1, 27 (2007).

③ See William Kovacic, *The Intellectual DNA of Modern U. S. Competition Law for Dominant Firm Conduct*, 2007 Colum. Bus. L. Rev. 1, 29 (2007).

④ See Daniel Crane, *Chicago, Post-Chicago, and Neo-Chicago*, 76 U. Chi. L. Rev. 1911, 1915-1917 (2009).

(一)垄断协议规范解释的关键分歧

第一,横向垄断协议。当前,虽主张干预的程度有所不同,但规制核心卡特尔已成为各大学派的基本共识。即使一向主张低度干预的芝加哥学派也认为,对于卡特尔实施本身违法是美国"最高法院所确立的模范反托拉斯法"①。然而,该学派在认为企业存在很强的共谋倾向的同时,有较大保留。其中,波斯纳就指出,卡特尔成员可能会实施欺骗,且在没有实质性进入壁垒的情况下共谋是徒劳的;②卡特尔通常相当不稳定,除了在最为集中的寡头垄断情形下,寡头之间达成卡特尔价格存在极大的现实困难。③ 这一主张,实际上就是将卡特尔的瓦解寄望于市场自身。但后芝加哥学派认为,如果完全依赖市场,共谋行为的持续期间将比想象的更长。④ 二者理解的关键差异在于,芝加哥学派假定企业追求利润最大化的动机将使其通过竞争消除市场缺陷,并瓦解共谋行为;而后芝加哥学派则认为策略化的企业能够创设或使市场缺陷持续化,进而严重打破竞争均衡。⑤ 可见,即便存在部分共识,学派对卡特尔成功概率的认知差异还是导致了其分歧。

上述差异一直延伸到行为认定上。其中,伊斯特布鲁克的主张最为极端,即在没有证明参与共谋的企业具有市场力量的情况下,这类协议不应当被认定为违法。⑥ 特纳从行为证据的角度出发,认为仅是基于相互依赖性的认知确定非竞争性价格,或者说寡头企业在确定其基础价格时考虑竞争者的可能反应的行为,在没有其他构成"协议"的证据的情况下,不应当被视为反垄断法下的非法共谋。⑦ 而波斯纳则从反方向论述,认为一旦企业成功从事了默示的共谋,就会产生某种间接证据,如果

---

① Robert Bork & Ward Bowman Jnr., *The Crisis in Antitrust*, 65 Colum. L. Rev. 363, 366 (1965).

② See Richard Posner, *The Chicago School of Antitrust Analysis*, 127 U. Pa. L. Rev. 925, 932 (1978).

③ 参见[美]理查德·A. 波斯纳:《反托拉斯法》(第2版),孙秋宁译,中国政法大学出版社2003年版,第79~80页。

④ See Jonathan Baker, *Taking the Error Out of "Error Cost" Analysis: What's Wrong with Antitrust's Right*, 80 Antitrust L. J. 1, 9 (2015).

⑤ See Michael Jacobs, *An Essay on the Normative Foundations of Antitrust Economics*, 74 N. C. L. Rev. 219, 225 (1995).

⑥ See Frank Easterbrook, *The Limits of Antitrust*, 63 Tex. L. Rev. 1, 21-22 (1984).

⑦ See Donald Turner, *The Definition of Agreement under the Sherman Act*, 75 Harv. L. Rev. 655, 671-672 (1962).

没有产生任何间接证据，大概这一共谋的努力也是不成功的。① 也就是说，哈佛学派认为寡头之间重复博弈会造成相互依赖的平行行为，但难以认定为共谋；芝加哥学派则认为共谋一定会产生间接证据，应作为违法认定的依据。表面上，芝加哥学派似乎比哈佛学派更愿意对共谋进行认定，但若从二者的救济方案来看，或许才能体察这一分歧的微妙之处。哈佛学派认为，在寡头市场中，既然无法认定从而处罚共谋，则应施加结构性救济以分拆寡头或设定管制。② 芝加哥学派的论述则意在搜集可能的间接证据将相关行为认定为共谋，相应的救济方案也就自然限定于对行为本身的处罚，而与结构性拆分无涉。

第二，纵向垄断协议。自迈尔斯博士医药公司案③以来直至哈佛学派占主导的时代，纵向限制均按照本身违法的分析模式来考察。芝加哥学派的思想彻底改变了纵向限制反垄断规则的版图，纵向非价格限制、最高转售价格维持和最低转售价格维持在近30年的时间内逐一从本身违法转向合理规则的分析模式。④ 以转售价格维持（RPM）为典型，芝加哥学派认为，RPM可以解决不提供有价值促销服务的折扣经销商“搭便车”的问题。⑤ 其中关键是，制造商对非价格竞争的需求。波斯纳指出，对于制造商实施RPM的解释，是通过阻止经销商之间的价格竞争，促进其在向消费者提供的售前服务上竞争，直至这些服务的成本最终与固定的价格齐平；⑥进而，对纵向限制应适用本身合法规则。⑦ 后芝加哥学派对此并未一概否认，而是认为“搭便车”的观念已经失控并超出其适用领域，且存在RPM产生更高零售价格的经验证据。对此，克莱恩

① See Richard Posner, *Oligopoly and the Antitrust Laws*, 21 Stan. L. Rev. 1562, 1587 (1969).

② 特纳就曾指出，对于这些可能存在寡头共享垄断的市场，可以通过垄断化与试图垄断的规制、合并审查甚或专门立法来解决。See Donald Turner, *The Scope of Antitrust and Other Economic Regulatory Policies*, 82 Harv. L. Rev. 1207, 1230-1231 (1969).

③ Dr. Miles Med. Co. *v.* John D. Park & Sons Co., 220 U. S. 373 (1911).

④ See Cont'l T. V., Inc. *v.* GTE Sylvania, Inc., 433 U. S. 36 (1977); State Oil Co. *v.* Khan, 522 U. S. 3 (1997); Leegin Creative Leather Prods., Inc. *v.* PSKS, Inc., 551 U. S. 877 (2007).

⑤ See Lester Telser, *Why Should Manufacturers Want Fair Trade*?, 3 J. L. & Econ. 86, 91 (1960).

⑥ See Richard Posner, *The Chicago School of Antitrust Analysis*, 127 U. Pa. L. Rev. 925, 926-927 (1978).

⑦ See Richard Posner, *The Next Step in the Antitrust Treatment of Restricted Distribution*: *Per Se Legality*, 48 U. Chi. L. Rev. 6, 22-23 (1981).

指出,即便不存在"搭便车"的情形,RPM在有些经销安排当中也是有用的:竞争性制造商想要扩张其产品需求,通常会要求零售商提供实质性超出其自身意愿的更多促销服务;由此,制造商通过确立经销安排为零售商提供这些服务并给予特定激励和补偿。① 但温特认为,假定制造商是垄断者且零售商服务可以减少消费者的搜索时间,若零售商被RPM限制了价格竞争只能在服务上进行竞争,则由于消费者的时间成本存在差异,会导致零售商提供偏多的服务,从而降低社会总福利。② 可见,芝加哥学派的论述已经深度嵌入纵向垄断协议的分析框架。当前,学派争议的焦点为是否应避免将"搭便车"等效率抗辩绝对化。

(二)经营者集中规范解释的关键分歧

第一,横向合并。20世纪40~60年代,美国法院和经济学家都倾向于淡化效率与大型企业的联系,司法判决和哈佛学派的思想存在一定的一致性。③ 此后,芝加哥学派逐渐动摇强结构主义的基础。其中,巴克斯特支持在1982年《横向合并指南》中将企业数从6到5的合并视为临界案件;波斯纳主张,如果合并之后4个企业的集中度高于60%就应当推定予以禁止;伯克则认为,企业数从3到2的横向合并才是成问题的。④ 进而,聚焦于市场集中度的范式开始向竞争效果评估转换,审查标准也逐渐从支配地位标准转换为实质削弱竞争标准。⑤ 这在实质上转换了经营者审查的分析框架。就此,学派之间存在较强共识,即经验法则仍然有其直观价值,但简单根据集中前后企业数量的变化来推定竞争影响的时代已成为过去。如今,分歧主要聚焦于实质削弱竞争标准的适用。

其中,协调效应标准一开始就是横向合并审查的天然焦点。因为横向合并的最直观后果,就是企业数量的减少,进而导致企业间协调固定价格、限定产量、划分市场的难度降低。问题是,协调效应分析在很长一段时间内被实质性简化,执法机构将其与基于赫芬达尔—赫希曼指数

① See Benjamin Klein, *Competitive Resale Price Maintenance in the Absence of Free-Riding*, 76 Antitrust L. J. 431, 480 (2009).

② See Ralph Winter, *Vertical Control and Price Versus Nonprice Competition*, 108 Q. J. Econ. 61, 69-72 (1993).

③ See William Kovacic & Carl Shapiro, *Antitrust Policy: A Century of Economic and Legal Thinking*, 14 Journal of Economic Perspectives 43, 51-52 (2000).

④ See Timothy Muris & Jonathan Nuechterlein, *Chicago and Its Discontents*, 87 U. Chi. L. Rev. 495, 501-502 (2020).

⑤ 参见江山:《论反垄断法规范中的规则与标准》,载《环球法律评论》2021年第3期。

(Herfindahl-Hirschman Index,HHI)的推定深度绑定。① 其凸显了较强的结构主义倾向,但因精确性不足而流失了分析性价值。与此相对应,后芝加哥学派提出了单边效应标准,有效运用经济学工具为其适用提供了良好支撑。② 受此影响,自20世纪80年代以来,协调效应在反垄断执行中获得的关注较少。③ 目前,这一情况正在改观。在晚近的研究中,后芝加哥学派对更高集中度能够促使协调效应更加容易、有效发生的机理进行了进一步的阐释。④ 该学派指出,无论是基于有目的还是无目的之策略行为,随着一个行业内企业数量的收缩,协调都会变得更加可能或者更加有效;进而,由于寡头市场之中协调行为持续存在的可能性和预测工具有限的精确性,应当对结构性合并政策予以强化:当在一个集中度高的市场之中横向合并实质性增进了集中度时,就应推定存在协调效应。⑤ 由此,协调效应或因得到更坚实的经济学支撑而重返横向合并审查的中心。

第二,非横向合并。在很长一段时间内,主要学派多认为混合合并应交由市场调节,其分歧主要聚焦于纵向合并。传统上,规制纵向合并的理由是其造成对投入品或客户的封锁,而判断标准是封锁比例的大小。该进路的问题是过于激进,可能造成谴责封锁比例过小的合并且难以说明是否提高价格和降低产出。⑥ 但若按照芝加哥学派的看法,纵向一体化几乎不成为问题,因为垄断者与新进入者实施纵向一体化的成本基本相同。⑦ 这显然又走向了另外一个极端,几乎对企业的策略性行为视而不见。后芝加哥学派较为持中,指出纵向并购可能被用于实现阻止

---

① See Carl Shapiro, *The* 2010 *Horizontal Merger Guidelines*: *From Hedgehog to Fox in Forty Years*, 77 Antitrust L. J. 49, 56 (2010).

② See Herbert Hovenkamp, *Post-Chicago Antitrust*: *A Review and Critique*, 2001 Colum. Bus. L. Rev. 257, 332 (2001).

③ See Jonathan Baker & Joseph Farrell, *Oligopoly Coordination*, *Economic Analysis*, *and the Prophylactic Role of Horizontal Merger Enforcement*, 168 U. Pa. L. Rev. 1985, 2006 (2020).

④ See Jonathan Baker & Joseph Farrell, *Oligopoly Coordination*, *Economic Analysis*, *and the Prophylactic Role of Horizontal Merger Enforcement*, 168 U. Pa. L. Rev. 1985, 1991 (2020).

⑤ See Jonathan Baker & Joseph Farrell, *Oligopoly Coordination*, *Economic Analysis*, *and the Prophylactic Role of Horizontal Merger Enforcement*, 168 U. Pa. L. Rev. 1985, 2016-2017 (2020).

⑥ See Herbert Hovenkamp, *Post-Chicago Antitrust*: *A Review and Critique*, 2001 Colum. Bus. L. Rev. 257, 323-324 (2001).

⑦ See Richard Posner, *The Chicago School of Antitrust Analysis*, 127 U. Pa. L. Rev. 925, 936 (1978).

下游企业获得必需供应来源的反竞争封锁。① 如果纵向一体化所进入的市场不是竞争性的，就有可能产生反竞争的结果。② 出现这一认识差异的重要原因是，在后芝加哥学派看来，封锁通常意味着提高竞争对手成本，而非直接排斥。③ 实际上，经验一再表明具有实质性市场力量的企业实施不以直接排斥为目的之行为，经由提高竞争对手成本而获得定价权，是能够产生重要竞争影响的。不仅如此，就效率抗辩而言，芝加哥学派将“消除双重边际化”视为纵向合并产生“内生”福利的主要原因，而后芝加哥学派则认为其可能不足以抵消潜在的竞争损害。④

（三）滥用市场支配地位规范解释的关键分歧

在滥用市场支配地位规制中，传统上，主要学派多认为剥削性滥用应交由市场调节，但就排斥性滥用分歧甚为严重。在哈佛学派看来，掠夺性定价和排他性交易等都是严重的滥用行为；芝加哥学派则抨击认为，市场比假定的更有效，而竞争者也比假定的更顽强；到了后芝加哥学派，其提高竞争对手成本理论将反竞争损害的焦点从摧毁竞争对手转移，认为如果将提高竞争对手成本而非完全将其驱逐出市场作为目标，那么许多策略行为是可能成功的。⑤ 据此，以掠夺性定价和排他性交易分别作为价格类与非价格类行为之典型展开，可以剖析学派分歧的关键点。

第一，掠夺性定价。在 20 世纪 60 年代，美国联邦最高法院指出，低于平均总成本的价格构成非法的掠夺性定价。⑥ 阿里达和特纳认为，法院可以运用支配地位企业的价格与其可变成本之间的关系来确定所涉定价策略的合法性，并提出在支配地位企业将价格定在大于等于平均可

① See Michael Salinger, *Vertical Mergers and Market Foreclosure*, 103 Q. J. Econ. 345, 354-355 (1988).

② See Thomas Krattenmaker & Steven Salop, *Anticompetitive Exclusion: Raising Rivals' Costs to Achieve Power Over Price*, 96 Yale L. J. 209, 240-242 (1986).

③ See Herbert Hovenkamp, *Post-Chicago Antitrust: A Review and Critique*, 2001 Colum. Bus. L. Rev. 257, 324 (2001).

④ 参见吴白丁：《论纵向合并审查中竞争损害理论的证明——以 AT&T 收购时代华纳案为切入点》，载《经贸法律评论》2019 年第 5 期。

⑤ See Herbert Hovenkamp, *Post-Chicago Antitrust: A Review and Critique*, 2001 Colum. Bus. L. Rev. 257, 318 (2001).

⑥ See Utah Pie Co. *v.* Cont'l Baking Co., 386 U. S. 685, 698 (1967).

变成本的场景下，其行为应当被推定为合法。① 此后，法院开始以之作为掠夺性定价分析的起点。② 然而伯克却认为，虽然上述研究在方向上是正确的，但过于严苛，应当完全忽略掠夺性定价行为。③ 伊斯特布鲁克甚至主张，对支配地位企业的所有降价行为适用本身合法规则。④ 波斯纳指出，从长期来看以低于成本价格销售从而将竞争者排斥出市场是无利可图的，除非被排斥的对象缺乏接入资本市场的同等手段；⑤同时，也不排除其作为策略性行为的可能性，主张在特定情况下应予禁止，即企业可以在多个市场实施掠夺性定价，使其在一个市场的损失可以在其他市场收回。⑥ 虽存在内部争议，但芝加哥学派仍认为掠夺性定价成功概率不高，应不予干预或限缩干预。

后芝加哥学派指出，当前的司法怀疑主义假定掠夺性定价行为极端罕见，但是更加现实的不完全与不对称信息的现代经济学理论，以及良好的经验与实验研究则并不支持这一假定。⑦ 实际情况是，无论市场结构为何，信息鸿沟的存在使掠夺性定价常常是有利可图的。⑧ 关键在于，损失的收回并非基于垄断者对其竞争对手的摧毁，而是源于寡头企业运用掠夺来规训对象企业，使其遵循寡头垄断的行为模式。⑨ 不仅如此，在策略性定价行为下，即便将价格定于成本之上也可能是反竞争的；而且，如果对掠夺作出广义界定，那么支配地位企业在一个市场之中的掠夺，可以通过其在同一个市场当中的不同产品或者不同地域市场当中

---

① See Phillip Areeda & Donald Turner, *Predatory Pricing and Practices under Section 2 of the Sherman Act*, 88 Harv. L. Rev. 697, 697-698 (1975).

② See Herbert Hovenkamp, *The Law of Exclusionary Conduct*, 2 Competition Policy Int. 21, 22 (2006).

③ See Robert Bork, *The Antitrust Paradox: A Policy at War with Itself*, Basic Books, 1978, p. 144-160.

④ See Frank Easterbrook, *Predatory Strategies and Counterstrategies*, 48 U. Chi. L. Rev. 263, 333-337 (1981).

⑤ See Richard Posner, *The Chicago School of Antitrust Analysis*, 127 U. Pa. L. Rev. 925, 927 (1978).

⑥ See Richard Posner, *The Chicago School of Antitrust Analysis*, 127 U. Pa. L. Rev. 925, 940-941 (1978).

⑦ See Patrick Bolton, Joseph Brodley & Michael Riordan, *Predatory Pricing: Strategic Theory and Legal Policy*, 88 Georgetown Law Journal 2239, 2249 (2000).

⑧ See Jonathan Baker, *Recent Developments in Economics That Challenge Chicago School Views*, 58 Antitrust L. J. 645, 648-649 (1989).

⑨ See Herbert Hovenkamp, *Post-Chicago Antitrust: A Review and Critique*, 2001 Colum. Bus. L. Rev. 257, 316 (2001).

的相同产品上的收益予以收回。① 当然，经济学理论的发展，也为深入分析掠夺性定价行为提供了工具，足以解释掠夺性定价何时是理性的，或者是可以构成有利可图的损失填补的。② 上述分析，有力地撼动了芝加哥学派的市场假定。

第二，排他性交易。伯克指出，长期的排他性交易不仅可以将协议双方的利润最大化，还可以促进社会福利；法律应当放弃对这类于竞争有益的行为的竞争关切。③ 这主要是因为，芝加哥学派在经验上更倾向于认为排他性交易竞争影响的证据不明确、不充分。进而，怀特通过列举大量经验研究指出，当前排他性交易的经验证据是缺乏的，但一般认为排他性交易更有可能造成产出的提升，而不是反竞争的。④ 而卡尔金斯则指出，对于排他性交易的效果存在很多猜测，但几乎没有足够的经验证据予以支撑本身合法或违法。⑤ 上述论争进入了一个新的层次，即不再是讨论经验证据的存在与否或其范围和程度的认识差异，而是不同学派对经验证据本身的解读存在分歧。这就更加考验不同学派理论的解释力了。

就此，后芝加哥学派聚焦于纵向封锁的可能性，发展出的提高竞争对手成本理论为认识排斥性滥用提供了更可靠的框架。萨洛普等人指出，反竞争的排斥性行为之所以能成功，在于该行为可以实质性地提高竞争性购买者的投入品成本，此时行为企业可以提高其产出的价格，除非足够多的未受限制的实际或潜在竞争者已经准备好，并且有意愿、有能力来约束行为企业的价格。⑥ 换句话说，在排他性交易等行为之中，支配地位企业可以通过拒绝使竞争对手获得规模经济或者致其产出不及

---

① See Herbert Hovenkamp, *Post-Chicago Antitrust: A Review and Critique*, 2001 Colum. Bus. L. Rev. 257, 312-317 (2001).

② See Patrick Bolton, Joseph Brodley & Michael Riordan, *Predatory Pricing: Strategic Theory and Legal Policy*, 88 Georgetown Law Journal 2239, 2328-2329 (2000).

③ See Robert Bork, *The Antitrust Paradox: A Policy at War with Itself*, Basic Books, 1978, p. 309, 406.

④ See Joshua Wright, *Overshot the Mark? A Simple Explanation of the Chicago School's Influence on Antitrust*, 5 Competition Policy Int. 1, 22 (2009).

⑤ See Stephen Calkins, *Wrong Turns in Exclusive Dealing Law*, in Robert Pitofsky ed., How the Chicago School Overshot the Mark: The Effect of Conservative Economic Analysis on U. S. Antitrust, Oxford University Press, 2008, p. 167.

⑥ See Thomas Krattenmaker & Steven Salop, *Anticompetitive Exclusion: Raising Rivals' Costs to Achieve Power Over Price*, 96 Yale L. J. 209, 223 (1986).

预期而提高其成本,而该较高成本限制了竞争对手参与竞争的能力,从而实施策略行为的企业可以在价格“保护伞”下提高价格。① 这一进路展现出强大的解释力,为对排他性交易适用合理规则分析提供了方向性的指引。

三、学派分歧深层结构的方法维度:理论模式与决策前提

反垄断学派在规范解释上的分歧,明显超出了文义、历史、体系和目的解释上的浅表差异,存在深刻的方法论根源。这是由反垄断学派的基底所决定的,应当聚焦其法经济学理论模式进行剖析。一般而言,一个好的理论模式应当是在逻辑上足以自洽、在经验上经得起检验的。如果认同“经济学只是规范化的直觉,通过逻辑来使直觉明晰化,通过可信的证据来强化直觉”②,那么反垄断法解释的中心工作就是将经过逻辑澄清与经验验证的直觉与具体的个案场景进行适配。就此,怀特提出,应当根据三个方法论的承诺来界定反垄断的芝加哥学派:一是价格理论的严格适用;二是经验主义的中心定位;三是在制定反垄断规则时,对法律错误的社会成本的强调。③ 在更一般的意义上,上述以理论模式的经验验证和基于错误成本分析的决策前提为主要构成的分析框架,应适用于所有反垄断学派的考察。

(一)反垄断学派理论模式及其经验验证

作为逻辑与经验的结合体,反垄断学派的理论定位是重逻辑,还是偏经验,与学派方法之可靠性程度密切相关。哈佛学派着重强调经验性的产业研究、案例分析,理论具有经验主义性质,方法被应用于产业结构—行为—绩效的分析。④ 芝加哥学派强调对各种理论的经验证明,但反对强调结构—行为—绩效的单向因果联系,而强调三者的双向互动。⑤ 后芝加哥学派则在采用推理演绎方法的同时,尝试将实证归纳研究方法

---

① See Herbert Hovenkamp, *Post-Chicago Antitrust: A Review and Critique*, 2001 Colum. Bus. L. Rev. 257, 321 (2001).

② [土]丹尼·罗德里克:《经济学规则》,刘波译,中信出版集团股份有限公司 2017 年版,第 81 页。

③ See Joshua Wright, *Overshot the Mark? A Simple Explanation of the Chicago School's Influence on Antitrust*, 5 Competition Policy Int. 1, 9 (2009).

④ 参见吴福象:《产业经济学的发展与学科渗透的趋势》,载《当代财经》2004 年第 10 期。

⑤ 参见马广奇:《产业经济学在西方的发展及其在我国的构建》,载《外国经济与管理》2000 年第 10 期。

融入推理演绎中，开启了实证主义复兴。① 可以认为，主要反垄断学派对于理论的经验基础均有不同程度的强调，但其侧重点存在差异。

第一，哈佛学派理论源于贝恩对美国制造业的集中度状况及其影响开展的经验研究。建基于此，哈佛学派认为产业绩效可以和市场结构，特别是企业的数量和进入壁垒的高低联系起来，即产业结构被认为决定着企业行为。② 进而，哈佛学派主张实行严格的反垄断政策，以限制和削弱市场力量为主要目标，主张对大量涉及固定价格和影响价格的协议适用本身违法，要求收紧对企业合并的控制，同时严厉对待市场支配地位企业的行为。③ 波斯纳对此诟病，认为哈佛学派热衷于对特定产业竞争状况的研究，聚焦于特定市场的特性进行检视，而抛弃或者忽略了经济学理论中简洁的力量。④ 的确，哈佛学派从特定产业归纳出的普遍范式，不足以回应市场经济中产业竞争状况的多样性。因为在本质上，每种理论都不过是一些特定模型的集合，这些模型必须结合具体条件审慎应用；每种理论都是一个工具箱，而不是对其研究现象的全方位解释。⑤ 然而，尽管哈佛学派推定的绝对化引发了大量质疑，但其所确立的 SCP 范式在考察市场结构上仍然持续发挥着不可替代的作用。因为不可否认的是，市场结构对于所有的行为分析都是挥之不去的背景，在评估企业排除、限制竞争的能力上至关重要。

第二，芝加哥学派的关键特征是通过价格理论来检视反垄断政策，⑥ 认为通过将反垄断政策与价格理论相关联，可以将竞争法从政治领域移除从而进入科学的轨道。⑦ 价格理论通常将丰富且不完全具体的模型予

---

① 参见吴福象：《产业经济学的发展与学科渗透的趋势》，载《当代财经》2004 年第 10 期。

② See Herbert Hovenkamp, *The Antitrust Enterprise: Principle and Execution*, Harvard University Press, 2005, p. 36.

③ See Carl Kaysen & Donald Turner, *Antitrust Policy: An Economic and Legal Analysis*, Harvard University Press, 1959, p. 45-48.

④ See Richard Posner, *The Chicago School of Antitrust Analysis*, 127 U. Pa. L. Rev. 925, 931 (1978).

⑤ 参见[土]丹尼·罗德里克：《经济学规则》，刘波译，中信出版集团股份有限公司 2017 年版，第 143 页。

⑥ See Richard Posner, *The Chicago School of Antitrust Analysis*, 127 U. Pa. L. Rev. 925, 928 (1978).

⑦ See Michael Jacobs, *An Essay on the Normative Foundations of Antitrust Economics*, 74 N. C. L. Rev. 219, 230 (1995).

以简化,以回答简单的配置效率问题。① 通过将扩大产出和降低价格作为评估福利的排他性标准,其分析方法避免了在权衡消费者和小企业等不同利益时产生的问题。② 伊斯特布鲁克认为,这一进路的清晰性,使企业可以更加准确地预测其重要商业行为的法律后果,进而可以促进资本投资和维护私人秩序。③ 芝加哥学派的价格理论对于美国联邦最高法院将低于成本定价作为掠夺性定价的恰当标准,在搭售等行为的分析中重新强调市场力量的要求,废除最低转售价格维持的本身违法规则,怀疑在没有具体协议时的寡头协调,以及调高合并集中度门槛上,产生了重要影响。④ 一时间,新古典价格理论模型似乎提供了现实世界中经济效率最大化的最佳政策工具。然而,模型的简化或抽象化也存在不小的问题。价格理论的盲点,在于其目标是创设一个适用于各种市场结构的简单静态竞争模型,而忽略了不同行业和单个企业的细节。⑤ 然而,尽管行为主义因其在结论上导向的放任主义而广受诟病,芝加哥学派将福利标准锚定在价格与产出之上的方法仍汇聚了大量共识。因为,将市场价格与产出作为行为竞争影响的标靶,是聚焦于行为人排除、限制竞争效果评估的关键。

第三,后芝加哥学派挑战价格—产出的静态分析框架,证明其并非分析反垄断效率中心问题的唯一方法,且其工作造成了经济理论上的僵局,使决策者不得不探究当前辩论的技术表象背后的关于企业、市场和政府的冲突性观念。⑥ 进而,该学派运用非合作博弈模型实现了对限制进入定价、默示的共谋、广告、产品差异化、产品扩散、技术创新、设置进入壁垒等策略行为的动态分析,对各种复杂交易现象的动机和效果的理解达到了新的高度。⑦ 虽然常被称为哈佛学派的继承者,但与几乎完全

① See Christopher Yoo, *The Post-Chicago Antitrust Revolution: A Retrospective*, 168 U. Pa. L. Rev. 2147, 2153 (2020).

② See Herbert Hovenkamp, *Antitrust Policy After Chicago*, 84 Mich. L. Rev. 213, 234(1985).

③ See Frank Easterbrook, *The Limits of Antitrust*, 63 Tex. L. Rev. 1, 14 (1984).

④ See Christopher Yoo, *The Post-Chicago Antitrust Revolution: A Retrospective*, 168 U. Pa. L. Rev. 2147, 2153-2155 (2020).

⑤ See Christopher Yoo, *The Post-Chicago Antitrust Revolution: A Retrospective*, 168 U. Pa. L. Rev. 2147, 2159 (2020).

⑥ See Michael Jacobs, *An Essay on the Normative Foundations of Antitrust Economics*, 74 N. C. L. Rev. 219, 225 (1995).

⑦ 参见辜海笑:《美国反托拉斯理论与政策》,中国经济出版社 2005 年版,第 33~37 页。

聚焦于市场结构而不考虑市场行为的前者相比，后芝加哥学派信奉博弈理论而将策略性行为置于分析的中心；而且其缺乏哈佛学派在案例研究中所展现的行业具体性，虽能容纳比价格理论更复杂动态的考量，但其分析模式还是相当抽象的。① 与芝加哥学派不同，虽然把效率当作唯一目标，但后芝加哥学派不仅关心静态效率，还强调要保护企业的创新动力；且由于信息不对称、沉没成本、网络外部性的存在，其相信市场在很大程度上是不完善的，市场失灵不但不会在竞争压力下消融，反而会侵蚀效率。② 尽管以博弈论作为主要方法也引发了基于经验主义的质疑，后芝加哥学派提出的复杂方法也确实能反映出市场的复杂性，对策略行为的演绎丰富了对行为人排除、限制竞争的动机和可能性的评估。

可以显见，在反垄断学派理论的拓展、演化过程中，经验是逻辑的边界，超越既定边界的理论随时都可能遭到严峻挑战。这并不让人意外。要知道，即便在物理学中，很多普世法则是否存在也都有争议，经济学模型就更不可能是放之四海皆准的了。③ 物理学的法则，要通过自然界的实验结果来检验；而经济学的模型，则须通过人类社会的经验证据来验证。在反垄断的思想市场中，现实正是如此，学派间的批评就强烈聚焦于理论模式的经验验证。只不过，这一经验验证也并非总能解决问题，在疑难案件中还需要结合反垄断学派的决策前提进行考察。

（二）反垄断学派决策前提的分野

通过经验现实来验证反垄断学派的理论模式，目的并非判定某一学派的理论模式的成败，而是要寻找改良和补足的空间。如果按照线性演进的思维，似乎应当是一个学派替代另一个学派的理论模式。但有论者就指出，经济学知识的积累不是垂直式的，以更好的模型取代旧模型，而是水平式的，以更新的模型来解释以前未得到解释的社会现象，新模型只是提供更适于解释某些情况的一些新维度。④ 对于深植于法与经济学的反垄断学派而言，经验是检验理论的“试金石”。

---

① See Christopher Yoo, *The Post-Chicago Antitrust Revolution: A Retrospective*, 168 U. Pa. L. Rev. 2147, 2164-2165 (2020).

② 参见辜海笑：《美国反托拉斯理论与政策》，中国经济出版社 2005 年版，第 33~37 页。

③ 参见［土］丹尼·罗德里克：《经济学规则》，刘波译，中信出版集团股份有限公司 2017 年版，第 67 页。

④ 参见［土］丹尼·罗德里克：《经济学规则》，刘波译，中信出版集团股份有限公司 2017 年版，第 68 页。

比较来看,哈佛学派理论模式的经验主义特质,主要体现为对具体市场的经验分析。在其理论形成时期,贝恩在利润率和行业集中度的研究中使用了1936~1940年的42个制造业样本行业的数据;①在关于规模效应、集中度和进入壁垒的研究中则使用了1947年的20个制造业样本行业的数据。② 贝恩一系列的经验研究的结论是,在高卖方集中度市场中企业的利润率超过在低卖方集中度市场中企业的利润率;③企业的规模之大已经超过了获得可能效率的必要;④进入壁垒非常高的产业将比其他产业更倾向于出现较高的超额利润和垄断产出限制,在同样是集中度高的产业中市场绩效的差异取决于进入壁垒的高度;⑤寡头行业中的可行竞争(workable competition)比预期的更加难以实现。⑥ 进而,哈佛学派发展出的SCP范式确立如下假定:一是随着市场进入壁垒的抬升,头部企业或类似领先企业的最优价格—成本差额将提高;二是集中度会促进默示或明示的共谋。⑦ 而基于该等有限的经验分析提炼出的SCP范式是否具有普适性,成为芝加哥学派抨击的重点。德姆塞茨等人以实证研究反驳"集中度—利润率"的单项决定假说,指出如果不存在明显的进入壁垒,那么企业获得的高利润就是其高效率的报酬;既然高集中部门获得高利润不是长期的稳定现象,那么高利润就不能说明垄断力量的存在。⑧ 最终,推翻SCP范式支持者所主张的产业集中度与价格之间的关系,成为芝加哥学派无可争议的经验贡献。⑨ 不仅如此,芝加哥学派还根据对纵向限制的案例研究,指出在绩效难以度量时纵向限制可以

---

① See Joe S. Bain, *Relation of Profit Rate to Industry Concentration: American Manufacturing, 1936-1940*, 65 The Quarterly Journal of Economics 293, 310 (1951).

② See Joe S. Bain, *Economies of Scale, Concentration, and the Condition of Entry in Twenty Manufacturing Industries*, 44 The American Economic Review 15, 20 (1954).

③ See Joe S. Bain, *Relation of Profit Rate to Industry Concentration: American Manufacturing, 1936-1940*, 65 The Quarterly Journal of Economics 293, 323 (1951).

④ See Joe S. Bain, *Industrial Organization*, John Wiley & Sons, 1959, p. 358.

⑤ 参见[美]乔·S.贝恩:《新竞争者的壁垒》,徐国兴等译,人民出版社2012年版,第198~199页。

⑥ See Joe S. Bain, *Workable Competition in Oligopoly: Theoretical Considerations and Some Empirical Evidence*, 40 American Economic Review 35, 37-38 (1950).

⑦ See Leonard Weiss, *The Structure-Conduct-Performance Paradigm and Antitrust*, 127 U. Pa. L. Rev. 1104, 1105 (1979).

⑧ 参见辜海笑:《美国反托拉斯理论与政策》,中国经济出版社2005年版,第23~28页。

⑨ See Joshua Wright, *Overshot the Mark? A Simple Explanation of the Chicago School's Influence on Antitrust*, 5 Competition Policy Int. 1, 10 (2009).

促进经销商提供促销服务。[①] 上述智识推进，主要源于芝加哥学派对理论之经验验证的推动。

然而，芝加哥学派自身的经验主义实践也遭到了质疑。该学派认为，企业通常不能够通过单边行为获取或增强垄断力量，反垄断法的重点不应聚焦于单边行为，而应重点关注卡特尔，以及足够产生独占垄断或者可以通过急剧降低市场中的重要卖方数量而促进卡特尔形成的横向合并。[②] 就此，考珀认为，芝加哥学派的模型和可验证的事实之间是不一致的。[③] 如福克斯就指出，芝加哥学派猜测掠夺性定价发生的概率不高，而研究表明选择性实施掠夺性定价(selective price predation)是一个重复发生的现象。[④] 在经验欠奉的情况下，芝加哥学派几乎总是对垄断行为的发生概率和竞争影响持乐观态度。由此展开，诸多批评指向芝加哥学派更青睐于理论和意识形态，而不是经验证据，使反垄断政策过于宽松。不仅如此，对于经验证据本身，学派的解释亦不一致。例如，克兰认为，价格更高并不必然意味着转售价格维持是对消费者有害的，较高的价格，可能是由于质量的增进或服务的提升。[⑤] 克莱恩干脆宣称，禁止使用转售价格维持甚至可能产生消费者价格的上涨。[⑥] 相反，拉奥则指出，从经验证据上看，转售价格维持通常总会导致更高的消费者价格，虽然这可以同时被解释为促进竞争或者是反竞争的，但也足以支持适用截

---

① See Timothy Muris, *Improving the Economic Foundations of Competition Policy*, 12 George Mason Law Review 1, 17(2003).

② See Richard Posner, *The Chicago School of Antitrust Analysis*, 127 U. Pa. L. Rev. 925, 928 (1978).

③ See Thomas Kuaper, *Influence of Conservative Economic Analysis on the Development of the Law of Antitrust*, in Robert Pitofsky ed., How the Chicago School Overshot the Mark: The Effect of Conservative Economic Analysis on U. S. Antitrust, Oxford University Press, 2008, p. 47.

④ See Eleanor Fox, *The Efficiency Paradox*, in Robert Pitofsky ed., How the Chicago School Overshot the Mark: The Effect of Conservative Economic Analysis on U. S. Antitrust, Oxford University Press, 2008, p. 82.

⑤ See Daniel Crane, *Chicago, Post-Chicago, and Neo-Chicago*, 76 U. Chi. L. Rev. 1911, 1926 (2009).

⑥ See Benjamin Klein, *Competitive Resale Price Maintenance in the Absence of Free-Riding*, 76 Antitrust L. J. 431, 462-463 (2009).

略的合理规则。① 由此,不同学派对经验证据的差异化解读,使达成共识变得越发困难。

但从芝加哥学派引以为傲的经验主义立场切入批评,以子之矛攻子之盾,多少让其反击显得支绌。于是芝加哥学派转而指出,后芝加哥学派实际上也并没有提供多少有价值的经验证据表明芝加哥学派的理论导致了市场绩效的降低、市场力量的增强和消费者损害。② 怀疑论者的看法是,有时后芝加哥学派的模型基于特定的决策顺序或者其他内在不可观察的特性,是难以被证实的。③ 例如,在后芝加哥学派关于搭售和提高竞争对手成本的经典分析中,其关注点都在于上下游关系的存在,而关于具体行业的细节是相对缺失的:这一由数学驱动的进路与自下而上的哈佛学派的经验分析有相当大的不同。④ 这倒也毋庸讳言。霍温坎普早前就提示,后芝加哥学派的分析无法在传统实证意义上进行验证:通常经济学家能做的是,将数据与其理论建构最低度的关联,但是通常不能够排除其他解释的可能性;即便如此,其在提高竞争对手成本和横向合并中单边效应上的贡献,极有可能持续影响反垄断的分析。⑤ 现在看来,上述贡献的确已在滥用市场支配地位和合并规制中得以凸显,芝加哥学派也通常结合后芝加哥学派的理论展开讨论。

当然,抛开非此即彼的思维,学派之间并非构成全面的替代关系,而是通过论争不断优化配置反垄断学派模型的覆盖范围。显而易见,经验世界的流变,是验证学派理论模式必须直面的不变主题。通常,经济学模型扩展的源头是一些经验现象似乎与已有的模型相悖,而新模型并不

---

① See Marina Lao, *Free Riding: An Overstated, and Unconvincing, Explanation for Resale Price Maintenance*, in Robert Pitofsky ed., How the Chicago School Overshot the Mark: The Effect of Conservative Economic Analysis on U. S. Antitrust, Oxford University Press, 2008, p. 210-211.

② See Daniel Crane, *Chicago, Post-Chicago, and Neo-Chicago*, 76 U. Chi. L. Rev. 1911, 1924 (2009).

③ See Christopher Yoo, *The Post-Chicago Antitrust Revolution: A Retrospective*, 168 U. Pa. L. Rev. 2147, 2164-2165 (2020).

④ See Christopher Yoo, *The Post-Chicago Antitrust Revolution: A Retrospective*, 168 U. Pa. L. Rev. 2147, 2161-2162 (2020).

⑤ See Herbert Hovenkamp, *Post-Chicago Antitrust: A Review and Critique*, 2001 Colum. Bus. L. Rev. 257, 337 (2001).

会使老模型变得错误或适用性降低，其只是拓展了经济学知识的边界。① 在当前的学派之争中，对经验主义的进一步重视已成为主基调。以 SCP 范式为例，反垄断的关切总是在市场绩效，之所以转向结构性推论，是因为市场绩效的直接数据一般难以获得；当关于绩效的直接证据是可以获得的时候，就应当根据绩效作出判断，特别在不同的分析方式存在分歧的情况下更是如此。② 就这样，兜兜转转又回到了原点。在真实世界中，关于绩效的信息总归是不完全的，直接证据也并不总是容易获得的。那么问题就转换为，在何种信息不完全或直接证据不可获得的程度下，方可转向结构性推论？为此，需要引入决策理论（decision theory）来考察。

决策理论的价值在于在信息成本高昂且因此不完全的情况下设定做出事实测定和决定的程序，即确定何时可以就已有信息做出决定，何时应当在做出决策之前收集和考虑进一步的信息。③ 如此，可以尽可能避免决策失误，包括漏判（false negative），即应该认定为违法而未被认定；以及误判（false positive），即不应该被认定为违法而被认定。芝加哥学派引入该理论指出，在反垄断经济分析中不仅应考虑垄断行为可能造成的社会成本，在规则的制定和适用中还应考虑误判/漏判和法律实施的行政成本。④ 哈佛学派则提出对执法机构能力的关切，作为错误成本分析的重要补充。⑤ 由此，反垄断决策的正确做出有赖于对市场自我修复能力和执法机构规制能力的双重认知。然而，诸学派的决策前提存在重要分野（见表 4-1）：哈佛学派认为，市场不能有效自我调节，市场结构集中导致缺陷，并假定执法机构有能力处理复杂的反垄断问题，漏判大于误判的错误成本；芝加哥学派认为，市场自我调节能力强，多数情况下运行良好，并假定执法机构能力存在较大局限，误判远大于漏判的错误成本；后芝加哥学派则认为，市场不完善是存在的，策略行为导致市场缺

① 参见［土］丹尼·罗德里克：《经济学规则》，刘波译，中信出版集团股份有限公司 2017 年版，第 71 页。

② See Christopher Yoo, *The Post-Chicago Antitrust Revolution: A Retrospective*, 168 U. Pa. L. Rev. 2147, 2172 (2020).

③ See Frederick Beckner Ⅲ & Steven Salop, *Decision Theory and Antitrust Rules*, 67 Antitrust L. J. 41, 41-42 (1999).

④ See Frank Easterbrook, *The Limits of Antitrust*, 63 Tex. L. Rev. 1, 2 (1984).

⑤ See Christopher Yoo, *The Post-Chicago Antitrust Revolution: A Retrospective*, 168 U. Pa. L. Rev. 2147, 2157-2158 (2020).

陷,并假定执法机构的能力持续上升,误判和漏判的错误成本大小相当。①

表 4-1 主要反垄断学派与民粹主义的决策前提

学派	立法目标	市场运行	机构能力	错误成本
哈佛学派	经济权力的分散化、消费者福利	市场不能有效自我调节,市场结构集中导致缺陷	假定执法机构有能力处理复杂的反垄断问题	漏判大于误判的错误成本
芝加哥学派	广义消费者福利:生产者和消费者的总体福利	市场自我调节能力强,多数情况下运行良好	假定执法机构能力存在较大局限	误判远大于漏判的错误成本
后芝加哥学派	狭义消费者福利:纯粹消费者福利	市场不完善是存在的,策略行为导致市场缺陷	假定执法机构的能力持续上升	误判和漏判的错误成本大小相当
民粹主义	平等主义的商业环境:生产者、小企业和劳工	市场被大企业垄断,存在结构性缺陷	无明确的机构能力考量,主张强反垄断规制甚至政府管制	无明确的错误成本意识,持"大即是恶"的观念

资料来源:根据相关文献综合整理。

四、学派分歧深层结构的观念维度:市场假定与价值传统

由理论模式与决策前提逐级下沉,进一步挖掘学派分歧深层结构的内核,分析链条延伸至反垄断学派背后的市场假定和价值传统。鉴于信息不完全的普遍存在,在经验验证不可及或处于模糊地带的领域,差异化的决策前提导向的是不同学派的市场假定之争。进而,同许多公共政策领域一样,反垄断也总是受到意识形态(ideology)——对政治或经济的一系列特定假定的先验信奉(priori commitment)的影响:在对反垄断的经济和非经济目标的追寻中,不同目标之间的选择是由意识形态驱动的。② 意识形态一词或流于泛化,但先验信奉或者说价值观念则确是反

① 参见江山:《美国数字市场反垄断监管的方法与观念反思》,载《国际经济评论》2021 年第 6 期。

② See Andrew Gavil, William Kovacic & Jonathan Baker, *Antitrust Law in Perspective: Cases, Concepts and Problems in Competition Policy*, Thomson/West, 2nd ed., 2008, p. 63.

垄断法解释无法回避的命题，构成反垄断学派分歧的观念内核。

（一）反垄断学派的市场假定之争

如果将理论“看作为解释特定事实或现象而提出的一组理念或假说”①，对反垄断学派而言，支撑基于错误成本的决策前提的是其深层市场假定，②即在不存在政府干预的情况下，市场机制是否能够最大限度地有效运行的假定。具体而言，就特定市场结构下垄断行为发生概率和市场修复能力的评估，学派分歧重大。

最为笃信市场的芝加哥学派主张，在没有相反证据的情况下市场是有效的。③ 或者说，“市场具有自我纠正的内在特征，在不进行干预的情况下，市场将自然达到最佳状态”④；即便在市场未能自我纠正的有限情况下，政府的干预也趋向于带来更多的问题。⑤ 在芝加哥学派看来，不干预是默认规则，如果在促进干预和不干预模型之间的竞争陷入僵局，很少有法官或执法机构官员会选择干预，因为实施成本是高昂的，而且通常市场的缺陷被认为能够比法律的缺陷更容易纠正。⑥ 易言之：当对所争议的行为有任何质疑之时，政府就不应当干预。⑦ 上述假定自形成起就招致大量批评。霍温坎普等人认为，当经济政策将完全竞争作为其分析起点，那么反垄断干预是毫无必要的。⑧ 萨洛普等人也认为，指引这一个历久经年的反垄断规则的许多假定是错误的，而法与经济学分析的进

---

① ［土］丹尼·罗德里克：《经济学规则》，刘波译，中信出版集团股份有限公司 2017 年版，第 115 页。

② 在此，并不是说对执法机构能力的关切不再重要，而是要明确其相对于市场假定所处的从属地位，且执法机构能力的增强在不同程度上也日益成为现实。

③ See Joshua Wright, *Overshot the Mark? A Simple Explanation of the Chicago School's Influence on Antitrust*, 5 Competition Policy Int. 1, 5-6 (2009).

④ Herbert Hovenkamp & Fiona Scott Morton, *Framing the Chicago School of Antitrust Analysis*, 168 U. Pa. L. Rev. 1841, 1848 (2020).

⑤ See Ariel Katz, *The Chicago School and the Forgotten Political Dimension of Antitrust Law*, 87 U. Chi. L. Rev. 413, 414 (2020).

⑥ See Daniel Crane, *Chicago*, *Post-Chicago*, *and Neo-Chicago*, 76 U. Chi. L. Rev. 1911, 1927 (2009).

⑦ See Herbert Hovenkamp & Fiona Scott Morton, *Framing the Chicago School of Antitrust Analysis*, 168 U. Pa. L. Rev. 1841, 1850 (2020).

⑧ See Herbert Hovenkamp & Fiona Scott Morton, *Framing the Chicago School of Antitrust Analysis*, 168 U. Pa. L. Rev. 1841, 1878 (2020).

展已宣告其过时。[1] 芝加哥学派大概是失之粗糙了。因为市场并不只是一个抽象的场域,在某一具象的市场之中,市场是否容易失灵、是否可以自我纠正以及可以自我纠正到什么程度,很大程度上取决于特定市场结构下具体垄断行为发生的概率,以及既有和潜在竞争性约束的强度。假设执法机构能力是既定的,就市场机制有效性之评估的重点则应当聚焦:一是企业市场力量与市场集中度,从在位企业的角度考察企业市场力量和多个具有市场力量竞争性企业之间的竞争约束关系;二是市场壁垒,考察潜在竞争者进入市场、既有竞争者在市场中扩张的及时性、可能性和有效性。

就此,哈佛学派对于大企业和集中度高的行业表现出不信任。[2] 芝加哥学派则认为,企业如果没有市场力量,那么无论如何努力也是无法损害竞争的,只可能损害一些消费者或者竞争者或者其自身,此时行为的利弊应当交由市场而非司法程序来区分。[3] 将市场力量与影响竞争的能力相关联,这本身并没有明显的漏洞。但问题是,应当如何评估行为人的市场力量?稍加分析可知,市场力量的载体是企业,企业间竞争的场域是市场,结合市场状况才能有效评估企业面临的竞争约束。引入市场集中度,就是为了刻画这一竞争约束。就此,在哈佛学派看来,经验证据表明在高度集中行业的领先企业运用有意识的平行行为来防止价格竞争,并获得超常收益。芝加哥学派虽并不否认集中度是便利形成难以发现的共谋的因素,但其认为集中度本身并不是最重要的,而应当考虑是否存在有效的市场进入。[4] 后芝加哥学派认为,竞争者之间的市场份额不对称程度越大,实施提高竞争对手成本行为的企业可以获得的可预期回报就越大。[5] 当然,在一般意义上,如果存在有利可图的市场进入的

---

① See Andrew Gavil & Steven Salop, *Probability, Presumptions and Evidentiary Burdens in Antitrust Analysis: Revitalizing the Rule of Reason for Exclusionary Conduct*, 168 U. Pa. L. Rev. 2109, 2112 (2020).

② See Leonard Weiss, *The Structure-Conduct-Performance Paradigm and Antitrust*, 127 U. Pa. L. Rev. 1104, 1105 (1979).

③ See Frank Easterbrook, *The Limits of Antitrust*, 63 Tex. L. Rev. 1, 19-20 (1984).

④ See Richard Posner, *The Chicago School of Antitrust Analysis*, 127 U. Pa. L. Rev. 925, 944-945 (1978).

⑤ See Thomas Krattenmaker, Robert Lande & Steven Salop, *Monopoly Power and Market Power in Antitrust Law*, 76 GEO. L. J. 241, 259 (1987).

威胁,那么即使是垄断或寡头垄断行业也存在可竞争的空间。[①] 由此展开,学派分歧又延伸到对市场壁垒内涵的理解和评估上。

贝恩认为,市场壁垒是能够阻止市场进入且同时允许市场中的在位企业收取高于成本价格的任何市场因素,包括大的规模经济以及在位企业在绝对成本和产品差异化上的优势。[②] 而施蒂格勒认为,市场壁垒系寻求进入市场的企业必须承担而在位企业不必承担的生产成本。[③] 显而易见,在芝加哥学派框架下,市场进入、扩张的难度陡然下降,高市场集中度可能带来的威胁也就更低。然而在实践中,广为接受的是哈佛学派的主张。因为,市场壁垒是一个中性概念,在竞争影响分析中须将其与垄断行为作为一个整体考察:行为的竞争影响只有在完整评估之后才能确认,市场壁垒分析仅是其中的一个环节。在尚未开始行为评估之前,将市场壁垒轻描淡写地假定为微乎其微,无疑将提升漏判的风险。况且在许多个案之中,竞争影响的证据是直接呈现的,纠结于市场力量的评估可能是缘木求鱼。进而,后芝加哥学派拓展上述论争认为,在位企业通过诸多直接策略将市场力量用于阻碍市场进入,包括引致可以降低未来边际成本的沉没成本(使市场进入后的价格下降,从而让市场进入无利可图),以及网络效应和其他要求买方之间进行协调的转换成本(使短期的垄断转换成为长期的市场进入阻却)。[④] 可见,就市场壁垒这一市场假定中心议题的认知,恐怕也没有芝加哥学派设想的简单。

近20年来经验世界的剧烈变化,也不免使人疑虑甚至焦虑:市场变了,诸学派的市场假定莫非可以保持不变?追溯反垄断法100余年来的发展,其面向的经验世界已几经流变,贯穿着技术创新、商业模式创新,及至晚近的数字经济变革。毫无疑问,技术和商业模式创新在不同程度上影响了市场竞争的方式,但数字经济变革对市场竞争的影响是更具颠覆性的。其中,双(多)边市场的普遍化,使相关市场界定、市场力量的评估效果变得更加模糊;市场份额、市场集中度、市场壁垒的分析权重

① See William Baumol, *Contestable Markets: An Uprising in the Theory of Industry Structure*, 72 American Economic Review 1, 4 (1982).

② 参见[美]乔·S.贝恩:《新竞争者的壁垒》,徐国光等译,人民出版社2012年版,第3、40页。

③ 参见[美]乔治·J.施蒂格勒:《产业组织》,王永钦、薛锋译,上海三联书店、上海人民出版社2006年版,第87页。

④ See Kevin Bryan & Erik Hovenkamp, *Startup Acquisitions, Error Costs, and Antitrust Policy*, 87 U. Chi. L. Rev. 331, 337 (2020).

发生变化;市场结构与市场行为之间的关系也凸显更为动态的面貌。尤其是网络效应和锁定效应的扩散化,使市场力量的争夺从“在市场中竞争”(competition in the market)转换为“为市场而竞争”(competition for the market)的赢者全得的角逐。而数据的累积、算法的大规模应用,则使市场本身对于数据、算法的持有者来说变得几近透明。可以认为,随着数字市场的降临,学派的理论模式所面对的经验验证场景正在发生重构式的变化。此时,理论模式岂可不变?对此,在学派内部与学派之间应当存在默契神会的共识。当然,从更深入的层次来看,不同学派对市场的信任或怀疑,又似乎并不是仅以经验证据及其验证就可以完全解释的,还可能与学派背后的价值观念有持久深远的关联。

(二)反垄断学派价值观念的小脉络与大传统

众所周知,反垄断学派有其或自由、或保守的思想背景。就此,芝加哥学派的说法是,当今反垄断的阵营划分并不在自由派和保守派之间,也不在芝加哥学派和后芝加哥学派之间,而应当以是否肯认以经济学为基础的理性竞争政策为划分标准。① 这一论述无疑有效区分了反垄断学派与民粹主义,但若由此断言旷日持久的学派分歧已然消散或为时过早。进而,芝加哥学派还指出,其与哈佛学派都在不断进化并且呈现融合趋势,前二者的分歧是存在的,但是这种分歧越来越呈现技术性而非价值观念的特征。② 对此,学界其实也并未形成共识。有论者就指出:表面上,区分芝加哥学派和后芝加哥学派的并不是政治意识形态和对历史的解释,而是对其理论和方法效率内涵的不同评估;而本质上,二者对效率的承诺遮蔽了其对于竞争政策规范假定的深刻分歧。③ 的确,从反垄断学派的市场假定来看,分歧难以掩盖。但仍有论者坚持寻找中间地带,指出“在某种意义上,将反垄断的争论定义为芝加哥学派和新哈佛学派或后芝加哥学派之间的根本冲突是多少有些夸张了:这些学派共同拒斥的是民粹主义,其关键差异在于不同学派所倾向的经济分析模式,即

---

① See Timothy Muris & Jonathan Nuechterlein, *Chicago and Its Discontents*, 87 U. Chi. L. Rev. 495, 521 (2020).

② See Richard Posner, *The Chicago School of Antitrust Analysis*, 127 U. Pa. L. Rev. 925, 948 (1978).

③ See Michael Jacobs, *An Essay on the Normative Foundations of Antitrust Economics*, 74 N. C. L. Rev. 219, 224-225 (1995).

芝加哥学派的价格理论，哈佛学派的机构考量和后芝加哥学派的博弈论"[①]。该等主张有其建设性意义，但问题是：若反垄断学派的分歧确非根本性的，则其在价值观念上的共同基础又是什么？就此加以追溯，或可梳理出学派各自价值观念的小脉络，以及反垄断学派共享的大传统。

第一，哈佛学派的反垄断思想与其自由主义观念一脉相承。20 世纪以降，以自由放任的结束、国家开始整体干预经济为标志，自由主义在美国经历了从古典向现代的演变。[②]"自由主义"这个词在 20 世纪初美国的进步时代被普遍用于政治，而进步运动聚焦的反兼并、反垄断，本质是借助国家的公共权力来限制过于庞大的私人经济权力、打破垄断、维护自由企业的自由竞争条件。[③] 随后，大萧条的爆发将美国推进深渊，新政大刀阔斧地改革古典自由主义，政府不仅要担负起全面调节经济的责任，而且要对人们的生活福利作出一定的承诺：美国人心目中的自由概念从消极的不受政府干涉演变到积极的指望政府扶助。[④] 根源于罗斯福新政的当代美国的自由主义由此成型，并延续至今。其对个人主义的重视经久未变，但是对政府的认识业已变化：现代自由派希望保留个人权利和拥有私人财政的权利，但他们也更愿意接受政府对经济的干预，以医治资本主义和市场经济的弊病。[⑤] 美国自由主义传统、当代的自由主义价值观，对反垄断学派和反垄断法实施产生了深远影响。哈佛学派的结构主义范式、干预主义主张及其对政府—市场的假定，都反映了现代自由主义用看得见的手积极调节经济的基本立场。

第二，反垄断的芝加哥学派所蕴含的"芝加哥传统"，实际上是保守主义脉络中的重要部分。一方面，其坚持经济自由主义思想，反对国家干预，认为市场机制和自由交换是组织人类行为的最有效、最平等的模式，其建立的一系列假定都是市场取向的。[⑥] 虽也意识到了市场的局

---

① Christopher Yoo, *The Post-Chicago Antitrust Revolution: A Retrospective*, 168 U. Pa. L. Rev. 2147, 2168–2169 (2020).

② 参见钱满素：《美国自由主义的历史变迁》，生活 · 读书 · 新知三联书店 2006 年版，第 104 页。

③ 参见钱满素：《美国自由主义的历史变迁》，生活 · 读书 · 新知三联书店 2006 年版，第 64~66 页。

④ 参见钱满素：《美国自由主义的历史变迁》，生活 · 读书 · 新知三联书店 2006 年版，第 65 页。

⑤ 参见吕磊：《美国的新保守主义》，江苏人民出版社 2004 年版，第 12 页。

⑥ 参见车卉淳、周学勤：《芝加哥学派与新自由主义》，经济日报出版社 2007 年版，第 5~6 页。

限,但其认为市场机制最大的优点就在于权力的分散性,由此会自动带来资源的最优配置和社会的最大福利,因而不再需要政府干预,并可避免权力集中。① 另一方面,其强调实证分析,试图把经济学变成一门与自然科学相似的科学;政策上,主张更多地依靠市场,并提出大量以削弱政府干预、充分发挥市场作用为宗旨的政策建议。② 芝加哥学派的立场无不体现了保守主义传统价值,特别是新保守主义经济学的主张。与新保守主义运动在美国的勃兴相呼应,自 20 世纪 70 年代中期以来芝加哥学派的思想逐渐获得司法支持。成就芝加哥传统被接受的原因,一是美国联邦最高法院法官任命的改变;二是美国企业在国外失去了大量的份额,在国内市场也节节败退,这种感觉增大了效率主张的敏感度。③ 而芝加哥学派的市场总会纠正其自身的假定,以及基于该等假定生成和巩固的不干预立场,也因此影响至今。

第三,后芝加哥学派亦处于当代美国的自由主义的大传统之中,但其假定与理论更具实用主义特质。"实用主义尽管就其思想渊源而言,也与英国的经验论和进化论、德国古典哲学等相关,但它基本上是头一个在美国土地上土生土长的形成的哲学思潮。"④在美国,实用主义从其古老根源已经分叉成实用主义的哲学和日常实践两部分。⑤ 在波斯纳看来,美国的"日常实用主义"的特点是,其用常识来解决问题,揭示了事实和价值之间的鸿沟,如果政治行为受到限制,那么这种限制一定是来自心理、职业和制度的因素,而不是来自通向道德和政治共识的对话。⑥ 美国实用主义的性质,深刻影响了以对系统性后果的考虑、对合乎情理的审判标准的追求和对经验主义的取向为特点的美国法律实用主义的形成。⑦ 美国法律实用主义取向,融入后芝加哥学派的理论建构及其对芝加哥学派的批评之中,其方法与实践中都贯彻了对个案后果优先于系

① 参见车卉淳、周学勤:《芝加哥学派与新自由主义》,经济日报出版社 2007 年版,第 6 页。

② 参见车卉淳、周学勤:《芝加哥学派与新自由主义》,经济日报出版社 2007 年版,第 6~7 页。

③ See William Kovacic & Carl Shapiro, *Antitrust Policy: A Century of Economic and Legal Thinking*, 14 Journal of Economic Perspectives 43, 51-52 (2000).

④ 涂纪亮:《现代西方哲学评述:涂纪亮文选》,贵州人民出版社 2018 年版,第 398~399 页。

⑤ 参见[美]理查德·A. 波斯纳:《法律、实用主义与民主》,凌斌、李国庆译,中国政法大学出版社 2005 年版,第 34~35 页。

⑥ 参见[美]理查德·A. 波斯纳:《法律、实用主义与民主》,凌斌、李国庆译,中国政法大学出版社 2005 年版,第 63~70 页。

⑦ 参见[美]理查德·A. 波斯纳:《法律、实用主义与民主》,凌斌、李国庆译,中国政法大学出版社 2005 年版,第 74~75 页。

统性后果的考虑，在动态的市场分析中突出向前看的视角以追求合乎情理的结果，且强调经验主义、反对过于抽象的市场假定来引导司法过程。实用主义经后芝加哥学派的推动在反垄断分析中有力渗透，使学派论争虽然分歧犹在、调和维艰，但不至于完全失焦。

应当明确，共识的达成基于交谈，交谈的可能性在于价值观念不存在根本对立。毋庸置疑，反垄断学派之间的差异与分歧是实质性的，但与民粹主义相比仍属反垄断学派之间的内部争议。达成这一认识的关键，在于哈佛、芝加哥与后芝加哥学派虽然基于其价值观念的小脉络，在理论模式、决策前提和市场假定等认识上存在程度不一的分歧，但都归属于肯认市场在资源配置中起基础性、决定性作用的大传统。因此，尽管学派分歧显著，仍有可能通过解释与交谈达致确定性与妥当性之均衡。特别是，随着数字经济的加速拓展并嵌入全球市场，为应对这一挑战以回应市场动态的现实，学派之间的交谈也日益成为更加迫切的需要。

（三）交谈合理性框架下反垄断学派的交互作用

在“理论模式—决策前提—市场假定—价值观念”的分析框架下，学派分歧得以逐层厘清，学派分歧深层结构的内核渐次展露。关键在于，反垄断学派建制一路走来，价值观念差异的存在是否成了最后一根稻草，全然遮蔽有意义的交谈和形成共识的前景？回答这一问题，需要就交谈合理性框架下的反垄断学派的交互作用进行考察，并在当前经验世界重构的背景下展望学派交谈的可能前景。

若认定存在消弭或调和学派分歧的可能性，则有必要进一步厘定学派交谈的空间。这在法律解释上看，就是框定法律解释的确定性的过程。一般来说，追求法律解释中的确定性，关键在于如何思考疑难问题中法律的确定性。但在很多时候，在疑难问题中由于法律本身的空缺性、法律解释方法的不确定性以及解释者在价值观念上的分歧，追求本体论和科学意义上的确定性和妥当性往往是不可能的。① 反垄断法解释面临的难题是，如何在学派的方法与观念分歧中寻求确定性与妥当性的均衡？就此，波斯纳提出的作为交谈合理性的客观性概念，或许是解决

① 这必然使法律解释具有自由裁量的“造法”性质，具体可能表现为对法律缺漏的补充，也可能表现为在不同的解释观点之间做出判断和选择。参见张志铭：《法律解释原理（下）》，载《国家检察官学院学报》2008 年第 2 期。

问题的方向。其落脚点不在于最终解释结论的"唯一正确",而在于把法律解释视为一个相关解释主体之间、解释主体与其所在的制度场景之间的交谈过程,强调最终解释结论是某种合理而客观的过程或程序的结果,强调法律传统、法律职业共同体等因素对解释活动的制约作用,强调解释者对其解释和判断的理由作出说明和展示的责任。① 因此,基于交谈合理性产生的解释结论并不是主观任意和不确定的,尽管它可能并不具有本体论或科学意义上的客观性或确定性;其提出,从理论上缓解了在法律解释中由于解释者自由裁量因素的引入而对传统的法律确定性或客观性造成的冲击。② 这与经济学分析的认知也是相呼应的。有论者就指出,关键是要承认,模型的外部有效性取决于它们在什么条件下被应用,任何学派都不应声称其模型无处不适用,而应接受偶然性,以恢复其模型的经验相关性。③ 总之,无论是从法律解释还是从经济学分析的角度,确立交谈合理性模式在保全妥当性的同时为巩固确定性提供了可能,也有助于反垄断学派的吐故纳新。

对于不断走向成熟的反垄断法域而言,在法律解释中囫囵吞枣式地接受某一特定学派的方法与观念是不可接受的,但一厢情愿地认为学派分歧可以完全消弭也是自欺欺人的。基于上述交谈合理性理念,可以得出如下关于学派交流的基本框架。首先,反垄断学派之间并无绝对意义上的优劣之分,因此在客观上也无法得出在反垄断法解释中应当独尊一派的结论。其次,在解释上不承认单一学派的绝对客观性,并不意味着反垄断法解释就应当自我放逐,茫然陷入相对主义的不确定性泥潭。再次,在不确定性中寻找确定性,需要尊重各个学派的价值观念,也应开放出根据经验事实调校其市场假定、决策前提和理论模式的空间。最后,应当明确的是,上述三个层次的可交谈空间是依次递减的。这一判断虽不易接受,但应已成为或正在成为现实。在这一交谈合理性框架下,识别学派之间的可交谈的领域及其层次,方可进一步引导、拓展交谈的应用场景,弥补当前学派交谈的不足。

具体而言,反垄断学派理论模式优化组合的主要方式,要么是扩大

---

① 参见张志铭:《法律解释原理(下)》,载《国家检察官学院学报》2008 年第 2 期。

② 参见张志铭:《法律解释原理(下)》,载《国家检察官学院学报》2008 年第 2 期。

③ 参见[土]丹尼·罗德里克:《经济学规则》,刘波译,中信出版集团股份有限公司 2017 年版,第 112 页。

潜在可适用模型的集合,用较新的模型来描述曾被较旧的模型忽略的一些社会现实;要么是找到更好的模型选择方法,即提高模型和现实条件的拟合程度。① 就此,反垄断学派之间的交谈和影响是明显的。20 世纪 70 年代末期以来,哈佛学派吸收了芝加哥学派的许多观点,从严格意义上的结构主义进路逐渐演化,为反垄断法与经济学的分析提供了更加均衡和可操作的方案。② 区别于 20 世纪 30~60 年代的哈佛学派立场,现代哈佛学派对价格理论也展现出一种更为开放的态度。③ 芝加哥学派对现代哈佛学派和后芝加哥学派的主张也并非一味反对,而是相互影响的。而后芝加哥学派的反垄断政策并没有使其理论体系从一个极端走到另一个极端,④对芝加哥学派的批判也着眼于建构,认为其并不是为后者的思想提供替代方案,而是将之改良,为决策者提供更加精确的市场途径,以及发现规制无效率行为的更优工具。⑤ 因此,交谈合理性框架虽不能扭转学派价值观念,但为自由主义与保守主义脉络下的共识形成开辟了基于经验证据进行交流的空间,也增加了扩大潜在可适用模型的集合、提高模型和现实条件的拟合程度之可能。

由此,学派之间可能在理论模式的修正和制度设计的调校上达成共识;即使是在难以达成共识的领域,也可以继续通过经验证据检验竞争性理论的可靠性,而不必陷入自说自话的无效循环。应当认识到,经验主义的取向不同程度地存在于三大反垄断学派之中;经验证据在不同范围内成为检验反垄断理论可靠性的关键(如果不是唯一的)标尺。进一步地,还应当深入探讨在决策前提和市场假定上调和学派分歧的可能。客观地说,在很长一段时间内,这在反垄断学派内部都被认为是难以实现的。但也要意识到,当今经验世界的剧烈变化可能带来重塑反垄断学派决策前提和市场假定的契机。特别是考虑到反垄断学派面临的共同

---

① 参见[土]丹尼·罗德里克:《经济学规则》,刘波译,中信出版集团股份有限公司 2017 年版,第 183 页。

② See Andrew Gavil, William Kovacic & Jonathan Baker, *Antitrust Law in Perspective: Cases, Concepts and Problems in Competition Policy*, Thomson/West, 2nd ed., 2008, p. 66.

③ See Christopher Yoo *The Post-Chicago Antitrust Revolution: A Retrospective*, 168 U. Pa. L. Rev. 2147, 2159-2160 (2020).

④ See Herbert Hovenkamp, *Post-Chicago Antitrust: A Review and Critique*, 2001 Colum. Bus. L. Rev. 257, 267(2001).

⑤ See Oliver Williamson, *Delimiting Antitrust*, 76 Georgetown Law Journal 271, 280 (1987).

挑战——在数字经济时代重构的经验世界中延续其传统,若不积极调适则可能被时代抛弃。

五、小结:重构的经验世界图景下反垄断学派交谈的新起点

近年来,随着数字市场集中度的日增,排除、限制竞争现象凸显,导致民粹主义回归,又反向推动了反垄断规制的扩展汇聚共识。在观念层次,相对于芝加哥学派对市场干预所持的收缩态度,哈佛学派和后芝加哥学派基于结构主义立场或策略行为考量,为干预市场留出了更大空间。问题是,规制的扩展在何种程度上是妥当的?为此,应就反垄断学派的价值观念、市场假定、决策前提和理论模式及其之间的逻辑与经验关联进行反思。而反思的现实背景,除传统市场中的经验证据的吸收与转化之外,还要着重评估当前数字市场演进所带来的经验基础改变。这对反垄断法解释而言,既是挑战,也构成了切实的机遇。如今,反垄断的问题并非在于已有规范不敷使用,而是面向新的经验世界,诸学派的市场假定、决策前提和理论模式都需要做出相应调适。在该重构的经验世界图景下,学派若能以更开放的格局接纳经验认知的进展,则可能确立反垄断学派交谈的全新起点。

第一,垄断协议规制。在传统上,就横向垄断协议,芝加哥学派认定卡特尔难以达成或维持,而且卡特尔成功则会留下间接证据以资共谋的认定;而哈佛学派主张,寡头市场上的平行行为难以被认定为共谋,只得诉诸结构性分拆;但在后芝加哥学派看来,策略行为使卡特尔的成功更加容易。由此,规制卡特尔的基本学派共识是存在的,关键分歧在市场假定、认定方法和救济方案三个方面。就纵向垄断协议,芝加哥学派成功将非价格竞争的维度引入竞争影响评估,并予以强调;后芝加哥学派并不否认非价格竞争的意义,但鲜明地反对将其作为唯一的或者是足以遮蔽价格竞争的支配性的维度。目前,上述论争无法形成非此即彼的结论,一方面,“搭便车”问题是现实存在的,只不过其严重程度并未达成共识;另一方面,转售价格维持虽然解决了经销商的服务供给不足的问题,但无疑没有充分考虑消费者对于服务的差异化需求,以及产品的复杂程度所内含的对于服务要求的不同强度。因此,不能认为这一论争改变了纵向垄断协议的分析模式。重点在于,对其促进竞争效果的分析应结合特定行业的特点和经验证据进行个案确认。

在数字市场中，芝加哥学派的市场假定变得更加脆弱，利用数据、算法实施共谋的现象屡见不鲜，而被发现的或为冰山一角。大数据堆叠和算法的加速演化，使寡头之间卡特尔的达成和实施的困难程度显著降低，增强了算法共谋的可能性。而且，若进入人工智能的高阶化阶段，这种算法共谋完全有可能不留下任何间接证据。不仅如此，当前，搜索引擎、即时通信、电子商务、社交网络、操作系统等数字市场都处于寡头垄断的状态，若完全交由市场自行调节，共谋行为的持续期间将被延长，消费者福利也将受到更长期的损害。在纵向限制方面，当前，在电子商务平台相对于实体店铺日益强势的情况下，解决“搭便车”问题更成为纵向限制中无法回避的问题。但就其证成而言，应限定于那些需要提供服务和促销的复杂产品、新产品。若是在简单产品和成熟产品上施加该等限制，则有以提供服务为名固定价格的潜在影响。因为，该等服务可能是消费者不需要的，从而降低消费者的整体福利；且数字市场透明度的增加，可能导致该等品牌内竞争限制更加容易外溢致产生品牌间竞争限制。鉴于此，在重构的经验世界图景下，市场假定必须做出相应更新：市场并不总是自我纠正的，垄断不仅仅是偶然的、不稳定的，也不一定是竞争性过程的暂时结果；在市场未能自我纠正时，反垄断规制的适度介入是一种必需的选择。在疑难案件中，当促进干预和不干预模型的竞争陷入僵局时，只有基于更新的市场假定才能打破不干预的默认规则。

第二，经营者集中规制。在传统上，就横向合并，芝加哥学派将合并审查的空间压缩至可能产生的高集中度情形；而后芝加哥学派则开启了单边效应分析的路径，并重新打开协调效应分析的空间。当前，以实质削弱竞争标准为中心的分析框架已经被普遍接受。其中，单边效应分析路径下的经济学运用更为纯熟，正逐渐累积更广泛的共识。而在协调效应分析中，集中度推定方案虽重新摆上桌面，但经济理论仍无法提供关于解决企业协调问题的普遍接受的分析框架，在适用中仍面临很大局限。就纵向合并，在挣脱芝加哥学派的不干预立场之后，后芝加哥学派通过对哈佛学派传统干预主义立场的改良，试图打开纵向合并审查的新局面，以应对在该领域反垄断法长期消极实施所造成的市场失灵不能自我修复的境况。其中，现实与潜在的策略性行为成为规制的焦点。当然，由于所产生效果的多重性，纵向合并仍存在诸多重要挑战，尤其是执法者不得不在静态的价格效果和潜在竞争之间进行权衡。与此同时，混合合并也逐渐走出了主流学派基本不予闻问的境地,但其分析进路仍有待确立。

在数字市场中,平台企业对初创企业的扼杀式收购引发全面的竞争关切。若仍固守对横向并购的低度干预立场,以及对纵向和混合并购基本不干预的立场,将可能对市场之中的竞争与创新带来结构性的破坏影响。该等初创企业并购通常难以符合申报的营业额门槛,竞争影响也存在很大的不确定性。这就意味着,必须基于相对不那么精确的经验证据作出干预的判断,产生一定的误判风险。① 若依芝加哥学派的观点,宁愿漏判也不愿误判,其认定市场进入能够限制市场力量的持续存在,因此漏判成本较低。但问题在于:一是大量博弈论产业组织分析已经指明,一旦获得市场力量,在利润很高的情况下企业也可以阻止市场进入;二是初创企业的研发项目可能被转至帮助强化领先的在位企业,而非通过竞争使福利最大化。② 因而,传统的漏判优于误判的主张在此是不适用的:竞争性的市场进入直接受到该等收购行为的威胁;如果潜在的进入者不断被强有力的在位企业吸收,就不能够指望其能够约束反竞争行为。③ 鉴于此,在重构的经验世界图景下,一方面,在经营者集中申报门槛中应当在营业额之外引入交易额等指标以覆盖初创企业收购的情形。另一方面,在经营者集中审查中应当引入活跃用户数和用户使用时长等指标考察企业市场力量,并注重均衡运用单边效应、协调效应和封锁效应等标准。特别是在协调效应分析中,应当在实质性增进了集中度的并购中适当引入结构性推定,以解决该标准在适用中被虚化而无法回应并购加剧协调的现实;在单边效应分析中,应当充分运用分流比(Diversion Ratio)和综合涨价压力指数(Gross Upward Pricing Pressure Index,GUPPI)等更直接的指标来判断竞争影响;在封锁效应分析中,则应当推进提高竞争对手成本标准的适用,以应对不以直接排斥为目的而通过提高竞争对手成本进而获得定价权的行为。

第三,滥用市场支配地位规制。聚焦典型的排斥性滥用进行分

---

① See Kevin Bryan & Erik Hovenkamp, *Startup Acquisitions, Error Costs, and Antitrust Policy*, 87 U. Chi. L. Rev. 331, 350 (2020).

② See Kevin Bryan & Erik Hovenkamp, *Startup Acquisitions, Error Costs, and Antitrust Policy*, 87 U. Chi. L. Rev. 331, 355 (2020).

③ See Kevin Bryan & Erik Hovenkamp, *Startup Acquisitions, Error Costs, and Antitrust Policy*, 87 U. Chi. L. Rev. 331, 334 (2020).

析，在传统上，就掠夺性定价而言，对于作为哈佛学派批评者的芝加哥学派，只需要证明掠夺性的成功率不高，就对前者产生了巨大的冲击。同样，对于作为芝加哥学派批评者的后芝加哥学派而言，在推翻前者的假定上也是成功的。无论如何，当前，由哈佛学派所提出并长期占据主流的"低于成本+收回损失"的分析框架在动态的商业实践面前已显僵化。后芝加哥学派提出了关于掠夺性定价的很多理论，仍具有挑战性的是，如何将这些复杂的理论整合成一个可预测、可实施的分析框架。就排他性交易而言，哈佛学派对封锁比例的分析固然失之粗糙。但是，芝加哥学派对排他性交易这种行为类型做出概括性的认可或不认可的态度，却更是耐人寻味的。在注重合理规则分析模式的时代，这种判断难道具有一般性的意义？非全面的、局部的排他，莫非就不能够对市场竞争造成实质性的影响？相较而言，后芝加哥学派在很大程度上弥补了纵向封锁分析的缺陷，直接对标竞争对手成本提高这一可量化的标准，大大提升了排他性交易竞争影响分析的可操作性。

在数字市场中，平台企业涉嫌滥用市场支配地位行为频发，亟待反垄断学派形成框架性的规制共识。就此，怀特主张，可以基于芝加哥和后芝加哥学派的结合确立以证据为基础的反垄断政策：原则上，在掠夺性定价上采取后芝加哥学派进路，在排他性交易上采取芝加哥学派进路。① 对此，后芝加哥学派并未积极响应。基于三大主流学派对于理论模式之经验验证的不同程度的强调，确立以证据为基础的反垄断政策的方向无疑是正确的。但是，芝加哥学派的诸多假定在支配地位滥用行为的新的经验证据面前，似乎在逐渐分崩、瓦解。最根本性的变化是，由于网络效应和锁定效应在数字市场中大面积存在，"在市场中竞争"系统性地被"为市场而竞争"的情形所替代，在传统市场中往往较难实施或维持的滥用行为不再面临强大的竞争约束；同时，由于数字市场中平台化商业模式的盛行，平台企业在市场双边或多边运用策略行为排除、限制竞争的可能性实质性提高，所影响的相关/相邻市场范围也大大扩展。具体来看，在重构的经验世界图景下，就掠夺性定价而言，由于市场透明度的提高，多重声誉掠夺和信号博弈的可能性被放大，显著增加了行为影响的复杂性。因此，实践中长期依赖的"低于成本+收回损失"要件应予

---

① See Joshua Wright, *Overshot the Mark? A Simple Explanation of the Chicago School's Influence on Antitrust*, 5 Competition Policy Int. 1, 26 (2009).

放松,转而更聚焦于竞争对手成本的提高和消费者选择的减少。就排他性交易而言,由于网络效应和锁定效应的强化,平台企业实施排他性交易的成功可能性得到了实质性的提高,其认定标准应当进一步优化。特别是,其长期倚重的封锁比例要件应当适当降低权重,转而更聚焦于竞争对手成本的提高和由此产生的支配地位企业进一步控制相关市场价格的能力和动机的提升。无论如何,主流学派只有在市场假定、决策前提和理论模式上作出全面的认知更新,才有可能改变支配地位企业实施单边行为殊少受到有效规制的现状。

在本质上,反垄断法发展的过程是恒久的、相互对立的观点之间碰撞,最终的选择往往取决于信仰的飞跃:我们关于关键经济决定的方向究竟是偏向于政府抑或市场?我们更担忧的是大的政府,还是大的企业?① 尤其在疑难案件的标准适用中,反垄断法解释不得不出离理论本身,进入价值观念范畴。就反垄断学派的价值观念本身而言,并无绝对意义上的正误之分。问题的症结是,当学派把其特殊模型当成一般模型时,错误就会发生,经济学叙事就会赋予自身以生命,与它所赖以产生的条件相脱离,演变成一种全能性解释,遮蔽其他的也许更适用的叙事。② 而反垄断学派之所以把特殊模型当成一般模型而不自知,或不愿为人所知,多在于决策前提和市场假定的坚守。从诠释学上看,该等前提和假定构成反垄断法的"前理解",具有特定结构与层次,既呈现为制度,又聚焦到方法,最终根源于价值观念,是造成反垄断学派分歧的根本原因,也型塑着反垄断法解释的深层内核。当前,在全球范围内,不同法域对反垄断学派的吸纳程度不一。但总的来说,随着反垄断实施的深化,学派影响渗透立法、行政与司法之中的趋势不可避免。吸取主要法域的经验与教训,中国反垄断法的解释要超越学派樊篱,洞悉反垄断学派价值观念的小脉络和大传统,坚持实用主义的进路,结合当前传统市场向数字市场演化所展现的重构的经验世界,分层调校学派的市场假定、决策前提和理论模型,方可确立足以有效回应不居之现实的成熟反垄断法解释体系。

---

① See Andrew Gavil, William Kovacic & Jonathan Baker, *Antitrust Law in Perspective: Cases, Concepts and Problems in Competition Policy*, Thomson/West, 2nd ed., 2008, p. 63.

② 参见[土]丹尼·罗德里克:《经济学规则》,刘波译,中信出版集团股份有限公司2017年版,第172页。

第五章　反垄断法解释传统的中国建构

反垄断法解释的学派化，既凸显了反垄断法解释分歧的建制化，又蕴蓄着反垄断法解释传统的潜流。在这一绵延一个多世纪的解释传统中，反垄断学派之间的分歧始终是反垄断法解释共同体的内部分歧。然而反垄断学派分歧之所以难解，系因从绝对意义上来看，“前理解”本身是无法祛除的。如霍姆斯所指，“众所周知的或者尚未被人们意识到的、占主导地位的道德或政治理论，对公共政策的直觉甚至法官和他的同行所持有的偏见，在法官决定人们都应一体遵守的法律的时候，所起的作用要远远大于三段论所起的作用”①。正因如此，反垄断法解释无法、也无须追求“前理解”的祛除，而是应当聚焦于“前理解”的融会。进一步地，处于观念结构深层的“前理解”，常决定着一项制度发展的路径与进程，同时随着制度演进而调适自身。反垄断法解释的着力点是，在观念与制度的互动架构下释放“前理解”的驱动功能，而非强化其内卷倾向。

当然，这在任何法域都是难题。其最终解决，依赖于反垄断法解释传统的良好建构。美国法与欧盟法历经了长期探索方得以型塑其反垄断法解释传统。作为新兴反垄断法域的中国，在诉诸反垄断法解释观念内核比较的同时，须立足于本土资源的厘清。因为在法律实用主义的视野下，“一个合理的法律体的首要条件是应当契合共同体的实际情感与需求，而无论其正确与否”②。由此应当追问的是：作为共同体的中国社会对反垄断法的实际情感与需求是什么？如何通过反垄断法解释提高契合度？据此，应从观念—制度分析范式出发，考察中国特色社会主义市场经济下反垄断法观念对制度的型塑及其随制度演进的调适。进而，选取有利于观念与制度有效交互的制度载体，推动反垄断传统的中

---

① [美]小奥利弗·温德尔·霍姆斯：《普通法》，冉昊等译，中国政法大学出版社 2006 年版，第 1 页。

② [美]罗伯特·S. 萨默斯：《美国实用工具主义法学》，柯华庆译，中国法制出版社 2010 年版，第 27 页。

国建构。

一、观念—制度范式下的反垄断法

观念可以用关键词或含关键词的句子来表达,人们通过它们来表达某种意义,进行思考、会话和写作文本,并与他人沟通,使其社会化,形成公认的普遍意义,并建立复杂的言说和思想体系;其比思想更确定,具有更明确的价值方向,且与社会行动的关系往往比思想直接。① 作为历史性的存在,观念属于难以被恰当定义的概念。尽管如此,仍可以从浩繁的卷帙中勾画出这些语词意义的大体轮廓,并据此考察其于反垄断的意义。

(一)观念与社会科学

早在15世纪,"观念"就被用来表达事物和价值的理想类型,也指人对事物形态外观之认识;17世纪后则涉及构思过程和意识形态。② 如弗耶利指出,观念是"我们感觉和冲动所呈现出的知觉形式;每个观念不仅涵盖一种智力行为,而且涵盖知觉和意志的某种特定方向"③。不仅如此,观念与意识形态的交集也逐渐被发掘出来。特拉西认为,"意识形态"是理论的理论,是各门科学的王后,因为它先于所有其他需要使用"观念"的学科。④ 曼海姆将意识形态观念区分为特定的概念和总体的概念,前者指向个人,后者则根据一种集体文化以及一个历史时代的整个"世界观"假定来研究意识形态,其所指的是一种思想的总体结构。海伍德认为,人类生活中的社会行动十分庞杂,而要将各种社会行动互相协调,组织成整体改造社会的行动,其前提是需要把各种不同的社会行动的观念整合起来,互相协调,形成具有整体结构的观念系统,即意识形态。⑤ 当然,"意识形态"一词易于泛化,回到构词法上来看,实际上"意识形态"一词的本义就是观念学,即和观念系统形成或有关观念推演逻

① 参见金观涛、刘青峰:《观念史研究:中国现代重要政治术语的形成》,法律出版社2009年版,第3~4页。

② 参见[英]雷蒙·威廉斯:《关键词:文化与社会的词汇》,刘建基译,生活·读书·新知三联书店2005年版,第214~215页。

③ [英]约翰·伯瑞:《进步的观念》,范祥涛译,上海三联书店2005年版,第1页。

④ 参见[英]雷蒙·威廉斯:《关键词:文化与社会的词汇》,刘建基译,生活·读书·新知三联书店2005年版,第218页。

⑤ 参见[英]海伍德:《政治的意识形态》,陈思贤译,台北,五南图书出版股份有限公司2009年版,第16~20页。

辑的学问。①

哲学家和历史学家为观念在社会和政治生活中的作用绞尽脑汁。帕森斯将观念对社会生活方式的影响概念化，关注凝聚力或秩序，认为如果要避免霍布斯的自然国家，那么在契约的背后就必须有共识存在。②在韦伯看来，不是观念，而是物质和观念上的利益直接支配着人的行为；然而，常常是观念所创造出的“世界镜像”决定着行动在利益驱动下运行的轨道。③ 由观念所形成的世界镜像像扳道工一样决定着受利益驱动的行动轨道。④ 戈尔茨坦和基欧汉指出，观念帮助整治世界，能够形成议程深远地塑造结果；且观念还给人们蒙上了一层眼罩，减少了可以想象得到的代替方案的数量，因而只起到无形的扳道工的作用——把行动只引导到某些特定的而不是其他一些轨道上，而且还模糊了行为者对其他那些轨道的视线。⑤ 霍尔则认为，扳道工的比喻固然形象，然而，一旦一种意识形态被编码（制度化），其可供选择的方案就非常有限，以至于有必要说存在着长久性的迟滞。⑥ 可以认为，既定观念驱动对应制度轨道的选择，而既定轨道则可能伴随固化观念的取向，直至更为符合时代精神的观念——扮演扳道工的角色——出现，才能改变制度运行的轨道。

（二）观念—制度范式与反垄断法

社会科学的一个特征是，使一个特定学科感到苦恼的问题或支配一

① 参见金观涛、刘青峰：《观念史研究：中国现代重要政治术语的形成》，法律出版社2009年版，第4页。

② 参见［加］约翰·霍尔：《观念与社会科学》，载［美］朱迪斯·戈尔茨坦、罗伯特·O.基欧汉编：《观念与外交政策：信念、制度与政治变迁》，刘东国、于军译，北京大学出版社2005年版，第32页。

③ 参见［加］约翰·霍尔：《观念与社会科学》，载［美］朱迪斯·戈尔茨坦、罗伯特·O.基欧汉编：《观念与外交政策：信念、制度与政治变迁》，刘东国、于军译，北京大学出版社2005年版，第43~49页。

④ See Max Weber, *The Social Psychology of the World's Religions*, in Gerth H & Mills CW eds., From Max Weber: Essays in Sociology, Oxford University Press, 1948, p.280. 转引自［美］朱迪斯·戈尔茨坦、罗伯特·O.基欧汉编：《观念与外交政策：信念、制度与政治变迁》，刘东国、于军译，北京大学出版社2005年版，第12~13页。

⑤ 参见［美］朱迪斯·戈尔茨坦、罗伯特·O.基欧汉编：《观念与外交政策：信念、制度与政治变迁》，刘东国、于军译，北京大学出版社2005年版，第12~14页。

⑥ 参见［加］约翰·霍尔：《观念与社会科学》，载［美］朱迪斯·戈尔茨坦、罗伯特·O.基欧汉编：《观念与外交政策：信念、制度与政治变迁》，刘东国、于军译，北京大学出版社2005年版，第52~53页。

个特定学科的探讨方法会影响另一个学科。① 由此,超越简单的工具主义思维,观念应成为理解反垄断法深层结构的重要命题。反垄断法规范的模糊性导致法律适用中标准的大量适用,标准适用中执法者与法官常常必须在多组路径之间做出选择,然而他们很多时候并不肯定地知道行为的结果,此时观念必然出场。或作为扳道工,或作为路线图,观念通过影响议程、战略互动潜移默化地型塑反垄断法的解释与适用,当观念的影响嵌入法律法规、部门规章、指南或者判例,这种制度化/编码化的观念将对反垄断法的适用产生更为深远的影响。进一步地,分析该等影响的产生机制,应引入观念—制度分析范式。

观念—制度分析的范式主要有社会学和经济学两大主流。在社会学中,主要包括托克维尔和韦伯的“文化范式”以及组织社会学的“共享观念”范式;②在经济学中,主要包括凡勃伦的制度演进理论、格雷夫等人的历史比较制度分析理论,以及哈耶克的制度演进理论和诺斯(又译作诺思)的制度变迁理论。③ 比较而言,社会学家和政治学家致力于说明观念是影响制度的建立与演变的基本因素,而经济学家则试图解释这一因素如何发挥作用。特别是,在经济学分析的范式中,哈耶克提出的制度演进理论认为,思想观念决定了制度系统的形成机制和演进方向:在决定制度演进的方向上,首先是观念对人类行为的引导,一个社会因接受某种观念而相应形成某种制度系统,在此基础上是群体竞争对规则的选择和淘汰。④ 诺斯则由理性选择模型推导出制度的报酬递增特征决定了制度变迁具有路径依赖性,但路径依赖只是缩小了制度变迁在每个阶段的选择范围,并不能唯一决定制度变迁的具体路线;同时,将价值观引入行动者的主观模型,行动者的主观模型由价值观和信息这两个因素决定,进而影响制度变迁的具体路线。⑤ 由此,修正后的理性选择模

---

① 参见[加]约翰·霍尔:《观念与社会科学》,载[美]朱迪斯·戈尔茨坦、罗伯特·O. 基欧汉编:《观念与外交政策:信念、制度与政治变迁》,刘东国、于军译,北京大学出版社 2005 年版,第 31 页。

② 参见曹正汉:《观念如何塑造制度》,上海人民出版社 2005 年版,第 30~32、56~64 页。

③ 凡勃伦的制度演进理论认为,在经济与社会变迁的背后,制度是人们思想习惯(价值观和思维方式)的演变,既是思想习惯发展之结果,又随思想习惯的改变而变化。历史比较制度分析理论认为,“理性的文化信念”对社会的制度框架之形成与演进具有决定性作用。参见曹正汉:《观念如何塑造制度》,上海人民出版社 2005 年版,第 36~40、51~52 页。

④ 参见曹正汉:《观念如何塑造制度》,上海人民出版社 2005 年版,第 41~47 页。

⑤ 参见曹正汉:《观念如何塑造制度》,上海人民出版社 2005 年版,第 47~51 页。

型,对于分析反垄断法的观念与制度变迁之间的影响有较强的启示意义。

在美国《谢尔曼法》发展的早期,含混的词汇和轻微的惩罚使其在现代公司面前无所作为——但如果规定得过于具体,其目的将会落空,而一般化语言用词使它在将来始终有用。① 长期以来,《欧盟运行条约》中对于竞争法规定也一直遵循极简模式。中国《反垄断法》的规定,特别是反垄断实体法律制度规定也相对原则,留下了较为充裕的解释空间。进一步地,在制度确立之后,制度变迁具有"路径依赖"(path dependence)的特性,一旦走向一个方向,要调整到另一个方向便发觉成本太大,有时甚至被完全锁定(lock-in),无法转向。② 展望中国反垄断法的发展,路径依赖可以作为重要的切入点。依诺斯之见,由于路径依赖,低绩效会长期驻存,而且行为人由历史过程得来的感知也将型塑其选择。③ 其中,报酬递增是制度变迁的基本要素,但行为人的观念在制度中发挥重要的作用,因为意识形态信念影响着决定选择的主观构念模型。④ 归结来看,制度矩阵的报酬递增特征以及参与者的辅助性主观模型提醒我们,虽然特定的短期路径是不可预测的,但长期的、总的方向则不仅是可预见的,还是难以逆转的。⑤ 在观念—制度范式下分析反垄断法的路径依赖,应当以立法的原初意图为起点,进而分析当前反垄断法修订的观念驱动,方可更好地理解和推进中国反垄断法实施。

(三)中国《反垄断法》的立法观

观念不能以某种飘忽不定的方式被当作决定因素,而应是观念与背景环境之间的一种"选择亲和"(selective affinity)在发挥作用;观念与背景环境以深邃和微妙的方式相互关联和相互渗透,即使观念在给现实借助力量时表现迟滞,或者根本就未能这样去做,但其实际上还是最大限

① 参见[美]查理斯·R.吉斯特:《美国垄断史——帝国的缔造者和他们的敌人》,傅浩等译,经济科学出版社2004年版,第28页。

② 参见王绍光:《安邦之道:国家转型的目标与途径》,生活·读书·新知三联书店2007年版,第33页。

③ 参见[美]道格拉斯·C.诺思:《制度、制度变迁与经济绩效》,杭行译,格致出版社、上海三联书店、上海人民出版社2008年版,第131页。

④ 参见[美]道格拉斯·C.诺思:《制度、制度变迁与经济绩效》,杭行译,格致出版社、上海三联书店、上海人民出版社2008年版,第142页。

⑤ 参见[美]道格拉斯·C.诺思:《制度、制度变迁与经济绩效》,杭行译,格致出版社、上海三联书店、上海人民出版社2008年版,第143页。

度地建造了社会关系模式。[①] 据此，可以渐次分析中国《反垄断法》背后的观念变迁及其对法律解释的可能影响。

1. 反垄断法制定的原初意图分析

在《关于〈中华人民共和国反垄断法（草案）〉的说明》[②]中，曹康泰指出，为进一步深化改革开放，营造公平有序的市场竞争环境，促进国际贸易和经济技术合作，保持我国经济活力，加强国家宏观调控，有必要制定一部比较系统、全面的反垄断法。具体而言，第一，经营者滥用市场支配地位、达成垄断协议，直接危害市场竞争，损害消费者和其他经营者的合法权益，妨碍全国统一、竞争有序的市场体系的建立；有权机关滥用行政权力，排除、限制竞争的现象还不同程度地存在。第二，随着经济全球化的加剧和我国对全球经济影响力的提高，国内国际经济结构调整不断加快，企业间的合并、重组日趋活跃；在有的地区、行业中，垄断的苗头也已开始显现，迫切需要引导和规范以避免产生严重限制甚至排除竞争的后果。第三，我国作为市场经济国家，需要通过建立并实施较为完善的反垄断法律制度给市场经营者以公开、透明并可预期的行为准则，规范市场经济秩序。

据此，《反垄断法》的出台主要是为了应对计划经济遗留的、市场经济中出现的和经济全球化带来的一系列问题，为之“建章立制”。进而，黄勇认为，反垄断法出台的主导性推动力主要有：[③]第一，确立和完善市场经济。1993年《中华人民共和国宪法》确立“国家实行社会主义市场经济”，其内在逻辑要求中国废除旧的适应计划经济的法律框架，建立一个鼓励竞争的新框架，因为竞争是市场自我矫正的唯一机制。第二，抑制过溢的政府权力。中国经济体制中行政垄断历史久远，且具有广泛性和棘手性。在《反垄断法》的框架内采取一些技术性的限制来抑制一定的政府权力，不是一个最优的选择，但却是现实可行的实用主义做法。第三，保护国家安全。即应对全球化带来的中国企业丧失优势的

① 参见[加]约翰·霍尔：《观念与社会科学》，载[美]朱迪斯·戈尔茨坦、罗伯特·O. 基欧汉编：《观念与外交政策：信念、制度与政治变迁》，刘东国、于军译，北京大学出版社2005年版，第45~47页。

② 参见曹康泰：《关于〈中华人民共和国反垄断法（草案）〉的说明》，载曹康泰主编：《中华人民共和国反垄断法解读——理念、制度、机制、措施》，中国法制出版社2007年版，第246~247页。

③ See Huang Yong, *Pursuing the Second Best: The History, Momentum, and Remaining Issues of China's Anti-Monopoly Law*, 75 Anti-monopoly Law Journal No. 1 (2008), p. 118-124.

风险。第四,缩小社会收入差距。中国经济在飞速增长,收入差距已成为一个严重的现实问题。“不患寡而患不均”的传统思想在中国根深蒂固,多数人要求公平的经济增长产生的利益份额。

中国“不患寡而患不均”的古典理想,在现代观念语境下通常转换为“效率与公平”的关系问题,构成反垄断法出台的主导性观念背景。20世纪80年代中期,一些经济学家认为公平与效率不可兼得,提出“效率优先”的理论认为,各国在经济发展过程中,收入分配差别的长期变动轨迹是先恶化、后改进,企图人为抑制贫富分化的趋势必定是徒劳而有害的。[①] 自党的十六届四中全会以来,中央不再提“效率优先,兼顾公平”这一流行了10多年的理论与政策思路,开始强调注重公平与正义,注重社会公平与分配公平。鉴于此,既要重视和处理好体现社会主义本质的整体框架的公平,即消灭剥削,消除两极分化,逐步实现共同富裕,也要重视和处理好在多种所有制并存的现实经济中具体分配关系中的公平。[②] 公平价值的凸显,反映了经济改革发展的现实诉求,影响了《反垄断法》的出台。

2. 反垄断法修订的观念驱动分析

从2018年开始,十三届全国人大常委会将《反垄断法》修订列入立法计划,积极推进法律修订工作。国家市场监督管理总局指出,《反垄断法》的修订,“一是坚持和完善中国特色社会主义法治体系的需要。二是坚持和完善社会主义基本经济制度的需要。三是推动经济高质量发展的需要。四是建设更高水平开放型经济新体制的需要”[③]。可以认为,2022年的《反垄断法》修订尤其受到三方面的观念驱动。

第一,“市场在资源配置中起决定性作用”观念下的反垄断法定位。2013年,《中共中央关于全面深化改革若干重大问题的决定》提出,要“使市场在资源配置中起决定性作用和更好发挥政府作用”[④]。就市场

① 参见王绍光:《安邦之道:国家转型的目标与途径》,生活·读书·新知三联书店2007年版,第33~35页。

② 参见卫兴华:《我对公平与效率关系的理论见解》,载洪银兴主编:《〈资本论〉与马克思主义经济学中国化》,经济科学出版社2009年版,第251~259页。

③ 国家市场监督管理总局反垄断局编:《中国反垄断执法年度报告(2019)》,法律出版社2020年版,第79页。

④ 《中共中央关于全面深化改革若干重大问题的决定》,载中国政府网,https://www.gov.cn/zhengce/2013-11/15/content_5407874.htm。

在资源配置中的作用认识，从“基础性作用”①到“决定性作用”的升华，促使“修改完善反垄断法，是我国社会主义市场经济发展的内在要求”②这一观念更为彰显。在“市场在资源配置中起决定性作用”观念的主导下，新修订的《反垄断法》在总则中加入第4条，规定“国家坚持市场化、法治化原则，强化竞争政策基础地位”。这一修订的意义重大：《反垄断法》颁布实施10余年来，针对社会主义市场经济的竞争优位观念得到了进一步的强化，其突出表现就是竞争政策的提法在反垄断法中第一次得以法定化，且明确并充分强调了其基础地位。

第二，“以内循环为主的双循环”观念下的公平竞争审查制度建设完善。《中共中央关于制定国民经济和社会发展第十四个五年规划和二〇三五年远景目标的建议》明确提出，“加快构建以国内大循环为主体、国内国际双循环相互促进的新发展格局”③。当前，充分发挥中国市场优势和内需潜力，有赖于坚决清除妨碍全国统一、开放、竞争、有序的大市场建设的各种“路障”，优化营商环境，通过打破区域壁垒，降低商品流通成本、人才流动成本。无论是进一步畅通国内大循环，还是打开国内国际双循环相互促进的新发展格局，都要求公平竞争审查具备法制化的支撑，以更加刚性的制度约束来自上而下破除“条条”的封锁和“块块”的分割。由此，修改完善反垄断法，也“是助力构建新发展格局的客观需要”④。为此，新修订的《反垄断法》在总则中加入第5条，将公平竞争审查制度予以法定化，为后续配套制度制定与实施提供了基础性的法律依据。⑤

第三，从“防止资本无序扩张”到“规范和引导资本发展”观念下的制度优化。2020年中央经济工作会议提出，要“强化反垄断和防止资本

① 《中共中央关于建立社会主义市场经济体制若干问题的决定》，载北大法宝网，https://www.pkulaw.com/chl/4cbd93d7254ee66fbdfb.html，最后访问日期：2023年6月27日。

② 张工：《关于〈中华人民共和国反垄断法（修正草案）〉的说明》，载中国人大网，http://www.npc.gov.cn/npc/c2/c30834/202206/t20220624_318299.html。

③ 《中共中央关于制定国民经济和社会发展第十四个五年规划和二〇三五年远景目标的建议》，载中国政府网，https://www.gov.cn/zhengce/2020-11/03/content_5556991.htm。

④ 张工：《关于〈中华人民共和国反垄断法（修正草案）〉的说明》，载中国人大网，http://www.npc.gov.cn/npc/c2/c30834/202206/t20220624_318299.html。

⑤ 在此不予详述。参见江山：《论公平竞争审查制度法制化的层次》，载《经贸法律评论》2022年第5期。

无序扩张"①。在这一观念的影响下，反垄断法修订加速："随着平台经济等新业态快速发展，一些大型平台经营者滥用数据、技术、资本等优势实施垄断行为、进行无序扩张，导致妨碍公平竞争、抑制创业创新、扰乱经济秩序、损害消费者权益等问题日益突出，迫切需要明确反垄断相关制度在平台经济领域的具体适用规则，以加强反垄断监管。"②显然，这与数字平台迅速发展但反垄断规制跟进相对滞后有直接关联。该等观念在 2022 年开始有所调整。2022 年 4 月中共中央政治局第三十八次集体学习中明确提出，"要规范和引导资本发展。要设立'红绿灯'，健全资本发展的法律制度，形成框架完整、逻辑清晰、制度完备的规则体系"③。可以认为，"防止资本无序扩张"的观念对本次《反垄断法》及相关配套制度修订的启动起到重要作用；而在最终转化成为文本的过程中，则更需要考虑前者向"规范和引导资本发展"的重要观念演进。具体而言，新《反垄断法》在总则中加入第 9 条，规定"经营者不得利用数据和算法、技术、资本优势以及平台规则等从事本法禁止的垄断行为"。同时，新《反垄断法》在第 22 条新增规定"具有市场支配地位的经营者不得利用数据和算法、技术以及平台规则等从事前款规定的滥用市场支配地位的行为"。此外，新《反垄断法》也新增规定以应对扼杀式样收购(第 26 条)。至此，面对数字经济的挑战，上述修订作出了初步回应。相较于美欧的立法走向，其基调是相对温和的。

二、价值观念与中国反垄断传统的形成路径

在反垄断法的解释活动中，以确定性与妥当性坐标为参照系，人们不断修正反垄断法的类型化、规则与标准的适用，并在反垄断法学派分歧及其调和的过程中追求反垄断法价值的实现。而随着对反垄断法解释深层结构的探究，分析逐渐接近反垄断法的观念内核。恰恰是价值观念，以及不同价值观念在思想市场上的竞争，从长期来看决定了反垄断法制定、解释与适用的走向，并最终型塑了反垄断传统的形成。中国反

---

① 《中央财办负责人解读强化反垄断和防止资本无序扩张》，载搜狐网 2020 年 12 月 19 日，https://www.sohu.com/na/439236242_162758。

② 张工：《关于〈中华人民共和国反垄断法(修正草案)〉的说明》，载中国人大网，http://www.npc.gov.cn/npc/c2/c30834/202206/t20220624_318299.html。

③ 《中共中央政治局第三十八次集体学习》，载光明网，https://m.gmw.cn/baijia/2022-05/07/35717171.html。

垄断法解释的自觉、自主与自立,应自此始。

(一)传统及其解释学意义

传统就其最明显、最基本的意义来看,仅是世代相传的东西(traditum),即任何从过去延传至今或相传至今的东西。① 传统(tradition)最早的词源是拉丁文"trader",有递交、递送,传递知识,传达学说、教义,让与或背叛的意涵;从15世纪末到17世纪中叶出现在英文里,偏重传递知识和传递学说、教义的意涵;在该词的演化过程中,作为一个意指代代相传的事物的词汇,在某一种思想脉络里被用来专指必要的"敬意"与"责任";现在被用来描述传承的一般过程,然而它有一个非常明显的(通常是主流)的意涵——包含了上述这种必要的"敬意"与"责任"。② 几乎任何实质性内容都能成为传统:人类所成就的所有精神范型,所有的信仰或思维范型,所有已形成的社会关系范型,所有的技术惯例,以及所有的物质制品或自然物质,在延传过程中都可以成为延传对象,成为传统。③

在张汝伦看来,从启蒙运动以来,在许多人眼里传统就只有否定的意义,古典释义学念念不忘地要人们摆脱传统给予他们的成见和束缚,甚至最好"抹杀"自我,以达到客观的理解。④ 启蒙运动在强调理性的绝对地位时,忘了理性必须在具体的历史条件下实现自己,因此也无法看到自己的成见。而归根到底,理性只有在传统中才能起作用,理性和传统不是对立的:传统把理解者和理解对象不可分割地联系在一起,理解者不可能走出传统之外。⑤ 类似地,伽达默尔也曾指出,"理解甚至根本不能被认为是一种主体性的行为,而要被认为是一种置身于传统过程中的行动(Einriicken),在这过程中过去和现在经常地得以中介"⑥。张汝伦进而认为,"传统不只是我们理解的前提;我们也产生传统。我们固然有许多无法控制的成见,但我们必然要调整、修正、剔除和

① 参见[美]爱德华·希尔斯:《论传统》,傅铿、吕乐译,上海人民出版社2009年版,第12页。

② 参见[英]雷蒙·威廉斯:《关键词:文化与社会的词汇》,刘建基译,生活·读书·新知三联书店2005年版,第491~493页。

③ 参见[美]爱德华·希尔斯:《论传统》,傅铿、吕乐译,上海人民出版社2009年版,第17页。

④ 参见张汝伦:《意义的探究——当代西方释义学》,辽宁人民出版社1986年版,第176页。

⑤ 参见张汝伦:《意义的探究——当代西方释义学》,辽宁人民出版社1986年版,第177~180页。

⑥ [德]汉斯-格奥尔格·加达默尔:《真理与方法:哲学诠释学的基本特征》(上卷),洪汉鼎译,上海译文出版社1999年版,第372页。

补充成见,在此基础上达到新的理解,这新的理解马上就构成传统的一部分,传统就是这样发展的"①。应当认识到,反垄断法解释是在传统之中的解释,而传统亦在反垄断法的解释中延续。在传统缔造中,反垄断事业得以拓新。美国以百年积淀形成了自由主义和保守主义的反垄断传统,经由实用主义整合,流风所被遍及全球。成就此种深远且历久不衰影响的,并非单一的价值观念或者简单的工具理性。中国反垄断法尚处起步期,在推动规范体系构建、解释理论完善的同时,应有意识地缔造属于中国的反垄断传统。而中国反垄断传统的缔造,离不开对"前理解"的厘清,明确其价值观念构成及可能影响。

(二)中国特色社会主义下的反垄断传统

20世纪以来的中国,不仅有社会主义、自由主义和保守主义的思潮与实践,改革开放以来,实用主义也重新成为主导性的力量之一。一方面,中国无系统的、成形的、伯克意义上的保守主义,②学界主要以新保守主义来指20世纪90年代政治上的新权威主义和经济上的东亚模式:强调在中国不应该完全像西方一样走向个人主义和自由主义,而应该具有一种集体精神性的权威主义,正是这种权威主义的集体向心力,成为东方模式、东方政治稳定和国家建设具有向心力的基本保证。另一方面,在当代中国,20世纪70年代末到80年代末为自由主义发展的第一阶段,激进主义是其基本特征。③ 此后的90年代,自由主义淡化激进色彩,凸显经济自由主义:因为市场经济要求资源配置由市场来完成,市场主体之间的自由竞争是其基本特征。④ 上述"主义"对于中国反垄断传统形成的影响程度不一,同时要认识到,中国特色社会主义下的实用主义对法律解释观念基础的贡献。

弗里曼曾深刻地指出,"受中国文化熏染的人,在不同寻常的程度上对问题的处理是采取经验的实用主义态度,而不是在疑难处境中成为被

① 张汝伦:《意义的探究——当代西方释义学》,辽宁人民出版社1986年版,第189~190页。
② 参见刘军宁:《保守主义》,天津人民出版社2007年版,第180页。
③ 参见余科杰:《当代中国自由主义思潮的历史演变及其基本特征》,载《毛泽东邓小平理论研究》2004年第11期。
④ 参见余科杰:《当代中国自由主义思潮的历史演变及其基本特征》,载《毛泽东邓小平理论研究》2004年第11期。

动的宿命论者”[①]。经验的实用主义态度作为中国文化的传统之一，对中国反垄断法下观念与制度的融通具有至关重要的作用。中国改革开放以来，实用主义在整合保守主义与自由主义上发挥了重要作用。而这一大传统在政治、经济领域的发扬，对法律实用主义有直接的、持续的影响。法律实用主义没有政治承诺，没有任何内在政治结合力，其依赖于经济学、博弈论、政治学和其他社会科学学科的进步，而不是依赖未经审视的政治偏好和政治反感，其具有“一种把政策判断基于事实和后果，而不是基于概念和一般原则的倾向”。[②] 在反垄断领域，实用主义在一定程度上调和了深具自由主义和保守主义传统的哈佛学派和芝加哥学派，推动了后芝加哥时代的到来。在这一过程中，观念与制度得以相互融通，反垄断传统逐渐形成。具体到中国，结合中国特色社会主义新时代特性，反垄断传统将如何建构？

第一，社会主义经济改革中的实用主义。在自由主义与保守主义之间，现代西方已经开始寻求中间道路，而政府与市场的作用之争一直是分歧的核心。“第三条道路”从实用主义立场出发，提出要在实践上避免国家与市场的两元对立，从社会民主主义和自由主义两方面吸取营养，既反对国家对经济社会的过度干预，又充分重视国家的作用，强调政府调控与市场机制的平衡，开创了一条极具实用主义色彩的比较实际的政府管理途径。[③] 而在中国，社会主义发端之际的“问题与主义之争”凸显了实用主义与社会主义之间的对话，由于苏联对实用主义态度的转向，实用主义在中国以经验论、唯心论和功利主义等否定形式被遮蔽或

---

① *The Family in China*, *Past and Present*, in the Study of Chinese Society: Essays by Maurice Freedman, Stanford University Press, 1979, p. 292. 转引自金耀基：《中国文明的现代转型》，广东人民出版社 2016 年版，第 161 页。

② 法律实用主义并不仅仅关系眼前的后果，不是一种后果主义，不反对社会科学，不是哈特式的实证主义，不是法律现实主义，不是批评法学，不是没有原则，而且不排斥法治。它坚决反对形式主义，不承认法律推理与普通的实践的推理有重要不同。在一个法律领域发展的初级阶段，它喜欢狭窄而非宽泛的判决基础，它支持修辞但反对道德理论，它是经验主义的，它是历史主义的却不承认对过去的“责任”，它不相信没有例外的法律规则，并且它怀疑法官在困难的案件中是否真的能够比达到合乎情理的结果做得更好。参见［美］理查德·A. 波斯纳：《法律、实用主义与民主》，凌斌、李国庆译，中国政法大学出版社 2005 年版，第 102~103 页。

③ 参见张桂英、宋海春：《试论西方“第三条道路”的实用主义政治倾向》，载《东北师大学报（哲学社会科学版）》2000 年第 5 期。

批判。① 在计划经济末期,真理标准的讨论同样可以追溯其实用主义渊源。如实用主义代表人物赖特所指,观念和理论需要接受经验的检验。换句话说,观念和理论可以从感性经验得到检验的后果中推演出来。②直至改革开放,实用主义逐渐在中国的社会主义经济改革中成为主流的范式,其命运才有所改观。

社会主义经济改革中的实用主义在反垄断法上的影响,切实体现在1993年竞争法立法的体例选择上。众所周知,在全球范围内,有以美国和英国为代表的分散立法体例,以加拿大和澳大利亚为代表的一元立法体例,以及以德国和日本为代表的二元立法体例。在中国,1993年《反不正当竞争法》规定了5条涉及反垄断的内容。因为在市场经济发展初期,损害市场竞争秩序的主要是不正当竞争行为以及部分垄断行为。有主张认为应当制定一部综合性的"竞争法",却被认为并不符合彼时的市场经济环境,恐影响国有企业做大做强。受此观念影响,最终,中国的"竞争法"以一部名为《反不正当竞争法》但包含部分反垄断实体规范的混合法出台。直至2007年《反垄断法》颁布,才将《反不正当竞争法》中涉及垄断行为和行政性垄断的规定以不同形式剥离纳入,并于2017年修订《反不正当竞争法》。无论对立法体例之优劣如何评说,不可否认的是,由竞争观念所形成的世界镜像确如扳道工一样决定着竞争法立法运行的轨道。这样看来,今天中国竞争法制发展与发达的二元立法路径,其实早在近20年前就已由社会主义市场经济初期的立法观念确定了。而这一立法观念,是经由实用主义所型塑的。

第二,社会主义市场经济体制下的反垄断价值观。在中国,社会主义市场经济体制下素有实用主义的传统,蕴含促进诸价值观念融合的势能。一方面,中国的自由主义者几乎都接受"分配的正义"观,其被表述为"社会公道"或"经济平等"的正义,成为中国自由主义理论中重要的核心理念。③ 因为随着资本原始积累的增加,财富和收入的巨大不平等也出现了,而且以一种传统中国从未有过的尖锐方式出现。④ 从一开始,缩小社会收入差距就是《反垄断法》立法的重要观念驱动。而直至今

① 参见张之沧:《中国的马克思主义应当重新审视实用主义》,载《河北学刊》2005年第3期。
② 参见涂纪亮:《现代西方哲学评述:涂纪亮文选》,贵州人民出版社2018年版,第403页。
③ 参见许纪霖:《寻求自由与公道的社会秩序——现代中国自由主义的一个考察》,载《开放时代》2000年第1期。
④ 参见吴承明:《中国资本主义与国内市场》,中国社会科学出版社1985年版,第129页。

天,"规范和引导资本发展"也依然是反垄断法修订的重要观念背景,是"不患寡而患不均"的古典观念的延传。据此,"社会公道"或"经济平等"的"分配正义"观进一步形成价值汇流,型塑对于反垄断法目的、福利标准的主导性解释。另一方面,在中国,"保守"及其"主义",长期以来不仅受到轻视,而且受到蔑视。① 而若真正理解保守主义内涵,其对于中国来说可能是有益的。具体到反垄断的保守主义而言,虽然对市场的近乎原旨主义的信奉根本不可行,但对于经验的推崇、理性的怀疑和政府过度干预经济的抵御是当下中国反垄断法解释所稀缺的资源。由此,问题实质上又回到了政府与市场的关系,以及如何设定反垄断干预市场的前提假定。更具体地来看,就是需要评估在特定场景下反垄断干预的错误成本,即漏判与误判的社会成本孰轻孰重。

进一步地,面对数字市场带来的观念冲击,反垄断更需要作出规制路径选择。在数字市场中,反垄断开始聚焦于数字、技术、资本优势以及三者的紧密联结所引发的竞争关切。其中,一是由于网络效应、转换成本和数据自我强化、规模回报递增等特性,其竞争特质从"在市场中竞争"转变为"为市场而竞争";②二是产品或服务具有很强大的直接或间接网络效应,形成进入壁垒,不仅确保市场集中度的维持,还使市场力量变得可持续;③三是竞争可促使在位企业和新进入者的技术和商业模式创新,激发资本投资和激励企业改进产品或服务,否则将导致在位企业缺乏投资研发的动力,降低产业内创新速率。④ 随之而来的问题是,是否有必要推动行为规制模式向主体规制模式转变?⑤ 就此,应当辨明,到底是反垄断法下的行为性规制无法回应数字市场的挑战,还是由于反垄断法解释上的不足致使就数字市场问题应对乏力。当前,观念层面的讨论尚未尘埃落定,应当在不断优化反垄断法解释的同时,对选择更趋于结构化的规制路径保持开放态度。

---

① 参见刘军宁:《保守主义》,天津人民出版社 2007 年版,第 178~179 页。

② See U. S. House of Representative, *Investigation of Competition in Digital Markets*, p. 37-40, 2021.

③ See U. S. House of Representative, *Investigation of Competition in Digital Markets*, p. 40-46, 2021.

④ See U. S. House of Representative, *Investigation of Competition in Digital Markets*, p. 36-37, 2021.

⑤ 详见江山:《美国数字市场反垄断监管的方法与观念反思》,载《国际经济评论》2021 年第 6 期。

其实，自由也好，保守也罢，在市场经济领域，无论特定时期何种观念占主导地位，也无论特定观念在时间之流中如何演化，只有夯实"市场在资源配置中起决定性作用"这一观念引领，才能够实现市场经济秩序的构建完善。进而，应当紧扣"有为政府"和"有效市场"的主题，通过对反垄断执法机构的机制完善、人员充实和能力建设，一方面，优化完善滥用行政权力排除、限制竞争的制度构建，抑制过溢的政府权力；另一方面，着力以反垄断法应对传统市场与数字市场形成和巩固的私人垄断，以预防和制止垄断行为对市场竞争秩序和消费者福利的损害。在此基础上，通过在反垄断法解释中确立合理的政府—市场假定，促进市场在资源配置中的决定性作用的发挥，强化反垄断法实施中经验证据的作用，理清反垄断规制的错误成本，在规制过度与规制不足之间寻求恰当均衡。

第三，观念的确立还不是全部，如何使观念可以长久驻存亦需要获得同等的关注。霍夫斯塔特洞察到，"反托拉斯的命运取决于公共理念（其形成通常很模糊，而通常无可避免地与顽强的现实相矛盾）如何嵌入具有精巧的自我持存的规则和程序的机制之中，形成其自我保护机制，并具备同样顽强的生存能力"①。而所谓"嵌入"，既关涉立法的顶层设计，也重在提炼法律解释的观念共识。这就要追溯至立法时刻的目标追求。问题是，制定法的解释，又取决于思想市场之中反垄断学派的竞争。那么，所谓竞争秩序，是民粹主义反垄断运动下的平等主义的商业环境，还是反垄断学派支撑的技术型反垄断下以效率为中心的市场秩序？更为重要的是，在大数据时代，技术型反垄断的开展，能否超越思想市场中反垄断学派的内部分歧，根据数字市场的发展调校市场认知和错误成本假定？破解上述难题，需要拓出法律解释的交谈合理性空间。其中，尤应确保"反思的法律范式能够相互开放，并且在为具体案例而调动起来的各种不同情境理解面前为自己做出辩护"，而非全凭民粹主义或特定反垄断学派自我强化的理论独白。②

进一步地，在制度层面，关键则是完善反垄断操作层面的工具选择，为反垄断观念的竞争提供规范的论辩空间。"反垄断执法机构面对的垄断案件将更加复杂，且仍需与国内外科技巨头、大型跨国公司和管

---

① Richard Hofstadter, *The Paranoid Style in American Politics*, Vintage, 2008, p. 228.

② 参见江山：《美国反托拉斯运动的死与生》，载《读书》2022 年第 7 期。

制行业企业进行深度博弈。不仅如此,我国反垄断执法机构还需要面对实施行政性垄断行为、违反公平竞争审查制度的行政部门。”①应对层出不穷的新挑战,并非都可以通过修法而一劳永逸地解决。就此,应充分释放反垄断法规范体系的功能。其中尤应注意到,“指南”在反垄断领域的广泛适用,也构成实用主义法律进路下反垄断法解释共同体构建的一种重要工具。如季卫东所言及,在复杂化的现代社会中,法律解释必须在程序、议论、合意等“函三为一”的多元结构中来把握;用法治国家原理以及程序性条件来限制法官的专断,用议论以及对话性论证来实现理想意义上的合意,通过各种论据之间的整合性和序列性来协调主观和客观的关系并限制合意的无限反复。② 据此,中国实用法学生成及发展的第三道路,应为以程序和议论为双轨的法律解释学的规范化、体制化、制度化。③ 进一步地,孙斯坦指出,“指南包括各种可能性,它们可以是强制性的,也可以是仅作参考。强制性的指南可以提升为规范或规则,甚至是假设性的规则(它们非常相似),因为它们允许在个案中享有一定的灵活性。它们都能在某种程度上对行为加以约束,从而允许更好地监督自由裁量权。就这一点而言,它们也可以被提升为标准。因此,指南可以指定谁都无法逾越的界限,而且可以要求公开给出背离规则的理由”④。可以认为,“指南”是“以程序和议论为双轨的法律解释学的规范化、体制化、制度化”的一种典型操作形式。在确立社会主义市场经济下反垄断法主导价值观念的基础上,以《反垄断法》为基础,以部门规章为依托,以反垄断指南为延伸,完善反垄断法的制度体系建设,贯彻反垄断法解释的方法与观念,应为建构中国反垄断传统的有效制度路径。

三、观念与中国反垄断法解释:部门规章的局限与指南的作用

在“市场在资源配置中起决定性作用”、“以内循环为主的双循环”

---

① 黄勇:《十三届全国人大常委会专题讲座第二十三讲:完善反垄断法律制度　强化竞争政策基础地位》,载中国人大网,http://www.npc.gov.cn/npc/c30834/202104/t20210430_311336.shtml。

② 参见季卫东:《法律解释的真谛(上)——探索实用法学的第三道路》,载《中外法学》1998年第6期。

③ 参见季卫东:《法律解释的真谛(下)——探索实用法学的第三道路》,载《中外法学》1999年第1期。

④ [美]凯斯·R.孙斯坦:《法律推理与政治冲突》,金朝武、胡爱平、高建勋译,法律出版社2004年版,第35页。

和“规范和引导资本发展”观念的影响下，2022 年的中国《反垄断法》的修订主要在技术层面补足 2007 年《反垄断法》条文设计的缺失，在操作层面归纳吸收法律实施的经验教训，同时试图回应数字市场带来的挑战。其效果，主要在于改善规则治理的规范基础，但无法解决规则治理本身的问题：一方面，规则适用的范围也许不确定，必须不断地决定这一规则对制定规则时未曾预见的或至少是未作决定的情况是否适用——规则总是要把无限连续的现象一分为二，而受规制的活动越具有流动性就越少可能完全为规则治理；另一方面，依据规则作出的决定并不一定比依据标准作出的决定更为客观——一旦规则的大前提是有争议的，其客观性的表象就会消失，在终极意义上，这种决定并不比依据更为公开的、有权衡检验特例而运作标准体制作出的决定更为客观。① 据此，反垄断法的部门规章与指南是否可以拓展解释的空间，取决于何者可以更好地承载反垄断的标准体制。

（一）中国《反垄断法》下的规则细化：部门规章

自中国《反垄断法》颁布以来，国务院反垄断执法机构依职能逐步对《反垄断法》的主要制度作出了进一步细化的规定。其间，经历了机构的整合，部门规章不断细化重组。在 2022 年《反垄断法》修订之后，相关配套部门规章再次全面修订。至今，现行有效部门规章主要包括：《禁止垄断协议规定》②、《禁止滥用市场支配地位行为规定》③、《经营者集中审查规定》④、《制止滥用行政权力排除、限制竞争行为规定》⑤和《禁止滥用知识产权排除、限制竞争行为规定》⑥。其中，就垄断行为的内容，中国《反垄断法》及其配套规章规定与主流法域的制度在基础性规则上已相接轨，但囿于文本传统，其实践指引作用未能充分释放。

第一，垄断协议规制的细化规定。在《禁止垄断协议规定》中：一是明确协议或者决定包括书面形式和口头形式；明确协同行为是指经营者虽未明确订立书面或者口头形式的协议或者决定，但实质上存在协调一

① 参见［美］理查德·A. 波斯纳：《法理学问题》，苏力译，中国政法大学出版社 2002 年版，第 58~61 页。

② 2023 年 3 月 10 日国家市场监督管理总局令第 65 号公布。

③ 2023 年 3 月 10 日国家市场监督管理总局令第 66 号公布。

④ 2023 年 3 月 10 日国家市场监督管理总局令第 67 号公布。

⑤ 2023 年 3 月 10 日国家市场监督管理总局令第 64 号公布。

⑥ 2023 年 6 月 25 日国家市场监督管理总局令第 79 号公布。

致的行为,以及列举其认定应当考虑的因素(第5条、第6条)。二是对应禁止的具有竞争关系的经营者就固定价格、限定产量、分割市场、限制技术开发和联合抵制达成的横向垄断协议,以及经营者、交易相对人之间就商品价格达成的纵向垄断协议类型进行了细化(第8~12条)。三是对于经营者组织其他经营者达成垄断协议所包括的情形进行了列举细化(第18条)。四是列举了认定垄断协议应当考虑的因素(第16条),并对"不适用"情形应当考虑的因素进行了细化(第17条)。在此基础上,规定"具有竞争关系的经营者不得利用数据和算法、技术以及平台规则等,通过意思联络、交换敏感信息、行为协调一致等方式",达成横向垄断协议(第13条);"经营者不得利用数据和算法、技术以及平台规则等,通过对价格进行统一、限定或者自动化设定转售商品价格等方式",达成纵向垄断协议(第15条)。

然而,当前垄断协议部门规章的问题在于:一是未能扩展纵向非价格协议的类型,排他性分销、选择性分销和特许经营等典型的纵向非价格协议都未能明确为规制对象;二是新增规定虽然解决了轴心经营者的认定问题,但并未明确轴辐协议是否属于垄断协议项下的规范类型,留下解释上的模糊空间。不仅如此,就对数字市场的应对而言,仅将"不得利用数据和算法、技术以及平台规则等"表述加入条文,似不足以对算法共谋等新经济发展带来的新问题提供明确指引。

第二,滥用市场支配地位行为规制的细化规定。在《禁止滥用市场支配地位行为规定》中:一是在市场支配地位的界定上,将"其他交易条件"细化为除商品价格、数量之外能够对市场交易产生实质影响的其他因素;将"能够阻碍、影响其他经营者进入相关市场"细化(第6条)。二是在市场支配地位的认定中,就市场份额计算的依据、经营者控制市场的能力、经营者的财力和技术条件、经营者的依赖程度、相关市场进入的难易程度、互联网与知识产权等领域的市场支配地位认定,以及共同市场支配地位的认定因素进行了细化(第7~13条)。其中,规定了认定平台经济领域经营者具有市场支配地位的考虑因素,并将数字市场相关因素纳入范围(第12条)。三是对应禁止市场支配地位经营者从事的拒绝与交易相对人进行交易、限定交易、搭售商品或者附加不合理的交易条件、实行差别待遇的行为作出了细化(第16~19条)。四是对滥用市场支配地位的认定同时应当符合的四项条件予以列明(第20条)。五是对于滥用市场支配地位规制中的“正当理由”分行为类型进行了细化规定（第14~19条），并给出了应统一考虑的其他因素（第20条）。

然而，当前滥用市场支配地位部门规章的问题在于，在支配地位的判定环节，仍未能够在结构上体现出市场支配地位推定—认定，再到滥用市场支配地位行为规制的逻辑结构；而其在滥用行为的认定环节所作的展开仍不足以充分指引竞争影响分析。不仅如此，垄断杠杆、数据滥用、自我优待等数据市场的突出问题，在已有行为类型下的法律解释仍有待明晰。然而，当前的规定，仅将“用户数量、网络效应、锁定效应……控制流量的能力、掌握和处理相关数据的能力”表述加入条文（第12条），或者仅仅将《反垄断法》第22条第2款的内容进行重述（第21条），似不足以对超级平台涉嫌滥用行为带来的新挑战提供明确指引。

第三，经营者集中的反垄断审查的细化规定。在《经营者集中审查规定》中：一是细化了判断并购是否实现控制权转移的考虑因素（第5条）。二是将在2年之内实施的（未达到申报标准的）分布式收购视为一次集中（第11条）。三是在重述审查经营者集中应当考虑因素的基础上（第31条），提出了评估经营者集中对竞争产生不利影响的可能性时需要考察的重点方向，即虽未明确指出，但实际上对单边效应和协调效应作出了描述（第32条）。四是列举了判断参与集中的经营者是否取得市场控制力时应综合考虑的因素，并对市场集中度的衡量方法，市场进入壁垒的重要性和判断市场进入难易程度的考察办法，以及评估经营者集中对消费者、其他经营者、国民经济发展和竞争的影响的其他因素等问题进行了原则性的规定（第33~36条）。五是在限制性条件的规定中，纳入了“修改平台规则或者算法、承诺兼容或者不降低互操作性水平等行为性条件”（第40条）。

然而，当前经营者集中部门规章的问题在于：一方面，就申报而言，对于《反垄断法》中规定的经营者集中未达到申报标准，但具有或者可能具有排除、限制竞争效果的情形，如何判断依法进行调查的边界，并未在实质上予以明确。另一方面，就审查而言，仍有待改进之处是，单边效应、协调效应和封锁效应等分析标准亦未能充分展开。不仅如此，针对平台企业对于初创企业的收购难以满足现有的营业额门槛但会产生对重大竞争影响的情形，仍未能提出明确方案。

由上可见，在部门规章中，制度建构的着力点在于细化《反垄断法》

规定的垄断行为。然而，由部门规章的性质所决定，其无法突破《反垄断法》内容的规定；且垄断行为的类型难以穷尽和归类，其效果存在限度。一般而言，规则会缩短探寻过程，并且会限制对司法后果的考虑，而标准会引发权衡，并且会导致对案件来说后果最佳的判决；规则的适用是形式主义的，甚至是三段论式的，其缺点是在具体案件中忽略后果，其优点是探究过程、缩小司法裁量权、增加法律透明度以及使法律义务更为确定。① 具体到当前发展阶段，首先要框定实体规范中规则适用的范围，以明确部门规章作为规则细化主要载体的优化方向。其中，成熟反垄断法域在横向垄断协议规制、市场支配地位的推定与认定，以及经营者集中的申报之中的规则适用已成共识。有待解决的问题主要有：一是在纵向限制中适用合理规则仍存在争议，特别是在执法机构与法院存在不同解释的情况下，如何通过规则细化呈现其分析模式的关键考虑因素，值得深究。二是在明确类型化可能带来收益的同时，要认识其可能带来重叠、漂移和失效等负面效果，应避免陷入为了类型化而类型化的误区，并应注意不能将类型与行为的竞争效果等同。

(二)中国《反垄断法》下的标准探索：反垄断指南

随着20世纪以来政府行政职能边界的普遍扩张，指南被运用到行政的各个方面，在提升能力建设、充分解释法定权力行使的理由和迅速规范裁量权行使上展现出非常丰富的功能。② 在反垄断规制中，指南亦发挥了成本低、干预度低、信息通达和透明可及等优势。通过提供一致性的指引、守法示范和裁量约束，反垄断指南有助于促进市场在资源配置中起决定性作用和更好发挥政府作用。

在我国，对指南在反垄断规制中作用的认识尚未提升到应有高度。自2007年我国《反垄断法》颁布以来，国务院反垄断委员会总共只制定了5部实体性指南和3部程序性指南。③ 随着2022年8月1日新修订的《反垄断法》正式实施，我国反垄断立法层面的文本优化暂告一段

① 参见[美]理查德·A.波斯纳：《法律、实用主义与民主》，凌斌、李国庆译，中国政法大学出版社2005年版，第84~85页。

② 参见余凌云：《现代行政法上的指南、手册和裁量基准》，载《中国法学》2012年第4期。

③ 实体性指南包括：《关于相关市场界定的指南》(2009年)、《关于汽车业的反垄断指南》(2019年)、《关于知识产权领域的反垄断指南》(2019年)、《关于平台经济领域的反垄断指南》(2021年)、《关于原料药领域的反垄断指南》(2021年)。程序性指南包括：《横向垄断协议案件宽大制度适用指南》(2019年)、《垄断案件经营者承诺指南》(2019年)、《经营者反垄断合规指南》(2020年)。

落,重心复归法律解释。但反垄断法解释的展开,不仅须依托完备的法律法规文本,还有赖于相互补足之部门规章和指南体系的构建。如果将反垄断法规范看作规则与标准的复合体,①那么,部门规章重在细化规则文本的内容,指南则致力于廓清标准适用的方法与场景。近年来国务院反垄断执法机构制定、更新的大量部门规章,虽然可以很好地承载以规则为中心的规范,但无法充分演绎以标准为中心的规范。原因在于,部门规章项下以规则细化为取向的路径存在固有局限。规则细化固然有益,但若其结果仅导致规则的繁复,又未能实质消除规则适用的模糊性,所造成的弊端甚至超出标准适用可能带来的不确定性。因此,当今日渐明晰的是,单纯依赖规则的治理已步履维艰,反垄断法解释应诉诸以标准适用为中心的指南予以补足。通过指南,不仅可以将对垄断行为规范类型的细化扩展至对经验类型的详解,还可以引入对不同垄断行为的相应分析标准。就此,应就反垄断指南的体系完善、文本优化进行考察。

综观主要法域的反垄断指南体系,主要涵盖横向垄断协议和纵向垄断协议、支配地位滥用、横向合并和非横向合并等涉及垄断行为的指南,以知识产权许可反垄断指南为代表的行业、领域指南,以及若干关键程序性指南。② 具体而言,综观当今世界的实体性指南:美国就竞争者协作、横向合并、纵向合并和知识产权许可制定了指南;③欧盟就横向合作协议、纵向限制、滥用市场支配地位、横向合并、非横向合并和技术转让、汽车行业等制定了指南;④英国就协议与协同行为、滥用市场支配地位、市场界定、市场力量评估、纵向协议、合并评估、技术转让、管制行业和行业协会、职业与自治组织等制定了指南;⑤日本就私人垄断、销售系统和商业行为、行业协会、合并与收购,以及买方优势地位的滥用、以不公平的低价销售、反垄断法下知识产权的行使、标准化和专利池协议、联合研

① 参见江山:《论反垄断法规范中的规则与标准》,载《环球法律评论》2021年第3期。

② 关键程序性指南主要涉及宽免制度、承诺制度和罚款制度,在此不再赘述。

③ See *Guidance Documents*, FTC (Dec., 2023), https://www.ftc.gov/enforcement/guidance.

④ See European Commission, *Compilations of EU Antitrust Legislation*, EC (Dec., 2023), https://ec.europa.eu/competition-policy/antitrust/legislation/compilations-legislation_en.

⑤ 其中,技术转让适用欧盟的指南。See UK government, *Guidance and Regulation*, Gov. UK (Dec., 2023), https://www.gov.uk/search/guidance-and-regulation?parent=%2Fbusiness%2Fcompetition-law&topic=f6b0aa9d-2aa6-43ed-b72a-85f22affb506.

究与开发等诸多行为和领域制定了指南;①韩国则制定了关于市场支配地位滥用、合并审查、卡特尔审查、转售价格维持和知识产权行使等指南。② 不难发现,上述重要法域的指南,无一例外地以垄断行为和知识产权指南作为指南体系的主要构成,只有少部分法域制定了管制行业、汽车行业、行业协会等其他少数特殊行业和领域指南。可以认为,行为性指南构成了反垄断指南体系的坚实基础。

反观当前我国实体性指南,呈现重行业、领域,轻垄断行为的特点,虽然专门制定了知识产权领域、汽车业、平台经济领域和原料药领域的指南,但针对三大垄断行为尚未匹配相应指南。上述指南在垄断行为指南缺位的情况下出台,缺乏共同逻辑与经验基础,难掩指南体系的结构性问题。不仅如此,垄断行为指南的缺位可能造成行业、领域指南在指导思想、分析方法上形成外溢性或适用范围扩大化,若不及时调整,或引发反垄断指南的体系紊乱和功能失调。③ 当然,这也并非"一揽子"地否认制定行业、领域反垄断指南的必要性。实际上,执法机构在对相关指南的解读中列举了各种原因。④ 然而,这些行业、领域是否有充分的理由单独制定指南,确实是需要逐一评估的。需要厘清的基本问题是:这种做法是否符合比例性原则,相关行业或领域反垄断指南是否确为解决其行业或领域之问题所必需。或者说,相关垄断行为指南是否无法解决

---

① See *Legislation & Guidelines*, JFTC (Dec., 2023), https://www.jftc.go.jp/en/legislation_guidelines/antimonopoly_guidelines.html.

② See *Laws & Guidelines*, KFTC (Dec., 2023), https://eng.ftc.go.kr/legalauthority/recentlaw.jsp? pageId=0401.

③ 例如,在《关于汽车业的反垄断指南》中对垄断协议规制展开阐释,在《关于平台经济领域的反垄断指南》中对滥用市场支配地位规制展开阐释,在相关垄断行为指南缺位时,都有可能造成适用超出汽车业、平台经济领域的特定范围,外溢至其他行业、领域,模糊业界的预期。而《关于原料药领域的反垄断指南》,对于该行业的分析似乎并未超出行为性指南可以覆盖的范围,其存在的必要性需要再评估。

④ 例如,知识产权涉及的竞争问题相对复杂;汽车业产业链长,上中下游业务类型多样;平台经济商业模式和竞争生态复杂,涉及范围广,专业性强;原料药领域生产企业数量少、市场集中度高,商业模式复杂多样。参见《〈关于知识产权领域的反垄断指南〉解读》,载国家市场监督管理总局网,https://gkml.samr.gov.cn/nsjg/xwxcs/202010/t20201030_322783.html;《〈国务院反垄断委员会关于平台经济领域的反垄断指南〉解读》,载国家市场监督管理总局网,https://gkml.samr.gov.cn/nsjg/xwxcs/202102/t20210208_325999.html。

相关行业或领域的问题。①

比较主要法域的经验可知,层次清晰、上下关联、相互参引的反垄断指南体系结构的形成,必须以垄断行为系列指南作为指南体系的基石,进而制定必要的行业、领域相关指南为支撑。当前,中国垄断行为指南的系统制定势在必行,后续重点在于确立垄断行为指南在体系中的"上位指南"地位,限缩行业和领域指南的无规则扩张。具体而言,应当陆续制定关于企业联营、纵向限制、滥用市场支配地位行为、横向并购、非横向并购的反垄断指南。在垄断行为指南足以覆盖的行业、领域,不宜扩大特殊指南的制定。对于已有的行业、领域指南,应当考察其与垄断行为指南的协调、匹配程度,并对知识产权许可反垄断指南等具有必要性且达成充分共识的指南适时作出修订,对经评估不具备必要性的相关指南予以废止。

总的来说,行政指南在反垄断领域的广泛适用已成为世界通行实践。中国市场经济体量巨大、市场竞争状况高度动态,反垄断执法经验尚处积累初期,更待充分发挥反垄断指南的作用。为此,在反垄断指南的形式规范上,一方面,应当注重指南体系结构的搭建,确立以垄断行为指南为基础的上位指南层级,并有限地扩展以知识产权许可反垄断指南为典型的特殊领域和行业指南;另一方面,应当注重指南内容的拓展和文体型塑,通过类型深化和标准引入夯实指南的内容,并以交谈合理性特质的文体成就指南功能的释放。在此基础上,应当厘清反垄断指南的对内与对外效力,以确立执法、守法和司法的边界。应当明确,反垄断指南不具有法律效力,但在不同程度上外溢出事实效力。该等事实约束力,一是体现在行政科层制下的指导、指示和考评机制会使指南在行政机关内部具有确凿的事实效力上;二是体现在裁量构建的互动会对行政相对人形成事实约束力上。进而,反垄断指南还可能经由法院在个案中的肯认形成对法院裁判的事实约束力。② 经由此种努力,通过对反垄断

① 这就意味着要充分考虑不同层级政府、经营者和公民所需要承担的经济和行政负担,是否与需要达成的目标是相称的。See European Commission, *Better Regulation Toolbox*, EC (Jul. 20, 2023), https://ec.europa.eu/info/law/law-making-process/planning-and-proposing-law/better-regulation-why-and-how/better-regulation-guidelines-and-toolbox/better-regulation-toolbox-0_en.

② 关于反垄断指南效力的论述,详见江山:《论反垄断指南的规范形式与效力实质》,载《社会科学》2023 年第 1 期。

指南规范形式和效力实质的廓清，行政机关内部、行政相对人和法院的理解将得到更好促进，规制的一贯性和公正性将得以稳步提升，最终一个回应性的市场竞争秩序也将以成本更低、干预度更低的方式实现。

四、观念与中国反垄断法解释：指南的功能及其释放

作为一个整体，反垄断指南体系功能的充分发挥，有赖于体系结构之完整构造和体系内部层次之优化，亦取决于每一个具体指南的内容拓展与文本型塑。该等内容拓展与文本型塑，则应聚焦于如何在合理规则分析模式下，在不断提炼反垄断法适用的经验、总结垄断行为细分经验类型的同时，积极吸收理论研究的成果，在不同类型的垄断行为分析中细化标准适用，提升反垄断法解释的覆盖面与张力。

（一）诸行为性指南的基本特征

聚焦于垄断行为的反垄断指南在类型划分与标准适用选择上存在差别，在竞争影响分析方面侧重亦有不同，但其共同的特点是：以有别于法律法规及部门规章的文本形式不断探索类型的深化与标准的适用。这些行为性反垄断指南彼此既相对独立，又互相补足，共同形成反垄断指南体系的基石。

第一，横向垄断协议指南。该类指南聚焦于分析竞争者之间开展合作的横向协议。主要法域国家的反垄断指南对企业联营持宽松的规制立场。① 究其原因，这些国家认为对于固定价格、限定产量和划分市场的核心卡特尔，基于其"总是或几乎总是损害竞争"的性质，既无须作类型化展开，也无须进行效果权衡；然而活跃于市场中的各类企业联营则通常具有提升效率、促进竞争的效果，应将其交由个案评估或集体豁免适用。问题是，经营者横向合作范围广泛、形式丰富，法律对其类型的规定

---

① 例如，美国2000年版《竞争者之间协作的指南》指出，"竞争者之间的协作通常不仅是良性的，而且是促进竞争的"。See FTC & DOJ, *Antitrust Guideline for Collaborations Among Competitors*, FTC (Apr., 2000), https://www.ftc.gov/system/files/documents/public_statements/300481/000407ftcdojguidelines.pdf. 欧盟2011年版《横向合作协议指南》指出，"横向合作协议可能导致实质性的经济收益，特别是当其联合了互补性活动、技能或资产的时候……欧委会在认识到这些横向合作协议可能产生的收益的同时，必须确保有效竞争得到维持"。See European Commission, Guidelines on the Applicability of Article 101 of the Treaty on the Functioning of the European Union to Horizontal Co-operation Agreements (2011/C 11/01), paras. 3-5. 修订的指南对此继续强调，参见 European Commission, Guidelines on the Applicability of Article 101 of the Treaty on the Functioning of the European Union to Horizontal Co-operation Agreements (2023/C 259/01), paras. 20-21。

难以做到事无巨细。因此,通过反垄断指南可以提炼横向合作的经验类型,确立合理规则的规制立场和分析方法(而非不加区分地禁止),并为个案分析提供有益指引。

第二,纵向垄断协议指南。该类指南聚焦于分析经营者与交易相对人之间开展合作的纵向协议。就此,主要法域的规制立场差别明显。1993 年以后,美国法下再无制定纵向限制指南的尝试。① 比较来看,《欧盟运行条约》第 101 条未就核心限制之外的纵向限制进行类型列举,而是留待在集体豁免或个案评估中展开。然而纵向限制的经验类型及其效果相当丰富,即便欧委会出台了《纵向限制集体豁免条例》,相关制度供给仍显不足,这一豁免条例随后通过《纵向限制指南》(2010 年版和 2022 年版)的阐释才得以充分释放其功能。② 这一系列指南,对不同类型纵向限制的“品牌内—品牌间”竞争影响分析均作了详细阐明。该类执法立场的充分表达与有效贯彻,在载体上离不开指南这一开放性文本。

第三,滥用市场支配地位指南。该类指南聚焦于分析支配地位企业实施的排斥性或剥削性滥用行为。美国在该领域存在重大观念分歧,③ 相较而言,欧盟则就相关问题达成了部分共识。《欧盟运行条约》第 102

---

① 1985 年,美国发布《纵向限制的反垄断指南》,吸收了当时的经济学思想,但忽略了对判例法、执法政策的重述,由此引发持续争议,并于 1993 年被废除。See U. S. DOJ, *Vertical Price Restraints*, DOJ (Apr. 7, 1994), https://www.justice.gov/atr/speech/vertical-price-restraints.

② 在 2010 年版指南中,欧委会即指出,“对于大部分纵向限制而言,只有在一个或多个商业环节缺乏竞争时才会引发竞争关切……通常纵向限制比横向限制损害更小,而且可能提供实质性的效率”。See European Commission Guidelines on Vertical Restraints (2010/C 130/01), para. 6. 在 2022 年版指南中,欧委会更是强调了其深层原因,即纵向活动的互补性促使经营者与交易相对人之间形成互惠和制约关系。See European Commission Notice, Guidelines on Vertical Restraints (2022/C 248/01), para. 10.

③ 美国司法部曾于 2008 年发布《竞争与垄断:在〈谢尔曼法〉第二条下的单一企业行为》报告,随着政府更迭,该报告 2009 年被宣布撤回。如此突转,彰显了该领域的重大观念分歧,正式指南的推出遥遥无期。See *Competition and Monopoly: Single-Firm Conduct under Section 2 of the Sherman Act*, DOJ (Sept., 2008), https://www.justice.gov/archives/atr/competition-and-monopoly-single-firm-conduct-under-section-2-sherman-act-chapter-1; *Justice Department Withdraws Report on Antitrust Monopoly Law*, DOJ (May 11, 2009), https://www.justice.gov/opa/pr/justice-department-withdraws-report-antitrust-monopoly-law.

条对滥用市场支配地位行为作了初步列举。① 欧委会于 2009 年发布的《滥用市场支配地位指引》,鉴于剥削性滥用行为尚未展现出普遍性,规定“将现阶段的执法优先级放在排斥性行为上,特别是那些基于其经验,似乎为最常见的特定排斥性行为类型”②。于是其执法立场被概括为:“根据判例法,企业具有支配地位本身并不是违法的,其有权展开基于绩效的竞争。然而企业有特别的责任,不允许其行为损害共同市场内真正的非扭曲的竞争。”③在指引中,欧委会尝试引入利益牺牲标准、同等效率竞争者标准,但尚未吸收提高竞争对手成本等重要标准。显然,滥用市场支配地位领域当前积累的经验相对有限,仅局部法域达成了部分共识,但指南为竞争性标准的纳入选择提供了检验处所。

第四,横向合并指南。该类指南聚焦于分析竞争者之间合并的竞争影响。美国《横向合并指南》传统悠久,④在《克莱顿法》中,合并审查的标准被概括为“实质性削弱竞争或者倾向于产生垄断”⑤,但未对该标准作出进一步阐明。为此,美国《横向合并指南》强调,“执法机构旨在识别和挑战具有竞争损害的合并,与此同时避免不必要地干预那些具有有益竞争影响或者是中性的合并”⑥,并提出了单边效应、协调效应与封锁效应的细化标准,以资指引。⑦ 在欧盟,基于《并购条例》,欧委会必须评估“集中是否将实质性损害共同市场或其重要部分内的有效竞争,尤其是

---

① 《欧盟运行条约》第 102 条所列举的滥用行为包括不公平低价/高价,限制生产、市场和技术发展,差别待遇以及附加不合理交易条件等。See *Article 102 of the Treaty on the Functioning of the European Union (TFEU)*, EU (Sept. 5, 2008), https://eur-lex.europa.eu/legal-content/EN/TXT/? uri=CELEX%3A12012E%2FTXT.

② European Commission, Guidance on the Commission's Enforcement Priorities in Applying Article 82 of the EC Treaty to Abusive Exclusionary Conduct by Dominant Undertakings, (2009/C 45/02), para. 7.

③ European Commission, Guidance on the Commission's Enforcement Priorities in Applying Article 82 of the EC Treaty to Abusive Exclusionary Conduct by Dominant Undertakings, (2009/C 45/02), para. 1.

④ 可追溯至 1968 年,经历了 1982 年、1984 年、1992 年、1997 年和 2010 年的多次更新。

⑤ Section 7 of the Clayton Act, 15 U.S.C. § 18.

⑥ DOJ & FTC, *Horizontal Merger Guidelines*, DOJ (Apr. 8, 1997), https://www.justice.gov/atr/horizontal-merger-guidelines.

⑦ 目前该指南已与《纵向合并指南》整合修定为 2023 年《合并指南》。其中,上述分析基本保留。See DOJ & FTC, *Merger Guidelines*, U.S. Department of Justice (Dec. 18, 2023), https://www.justice.gov/atr/2023-merger-guidelines.

当其产生或增强了支配地位而引起上述损害时"①。问题是,"实质性损害有效竞争"的标准和"支配地位"的概念均需要进一步阐释。欧委会通过《横向合并指南》,②引入了协调效应与非协调效应的标准,以阐释上述概念与标准之间的关系。在合并审查中,随着主要法域逐渐以实质削弱竞争标准代替支配地位标准,其竞争分析方法从粗略的结构主义推定转向场景化的标准适用,这一过渡在文本层面也是由指南来承载的。

第五,非横向/纵向合并指南。该类指南聚焦于分析经营者与交易相对人或其他非直接竞争者之间合并的竞争影响。美国 2020 年《纵向合并指南》的重点在于对纵向合并中"实质性削弱竞争或者倾向于产生垄断"的适用进行阐释。③ 欧盟 2008 年《非横向合并指南》明确将非横向合并分为纵向合并(涉及在供应链不同层级的企业的合并)和混合合并(涉及既非横向又非纵向关系的企业之间的合并),并指出,"一般来说,相较于横向合并,非横向合并实质性限制有效竞争的可能性更小"④。为提供指引,该指南将"实质性损害有效竞争"标准分解为协调效应和非协调效应标准(包括封锁效应、获得商业敏感信息),以更好应对如何在非横向合并语境下进行竞争影响分析的挑战。随着数字市场的发展,近年来大量的并购实践激发了对非横向/纵向合并分析的标准

---

① European Commission, Guidelines on the Assessment of Horizontal Mergers under the Council Regulation on the Control of Concentrations between Undertakings (2004/C 31/03), para. 1.

② See European Commission, Guidelines on the Assessment of Horizontal Mergers under the Council Regulation on the Control of Concentrations between Undertakings (2004/C 31/03).

③ 美国早在 1984 年就发布了首个《纵向合并指南》,但因争议较大其适用并不活跃,基本形同具文。直至 2020 年,新指南才得以发布。See DOJ & FTC, 1984 *Merger Guidelines*, U. S. Department of Justice (Aug. 4, 2015), https://www.justice.gov/archives/atr/1984-merger-guidelines; DOJ & FTC, *Vertical Merger Guidelines* (2020), Federal Trade Commission (Jun. 30, 2020), https://www.ftc.gov/system/files/documents/reports/us-department-justice-federal-trade-commission-vertical-merger-guidelines/vertical_merger_guidelines_6-30-20.pdf. 然而,颇具戏剧性的是,新一届政府旋即宣布撤回,并着手制定新版指南以提升干预程度。See *Justice Department Issues Statement on the Vertical Merger Guidelines*, DOJ (Sept. 15, 2021), https://www.justice.gov/opa/pr/justice-department-issues-statement-vertical-merger-guidelines; *Federal Trade Commission Withdraws Vertical Merger Guidelines and Commentary*, FTC (Sept. 15, 2021), https://www.ftc.gov/news-events/news/press-releases/2021/09/federal-trade-commission-withdraws-vertical-merger-guidelines-commentary. 当前,其已与《横向合并指南》整合修定为 2023 年《合并指南》。See DOJ & FTC, *Merger Guidelines*, U. S. Department of Justice (Dec. 18, 2023), https://www.justice.gov/atr/2023-merger-guidelines.

④ European Commission, Guidelines on the Assessment of Non-horizontal Mergers under the Council Regulation on the Control of Concentrations between Undertakings (2008/C 265/07).

适用需求,进而促使该类指南更受关注。与此同时,晚近美国所引领的横向与纵向合并指南统合化的新趋势及其背后的观念变化,也应当在反垄断法解释中引起极大的重视。①

（二）反垄断指南的内容拓展:类型深化与标准引入

在形成结构化体系的基础上,反垄断指南功能的有效发挥还有赖于成熟的文本建构。为缓解垄断行为规制的复杂性与反垄断法条文抽象性之间的紧张,更好地归纳提炼垄断行为经验类型,阐明其认定规则和判断标准,指南应在行为类型深化和标准引入上进行内容拓展,通过推动风格转换与制式变迁实现文体型塑。

就日益复杂的垄断行为及其在典型行业与领域的适用展开规制方法的阐释是指南的主要任务。指南的一大功用在于其开放了更多的可能性,或者制度建构的空间,便于促进“以通达的信息或证据为基础,将专业知识适用于规制问题”②。对于反垄断指南而言,要实现这一点,关键的工作就是对反垄断法中无须纳入或尚未确定纳入规范类型的诸多垄断行为的经验类型进行充分的类型化展开。此外,指南的又一功用是为竞争性的观念提供规范的解释与论辩空间。因为在反垄断法实施的不同阶段,反垄断学派之间在理论模式和标准适用上难掩分歧,符合时代需求的学说可以经由指南制定予以吸收和宣示,也可以在指南的适用中通过论辩和援引在处罚决定或司法判决中体现。当前来看,应聚焦对垄断行为指南和以知识产权许可反垄断指南为代表的行业、领域指南作出类型化拓展,③并探索引入相应分析标准,方可实质性地拉近反垄断法与复杂经验世界的距离。

第一,在反垄断指南之中,需要对垄断行为的细分类型予以进一步深化。法律法规与部门规章的局限在于仅能就行为的规范类型进行规定,但指南并不受此限制。指南可以灵活地将实践中普遍出现的经验类型予以归纳并进行场景化的考察,这既有利于法律解释与适用的顺利推进,也无损规范类型的完备性与排他性。主要法域的行为性指南无一例外地在类型拓展上做出了多元化尝试,主要涉及横向垄断协议指南、纵

① See DOJ & FTC, *Merger Guidelines*, U. S. Department of Justice (Dec. 18,2023), https://www.justice.gov/atr/merger-guidelines.

② [英]罗伯特·鲍德温、马丁·凯夫、马丁·洛奇编:《牛津规制手册》,宋华琳等译,上海三联书店2017年版,第294页。

③ 参见江山:《论垄断行为的类型化规整》,载《经贸法律评论》2021年第2期。

向垄断协议指南和知识产权许可反垄断指南。与对卡特尔严厉禁止的态度不同，主要法域对横向协议中的企业联营持不同程度的认可态度，但是仅持此宽泛的立场是不够的。因为，研发、生产、采购、营销和标准化开展的企业联营活动，由于距离市场商业化环节的远近不同，其所引发的竞争关注和需要的规制强度也不尽相同。只有通过类型化，才能区分形式上与实质上的企业联营，并根据各类企业联营所处市场环节的不同识别其表现方式与竞争影响，进而予以不同强度规制。① 就纵向垄断协议指南而言，主要法域对于最低转售价格维持采取相对严厉的规制立场，但对于非价格类纵向限制的规制强度认知则有所差异。例如，欧盟的指南就将其类型细化为：单一品牌或排他性购买，排他性分销/排他性客户划分，排他性供应，选择性分销，特许经营，搭售，进场费，品类管理协议。其中，排他性分销与排他性供应、选择性分销和特许经营应当作为类型化的主要对象，以展开"品牌内—品牌间"竞争的分析。② 至于知识产权许可反垄断指南，其特殊性在于交叉许可和专利池、排他性回售、不质疑条款、排他性许可与销售限制、自产自用限制、搭售与捆绑、不竞争义务等许可活动可能包含一项或多项垄断行为的类型，从而增加了分析的复杂程度。就此一般无须引入新的分析标准，但要展开类型化分析，阐释知识产权较之有形财产更易受侵害而应受保护的具体情形并将之与反竞争影响相权衡。

第二，在反垄断指南之中，需要围绕具体垄断行为类型的竞争影响分析引入一系列标准。法律法规与部门规章囿于文本传统难以引入标准的局限，在指南中可得以弥补。在需要复杂经济学分析的垄断行为指南中，主要法域均不同程度地引入了标准以支撑法律的解释。其中，有的标准是相对成熟且共识较强的，有的标准则仍须与竞争性标准一道位列于指南之中同步接受市场检验。具体来看，基于指南的包容度与灵活性，关键标准在滥用市场支配地位指南、横向合并指南和非横向合并指南中得到相当程度的吸纳并适时更新。当前，滥用市场支配地位指南并未在类型深化上做过多探索，而是着力于标准引入。其中，主要包括非

① 参见江山：《论协议型企业联营的反垄断规制》，载《环球法律评论》2017年第6期；江山、苏竣：《论企业联营合作创新的反垄断法规制》，载《东方法学》2014年第2期。

② 参见江山：《论纵向非价格限制的反垄断规制》，载《法律科学（西北政法大学学报）》2020年第1期。

广义的权衡标准和消费者福利标准，对标支配地位企业本身的利益牺牲标准、无经济意义标准，以及对标支配地位企业竞争者的合比例性标准、较低效率竞争者标准和提高竞争对手成本标准。[①] 应当考虑，在指南中逐步选择引入有扎实经济学理论支撑和经过相应经验检验的利益牺牲标准、同等效率竞争者标准、提高竞争对手成本标准等。就横向合并指南而言，主要法域有的将之在类型上分为完全并购、部分并购、破产企业并购、买方企业并购、潜在竞争者并购。这些分类自有其价值，但并非合并审查的重心，对协调效应标准、单边效应标准/非协调效应标准的引入才是关键所在。就非横向合并指南而言，目前主要法域将之分为纵向并购、对角并购/混合并购已经具有极高的涵盖度，已无再进行类型深化的必要，其重点是要引入协调效应标准和单边效应标准，特别是对后者中封锁效应、获取竞争性敏感信息的考察更是分析的关键。（见表 5-1）

表 5-1　反垄断指南下的行为类型深化和标准引入

指南内容	行为类型深化	标准引入
横向垄断协议指南	研发型联营、生产型联营、采购型联营、营销型联营和标准化协议	无
纵向垄断协议指南	排他性分销/排他性客户划分、排他性供应、选择性分销、特许经营	品牌内竞争标准、品牌间竞争标准
滥用市场支配地位指南	排他性交易（排他性购买与附条件折扣）、掠夺性定价、拒绝交易与价格挤压	利益牺牲标准、同等效率竞争者标准、提高竞争对手成本标准
横向合并指南	完全并购、部分并购、破产企业并购、买方企业并购、潜在竞争者并购	协调效应标准、单边效应标准/非协调效应标准
非横向合并指南	纵向并购、对角并购/混合并购	单边效应标准/非协调效应标准（封锁效应、获取竞争性敏感信息）、协调效应标准
知识产权许可反垄断指南	交叉许可和专利池、排他性回售、不质疑条款、排他性许可与销售限制、自产自用限制、搭售与捆绑、不竞争义务等	无

① 参见江山：《论反垄断法规范中的规则与标准》，载《环球法律评论》2021 年第 3 期。

(三)反垄断指南的文体型塑:风格转换与制式变迁

指南的制定是一个观念与文本交织进化的过程,指南的类型深化和标准引入,也将带动载体文本的风格转换与制式变迁,反垄断规制的关键,就是要将反垄断法中相对抽象的定义、类型、规则和标准作出清晰、一致、翔实的阐述,这仅依赖法律法规、部门规章的制式和风格是无法实现的,文体的型塑也至关重要。指南的文体型塑应与法律、行政法规和部门规章等明确区分,这已成为反垄断理论界的共识,并在各主要法域的指南中得到清晰展现。然而,遗憾的是,当前中国反垄断法下的指南,似乎仍没有摆脱传统法律法规、部门规章和实施细则等的基本制式。对此,业界的普遍观感是,"反垄断指南仅仅是对反垄断法规则的延伸,很大程度上就只是对反垄断法的'增字解经',并呈现出点对点、规定对规定的条文结构,这与反垄断行政法规、部门规章等其他实施细则或行政解释所惯用的'八股制式'实在毫无分别"①。难道,是既有的法规范制定传统阻滞了"以交流性语言阐述"反垄断法问题?若无法突破传统的风格和制式,则反垄断指南无非是部门规章的又一个实施细则而已。风格和制式不仅是一个形式上的问题,正所谓"文以载道""风格即功能",要推动反垄断法解释的拓展,文体重塑必不可少。

所谓文体,就是以最有效的方式讲恰当的事情。② 按照语言使用的正式程度进行划分,法律法规、部门规章应属于"庄重文体",指南的定位则更接近"商议文体"。③ 指南"无需像立法那样考究文字,使用精确的法律用语;可使用日常用语、非技术用语;能够使用规劝、指导等语言,制定起来相对容易且迅捷,提高可读性"④。确实,若以立法语言的风格,对标准确肯定、简洁凝练、规范严谨、庄重严肃和通俗朴实的要求,则不宜用商榷性、讨论性、建议性以及其他不肯定性的语言文字,不惜篇幅地表达其内容。⑤ 也可以认为,立法语言"是一种不完整的、也即'未完待续'的语言,因为它总是要仰赖用法者能动的填充才能显明自己的规

① 郝俊淇、谭冰玉:《竞争政策视域下反垄断指南的定位研究——兼及竞争主管机构的塑造》,载《经济体制改革》2017年第5期。

② 参见刘世生:《什么是文体学》,上海外语教育出版社2016年版,第1~2页。

③ 参见刘世生:《什么是文体学》,上海外语教育出版社2016年版,第149~150页。

④ 余凌云:《现代行政法上的指南、手册和裁量基准》,载《中国法学》2012年第4期。

⑤ 参见朱力宇、叶传星主编:《立法学》(第4版),中国人民大学出版社2015年版,第276~279页。

范意图"①。那么在某种意义上,指南的制定就是用法者对该种"未完待续"的语言的填充,自然要求其有别于立法的文本表达。具体而言,在行文体例上,"反垄断指南一般不采取行政法规和行政规章那样直接规定行为人具体权利义务的方式(多为禁止性规范),而是着重阐明对于相关行为的态度,对其进行反垄断分析的原则和方法等"②;在语言风格上,"反垄断指南通常以交流性语言阐述反垄断法实施中的某一问题,旨在解释反垄断法的具体适用问题,一般不采条目式规定的做法,常分段式解释说明,或分章式阐明澄清,或以图表清单进行解释,有的还附加问答甚至案例进行指导,形式不拘一格,内容详尽具体"③。由此归纳反垄断指南的文体风格,关键应具有的是交谈合理性特质。

一般而言,列举式的规定列出了需要考虑因素的条目,尽管正确,但难以直接指明各条目所占权重及其相互关系。实际上,执法机构的态度和分析方法并未借助条目的列举而得以充分传递,仍处于"未完待续"的状态。而当行政法规、部门规章或行政解释所惯用的条目式的考虑因素列举被交谈式的语言结构所取代,叙述方式由中性描述转换为以"执法机构"为主语申明和立场阐述,且从正反两个方面陈述执法机构"会考虑""可能会""不会"等商榷性、讨论性、建议性以及其他不肯定性的语言文字时,作为受众的各级行政机关、行政相对人、法官,可以更有效地从这种合乎理性的"交谈"中获得智识资源。由此,反垄断指南也可以将专业知识更充分地适用于规制问题,并告知何种信息或证据是重要的,进而在透明和一贯的规制过程中,鼓励形成回应性的市场秩序。

五、小结:"解释共同体"与传统的延拓

在观念—制度范式下,型塑中国反垄断法解释传统应是反垄断法解释的终极目标。而反垄断法解释传统的延拓,离不开在交流和理性基础上"解释共同体"(interpretative community)的建构。交流合理性理念强调最终解释的结论是某种合理而客观的过程或程序的结果,以及法律传统、法律职业共同体等因素对解释活动的制约作用,强调解释者对其解

① 周赟:《立法语言的特点:从描述到分析及证立》,载《法制与社会发展》2010 年第 2 期。

② 王先林:《关于制定我国滥用知识产权反垄断指南的若干思考》,载《价格理论与实践》2015 年第 10 期。

③ 王炳:《我国反垄断指南的尴尬法律地位与救赎方法》,载《政法论丛》2018 年第 6 期。

释和判断的理由作出说明和展示的责任。而费希指出，虽然法律的规则、标准和话语没有最终的客观性、规范性和确定性，但对于律师和法官的专业实践的制约来自这种实践本身及其传统，特别是来自所有参与这种实践的人所构成的"解释共同体"——在这个共同体内，存在一些公认的、约定俗成的标准，告诉共同体的成员，哪种法律论据是有说服力的，哪种证据处理的方式是可以接受的，哪种思维方法是可以在同僚中引起共鸣的。①

从历史上看，"反垄断法解释共同体"就是对抗民粹主义，预防和制约反垄断运动化的重要屏障；而确立反垄断传统，更是终结反垄断运动，并在理性轨道上治理市场竞争秩序的根本依托。因为就反垄断法而言，对于其规则和标准的解释虽然没有唯一正解，但学者、立法者、执法者、法官和律师所型塑的反垄断法的"解释共同体"，构成对其自身的制约。在这个共同体内，无论成员的理想直觉、制度追求、个案立场为何，其都能够共同遵守解释的基本规则，为实现交谈合理性、释放反垄断法背后规范价值留出空间。在这个共同体内，存在一些公认的、约定俗成（但应时而变）的标准，告诉共同体的成员，哪种市场认知和错误成本假定是符合经济规律、契合时代特征的，哪种思维方式、解释方法是足以取得共识的，哪种证据和数据的处理方式是能够接受的，以及哪种经济学分析和法律论证是有说服力的。在这个共同体内，尽管反垄断学派之间价值观念分殊，但尚未偏离市场经济的基本逻辑，法律解释的结果则更多地基于证据、论证，而非盲目固守单调的教条或主义；立法也很少会在某一时刻突然抛开传统，而是与思想市场之中的"解释共同体"一道，共同型塑市场竞争秩序。②

立足于反垄断法解释共同体的建设以逐步形成传统，应成为反垄断法解释的长期追求。当然，反垄断的"解释共同体"的确立也并非可以一蹴而就的。就本质而言，"解释共同体"的意义在于确保相传事物的同一性。"人们对所接受的传统进行解释，因此，这些符号和形象在起源延传过程中就起了变化，同样他们在被人们接受之后也会改变其原貌……即使只经过三代人这样短暂的延传，传统也可能会经历某些变化。它的基本因素保存了下来，并与其他起了变化的因素相结合，但是使其成为传

① 参见陈弘毅：《当代西方法律解释学初探》，载《中国法学》1997年第3期。
② 参见江山：《美国反托拉斯运动的死与生》，载《读书》2022年第7期。

统的是被认为是基本因素的东西,在一个外部观察者看来,在延传和承袭的相继阶段或历程中,基本上保持了同一性。"①就"反垄断法解释共同体"而言,重在确保反垄断传统在延传和承袭的相继阶段或历程中保持同一性。作为市场经济的"经济宪法",反垄断法演进中的同一性保持意义不言而喻。当前中国反垄断传统仍在形成期,其延传和继承显得尤为重要。其中,"反垄断法解释共同体"应坚持的解释底线是,通过解释强化竞争政策基础性地位,并维护反垄断法的纯粹性。② 只有在该等公认的、约定俗成的标准之下,解释共同体内采用同一套话语在同一维度上论辩、对话、延传和继承才成为可能。

晚近以来,全球化进程受到不同程度的阻滞,逆全球化的思潮暗流涌动,但市场经济的拓展并未完全停歇,而反垄断法的适用范围亦早已超出一时一域,"反垄断法解释共同体"也呈现跨法域特征。中国作为新兴的反垄断法域,在起步初期一直以制度移植和观念吸纳为主。然而作为世界三大法域之一,中国应当确立自身的反垄断传统,并以"解释共同体"作为沟通的媒介和场域,融入并型塑世界反垄断传统。唯有如此,中国反垄断法才能不仅在制度上树立自身,而且在观念上成为影响者、引领者,进而成为有说服力的规则制定者。

① [美]爱德华·希尔斯:《论传统》,傅铿、吕乐译,上海人民出版社2009年版,第14页。

② 参见金善明:《反垄断法解释:规范、历史与体系》,中国社会科学出版社2018年版,第14~17页。

结语：超越反垄断法的模糊性

中国《反垄断法》实施至今，法律制度规范体系建设已趋完备，执法能力建设渐上台阶，但应对疑难案件仍存在适用法律犹疑或解决方案粗放的问题。面向《反垄断法》的新阶段和新挑战，达致竞争法定秩序与竞争自然秩序的和谐，克服反垄断法的模糊性及其所带来的不确定性，应当在解释方法和体系更新的基础上重述反垄断法。解释的前提是理解，而当对同一事物的理解出现了实质性或结构性的差异时，解释也可能是一种重述。本书的工作，不囿于传统的比较研究和单纯的制度研究，而系以诠释学和认识论为基底对反垄断法解释的重述。

第一，就反垄断法解释知识转型和方法重构的建构，为反垄断法的重述奠定方法论基底；第二，重新整理反垄断的经验世界，就垄断行为作出类型化规整，确立制度分析和解释实践的文本前提；第三，对反垄断法的规则解释与标准适用的分析，则深入反垄断法规范的本质，厘清其确定性与不确定性的边界，力图在不确定中把握确定性；第四，在标准适用中引出反垄断解释的学派化悖论，直面反垄断法模糊性的根源并考察其构成，在制度、方法与观念层次分析调和学派分歧的可能，最终将反垄断法解释导入交流合理性的框架；第五，在观念—制度的分析范式下，展望规则、标准和观念如何在社会主义市场经济环境下促进中国反垄断法的解释、适用和传统形成。本书旨在重新理解反垄断法，确立层次分明的中国反垄断法解释体系，在中国《反垄断法》适用的开局阶段为反垄断传统的缔造夯实基础，避免走向欧美反垄断法钟摆式实施的老路。在理论层面，围绕反垄断法的解释这一命题所做的系统开拓，将会成为对该领域价值叩问的根本性任务之一；在实践层面，反垄断法的解释将促使反垄断法本身更为自洽，夯实中国竞争政策的法律基础，推动竞争政策在中国成为市场经济的主导性政策选择。应当明确，只有在哲学诠释学下逻辑一致的反垄断法解释，才是超越反垄断法的模糊性，走向反垄断法价值的体系化、适用的规范化和反垄断传统形成的确定与妥当之路。

尽管更新反垄断法解释的愿景如此明晰，但理论的理解、接受和落实总是存在时滞的。因此,换个角度思考或许是有益的:若不沿此路径推进解释工作,反垄断法的模糊性及其带来的不确定性是否有解决之道?假设反垄断法解释仍然依赖于传统的解释方法和经济学分析,而不考问其背后的价值观念,在疑难案件上反垄断法解释共同体是否能够达成基本共识?若反垄断法解释方法和观念未有实质演进,反垄断法的下一个10年、20年,竞争法定秩序与竞争自然秩序是否能够达致和谐?几乎可以肯定,若不改进反垄断法解释的方法和观念,我们的反垄断法研究将弥漫着比较研究和制度移植的迷思,重复着具体制度细节的堆砌,却很难产生有突破价值的质变。我们的反垄断法律执法和司法,在面对疑难问题之时仍将徘徊不定,缺乏连贯一致的市场假定,在规制不足与规制过溢之间摇摆。在我们的反垄断共同体中,仍将难以形成任何有明确的方法论、政府—市场假定和价值观念的反垄断学派,从而确立自成一体的风格与立场;进而,由于缺乏论辩的一般前提和框架,不仅在争议问题上难以形成共识,而且长期难以形成通过交流合理性达成共识的可能,更遑论型塑并传承有价值的反垄断传统。要知道,反垄断法解释的知识转型与方法重构,本身就是一种观念,像扳道工一样可以转变世界的镜像。若不能或延迟完成这一扳道工的工作,将使反垄断法的理解与适用暴露在更大的不确定性之中,要么随着经济形势和政策导向的变化而流变,要么随着流行思潮和大众情绪的起伏而波动。此时,反垄断法文本的模糊性不仅未经由解释而被超越,反而还被充满自由裁量的解释放大了。由此,反垄断法将被工具化,丧失在反垄断法解释上本可达致的确定性和妥当性的均衡,而其在本源上所具有的"经济宪法"这一至高旨归,也将在众声喧哗中悄然失落。这一可能的困局,是任何一个将反垄断法作为志业的人都不想看到且应着力避免的。

"法律的帝国并非由疆界、权力或程序界定,而是由态度界定。"①生活没有旁观者,而传统不能只是见证。反垄断法的理解、解释、适用,交流、论辩与传统型塑,需要包括立法者、执法者、司法者、学者、律师、经济学家、行业专家、经营者和消费者在内的反垄断法解释共同体的每一分子共同参与。无论反垄断法解释共同体的成员价值观念为何,制度追求为何,个案立场为何,重要的是其能够遵守解释的基本规则,为交谈合理性的实现、反垄断法背后规范价值的释放留出空间。唯有如此,超越反

---

① [美]德沃金:《法律帝国》,李常青译,中国大百科全书出版社1996年版,第367页。

垄断法的模糊性,确立反垄断法的范型才成为可能。一般认为,一个范型要被延传和继承至少持续三代人,才能成为传统。① 不仅如此,“传统远不只是相继几代人之间相似的信仰、惯例、制度和作品,在统计学上频繁的重现。重现是规范性效果——有时则是规范性意图——的后果,是人们表现和接受规范性传统的后果”②。若以 15~20 年作为一代的话,中国目前尚处于第一代和第二代反垄断法解释者的延传和继承期,反垄断法解释的传统尚需 30~40 年才能完全确立,通过规范性的延传,将上下三代反垄断法的解释者与适用者通过信仰、惯例、制度和作品联结在中国社会的根本结构之中。

① 参见[美]爱德华·希尔斯:《论传统》,傅铿、吕乐译,上海人民出版社 2009 年版,第 15 页。
② [美]爱德华·希尔斯:《论传统》,傅铿、吕乐译,上海人民出版社 2009 年版,第 25 页。

参考文献

一、中文

（一）著作

1. 洪汉鼎：《当代西方哲学两大思潮》（上、下册），商务印书馆 2010 年版。

2. 洪汉鼎主编：《理解与解释——诠释学经典文选》，东方出版社 2001 年版。

3. 张能为：《理解的实践——伽达默尔实践哲学研究》，人民出版社 2002 年版。

4. 胡军：《知识论》，北京大学出版社 2006 年版。

5. 王庆节：《解释学、海德格尔与儒道今释》，中国人民大学出版社 2009 年版。

6. 汪晖：《现代中国思想的兴起》（第 2 版），生活·读书·新知三联书店 2008 年版。

7. 陈亚杰：《当代中国意识形态的起源》，新星出版社 2009 年版。

8. 张汝伦：《意义的探究——当代西方释义学》，辽宁人民出版社 1986 年版。

9. 苏国勋：《理性化及其限制——韦伯思想引论》，上海人民出版社 1988 年版。

10. 涂纪亮：《美国哲学史》（第 1、2、3 卷），社会科学文献出版社 2007 年版。

11. 万俊人、陈亚军编选：《詹姆斯集：为实用主义辩护》（第 2 版），上海远东出版社 2004 年版。

12. 涂纪亮：《从古典实用主义到新实用主义——实用主义基本观念的演变》，人民出版社 2006 年版。

13. 涂纪亮：《实用主义、逻辑实证主义及其他》，武汉大学出版社 2009 年版。

14. 陈修斋主编:《欧洲哲学史上的经验主义和理性主义》(第2版),人民出版社2007年版。

15. 陈洪澜:《知识分类与知识资源认识论》,人民出版社2008年版。

16. 王绍光:《安邦之道:国家转型的目标与途径》,生活·读书·新知三联书店2007年版。

17. 洪银兴主编:《〈资本论〉与马克思主义经济学中国化》,经济科学出版社2009年版。

18. 陈书静:《诺斯经济哲学思想研究:基于历史唯物主义制度演化理论的视界》,上海人民出版社2008年版。

19. 陈秀山:《现代竞争理论与竞争政策》,商务印书馆1997年版。

20. 金观涛、刘青峰:《观念史研究:中国现代重要政治术语的形成》,法律出版社2009年版。

21. 姚震宇:《理性、权力与经济繁荣——奥尔森经济增长思想研究》,上海人民出版社2008年版。

22. 曹正汉:《观念如何塑造制度》,上海人民出版社2005年版。

23. 吕磊:《美国的新保守主义》,江苏人民出版社2004年版。

24. 钱满素:《美国自由主义的历史变迁》,生活·读书·新知三联书店2006年版。

25. 刘军宁:《保守主义》,天津人民出版社2007年版。

26. 朱德米:《自由与秩序:西方保守主义政治思想研究》,天津人民出版社2004年版。

27. 傅殷才主编:《新保守主义经济学》,中国经济出版社1994年版。

28. 车卉淳、周学勤:《芝加哥学派与新自由主义》,经济日报出版社2007年版。

29. 杨明伟:《保守主义:一种审慎的政治哲学》,中国书籍出版社2013年版。

30. 张芝梅:《美国的法律实用主义》,法律出版社2008年版。

31. 吴敬琏、刘吉瑞:《论竞争性市场体制》,中国大百科全书出版社2009年版。

32. 童世骏:《批判与实践:论哈贝马斯的批判理论》,生活·读书·新知三联书店2007年版。

33. 张志扬:《西学中的夜行——隐匿在开端中的破裂》,华东师范大学出版社 2010 年版。

34. 金观涛:《探索现代社会的起源》,社会科学文献出版社 2010 年版。

35. 陈嘉明:《知识与确证:当代知识论引论》,上海人民出版社 2003 年版。

36. 周尚君:《自由主义之后的自由——马克思〈巴黎手稿〉的法哲学问题》,法律出版社 2010 年版。

37. 周晓亮:《休谟哲学研究》,人民出版社 1999 年版。

38. 张鸿翼:《儒家经济伦理及其时代命运》,北京大学出版社 2010 年版。

39. 叶启绩、谭毅等:《当代中国经济与社会主义意识形态互动发展研究》,人民出版社 2010 年版。

40. 俞可平、王伟光、李慎明主编:《改革开放与马克思主义中国化》,重庆出版社 2009 年版。

41. 聂立清:《我国当代主流意识形态认同研究》,人民出版社 2010 年版。

42. 卫志民:《政府干预的理论与政策选择》,北京大学出版社 2006 年版。

43. 汪洪涛:《制度经济学:制度及制度变迁性质解释》,复旦大学出版社 2009 年版。

44. 赵德余:《主流观念与政策变迁的政治经济学》,复旦大学出版社 2008 年版。

45. 刘圣中:《历史制度主义——制度变迁的比较历史研究》,上海人民出版社 2010 年版。

46. 杨光斌:《制度的形式与国家的兴衰——比较政治发展的理论与经验研究》,北京大学出版社 2005 年版。

47. 卢现祥、朱巧玲主编:《新制度经济学》,北京大学出版社 2007 年版。

48. 孙冶方:《社会主义经济论稿》,中国大百科全书出版社 2009 年版。

49. 杨鲁军:《第二次革命——论里根经济学》,格致出版社、上海人民出版社 2009 年版。

50. 樊纲:《现代三大经济理论体系的比较与综合》,上海人民出版社 2006 年版。

51. 蒋红雨:《人文经验与科学经验——对人文科学与自然科学观念的生存论透视》,社会科学文献出版社 2004 年版。

52. 厉以宁:《非均衡的中国经济》,中国大百科全书出版社 2009 年版。

53. 汪立鑫:《经济制度变迁的政治经济学》,复旦大学出版社 2006 年版。

54. 欧阳康、张明仓:《社会科学研究方法》,高等教育出版社 2001 年版。

55. 方珏:《伊格尔顿意识形态理论探要》,重庆出版社 2008 年版。

56. 高全喜:《休谟的政治哲学》,北京大学出版社 2004 年版。

57. 张志林:《因果观念与休谟问题》,中国人民大学出版社 2010 年版。

58. 贾可卿:《分配正义论纲》,人民出版社 2010 年版。

59. 吴庚:《行政法之理论与实用》,中国人民大学出版社 2005 年版。

60. 汪丁丁:《制度分析基础讲义》,上海人民出版社 2005 年版。

61. 姜国柱:《中国认识论史》,武汉大学出版社 2008 年版。

62. 林聚任、刘玉安主编:《社会科学研究方法》(第 2 版),山东人民出版社 2008 年版。

63. 杨俊一等:《制度哲学导论》,上海大学出版社 2007 年版。

64. 黄志高:《三民主义论战与马克思主义中国化》,安徽大学出版社 2010 年版。

65.《毛泽东选集》(第 3 卷),人民出版社 1991 年版。

66.《邓小平文选》(第 3 卷),人民出版社 1993 年版。

67. 梅荣政主编:《马克思主义中国化史》,中国社会科学出版社 2010 年版。

68. 潘维、玛雅主编:《聚焦当代中国价值观》,生活 · 读书 · 新知三联书店 2008 年版。

69. 郭湛波撰:《近五十年中国思想史》,高瑞泉导读,上海古籍出版社 2005 年版。

70. 朱光磊:《当代中国政府过程》(第 3 版),天津人民出版社 2008

年版。

71. 曹康泰主编:《中华人民共和国反垄断法解读——理念、制度、机制、措施》,中国法制出版社 2007 年版。

72. 杨仁寿:《法学方法论》,中国政法大学出版社 1999 年版。

73. 沈宗灵主编:《法理学》,北京大学出版社 2000 年版。

74. 张文显:《二十世纪西方法哲学思潮研究》,法律出版社 1996 年版。

75. 葛洪义:《法律与理性——法的现代性问题解读》,法律出版社 2001 年版。

76. 梁治平编:《法律解释问题》,法律出版社 1998 年版。

77. 陈金钊等:《法律解释学——立场、原则与方法》,湖南人民出版社 2009 年版。

78. 张志铭:《法律解释操作分析》,中国政法大学出版社 1998 年版。

79. 林东茂:《一个知识论上的刑法学思考》,中国人民大学出版社 2009 年版。

80. 葛洪义:《法与实践理性》,中国政法大学出版社 2002 年版。

81. 武飞:《法律解释:服从抑或创造》,北京大学出版社 2010 年版。

82. 陈其荣、曹志平:《科学基础方法论——自然科学与人文、社会科学方法论比较研究》,复旦大学出版社 2005 年版。

83. 王旭:《行政法解释学研究:基本原理、实践技术与中国问题》,中国法制出版社 2010 年版。

84. 梁慧星:《民法解释学》(第 3 版),法律出版社 2009 年版。

85. 王利明:《法律解释学导论:以民法为视角》,法律出版社 2009 年版。

86. 熊毅军:《论现代西方法理学的三大论战——基于古今之争立场的审视》,山东人民出版社 2009 年版。

87. 廖义男、刘华美、吴秀明等:《公平交易法施行九周年学术研讨会论文集》,台北,元照出版公司 2001 年版。

88. 张文显:《法哲学范畴研究》,中国政法大学出版社 2001 年版。

89. 张文显主编:《法理学》(第 5 版),高等教育出版社 2018 年版。

90. 周永坤:《法理学——全球视野》(第 4 版),法律出版社 2016 年版。

91. 雷磊:《法理学》,中国政法大学出版社 2019 年版。

92. 林立:《法学方法论与德沃金》,中国政法大学出版社 2002 年版。

93. 李春田主编:《标准化概论》,中国人民大学出版社 2014 年版。

94. 杨建顺主编:《行政法总论》,中国人民大学出版社 2012 年版。

95. 黄茂荣:《法学方法与现代民法》,中国政法大学出版社 2001 年版。

96. 吴庚:《政法理论与法学方法》,中国人民大学出版社 2007 年版。

97. 刘水林:《经济法基本范畴的整体主义解释》,厦门大学出版社 2006 年版。

98. 全国人大常委会法制工作委员会经济法室编:《〈中华人民共和国反垄断法〉条文说明、立法理由及相关规定》,北京大学出版社 2007 年版。

99. 国家市场监督管理总局反垄断局编:《中国反垄断执法年度报告(2019)》,法律出版社 2020 年版。

100. 吴炯主编:《维护公平竞争法》,中国人事出版社 1991 年版。

101. 刘剑文、崔正军主编:《竞争法要论》,武汉大学出版社 1996 年版。

102. 王艳林、张伟明主编:《竞争法导论》,中国地质大学出版社 1992 年版。

103. 文海兴、王艳林:《市场秩序的守护神:公平竞争法研究》,贵州人民出版社 1995 年版。

104. 曹士兵:《反垄断法研究——从制度到一般理论》,法律出版社 1996 年版。

105. 徐士英主编:《自由经济的"大宪章"——公平竞争法简论》,上海人民出版社 1997 年版。

106. 王晓晔编:《反垄断法与市场经济:中德反垄断法比较研讨会论文集》,法律出版社 1998 年版。

107. 孔祥俊:《反垄断法原理》,中国法制出版社 2001 年版。

108. 黄勇:《国际竞争法研究——竞争法实施中的国际冲突与国际合作》,中国友谊出版公司 2003 年版。

109. 王晓晔:《竞争法学》,社会科学文献出版社 2007 年版。

110. 王晓晔:《王晓晔论反垄断法》,社会科学文献出版社 2010

年版。

111. 吴宏伟:《竞争法有关问题研究》,中国人民大学出版社 2000 年版。

112. 许光耀:《欧共体竞争法通论》,武汉大学出版社 2006 年版。

113. 徐士英等:《竞争法新论》,北京大学出版社 2006 年版。

114. 徐士英:《竞争法论》,上海世界图书出版公司 2007 年版。

115. 时建中主编:《反垄断法——法典释评与学理探源》,中国人民大学出版社 2008 年版。

116. 时建中主编:《三十一国竞争法典》,中国政法大学出版社 2009 年版。

117. 王先林:《知识产权与反垄断法——知识产权滥用的反垄断问题研究》(第 3 版),法律出版社 2020 年版。

118. 方小敏:《中国反垄断立法若干问题研究——比较法视角》,德国阿登纳基金会 2006 年版。

119. 于立、吴绪亮:《产业组织与反垄断法》,东北财经大学出版社 2008 年版。

120. 吴汉洪:《垄断经济学》,经济日报出版社 2008 年版。

121. 沈敏荣:《法律的不确定性——反垄断法规则分析》,法律出版社 2001 年版。

122. 辜海笑:《美国反托拉斯理论与政策》,中国经济出版社 2005 年版。

123. 刘伟:《反垄断的经济分析》,上海财经大学出版社 2004 年版。

124. 王传辉:《反垄断的经济学分析》,中国人民大学出版社 2004 年版。

125. 张湘赣:《中国反垄断问题研究》,中国财政经济出版社 2005 年版。

126. 胡甲庆:《反垄断法的经济逻辑》,厦门大学出版社 2007 年版。

127. 李钟斌:《反垄断法的合理原则研究》,厦门大学出版社 2005 年版。

128. 彭海斌:《公平竞争制度选择》,商务印书馆 2006 年版。

129. 金碚主编:《竞争秩序与竞争政策》,社会科学文献出版社 2005 年版。

130. 邱本:《市场竞争法论》,中国人民大学出版社 2004 年版。

131. 刘宁元、司平平、林燕萍:《国际反垄断法》,上海人民出版社 2002 年版。

132. 傅军、张颖:《反垄断与竞争政策:经济理论、国际经验及对中国的启示》,北京大学出版社 2004 年版。

133. 黄勇、董灵:《反垄断法经典判例解析》,人民法院出版社 2002 年版。

134. 黄勇、董灵:《反垄断法经典判例选读——禁止垄断性协议》,人民法院出版社 2008 年版。

135. 黄茂荣:《公平交易法理论与实务》,台北,植根法学丛书编辑室 1993 年版。

136. 何之迈:《公平交易法专论》,中国政法大学出版社 2004 年版。

137. 赖源河编审:《公平交易法新论》,中国政法大学出版社 2002 年版。

138. 黄铭杰:《公平交易法之理论与实际:不同意见书》,台北,学林文化事业有限公司 2002 年版。

139. 吴秀明:《竞争法制之发轫与展开》,台北,元照出版有限公司 2004 年版。

140. 龚维敬:《垄断经济学》,上海人民出版社 2007 年版。

141. 赵杰:《垄断的观念》,人民出版社 2007 年版。

142. 袁祝杰:《竞争秩序的建构——行政性限制竞争研究》,北京大学出版社 2003 年版。

143. 包锡妹:《反垄断法的经济分析》,中国社会科学出版社 2003 年版。

144. 许光耀主编:《欧共体竞争立法》,武汉大学出版社 2006 年版。

145. 唐要家:《反垄断经济学:理论与政策》,中国社会科学出版社 2008 年版。

146. 金善明:《反垄断法法益研究:范式与路径》,中国社会科学出版社 2013 年版。

147. 兰磊:《论反垄断法多元价值的平衡》,法律出版社 2017 年版。

148. 董笃笃:《竞争政策法制化研究》,法律出版社 2017 年版。

149. 金善明:《反垄断法解释:规范、历史与体系》,中国社会科学出版社 2018 年版。

150. 丁茂中:《反垄断法与经济现象的点面透视研究》,法律出版社 2013 年版。

151. 叶卫平:《反垄断法价值问题研究》,北京大学出版社 2012 年版。

152. 阮方民:《欧盟竞争法》,中国政法大学出版社 1998 年版。

153. 许光耀:《垄断协议的反垄断法调整》,人民出版社 2018 年版。

154. 许光耀:《支配地位滥用行为的反垄断法调整》,人民出版社 2018 年版。

155. 李剑:《搭售的经济效果与法律规制》,中国检察出版社 2007 年版。

156. 潘丹丹:《反垄断法不确定性的意义研究》,法律出版社 2015 年版。

157. 李彬:《竞争法的基本范畴研究》,知识产权出版社 2016 年版。

158. 江山:《产业发展的政策选择与法律治理——以竞争法为中心展开》,法律出版社 2016 年版。

159. 薛波主编:《元照英美法词典》,法律出版社 2003 年版。

160. 刘水林:《反垄断法的观念基础和解释方法》,法律出版社 2011 年版。

161. 梁慧星:《民法解释学》,法律出版社 2009 年版。

162. 涂纪亮:《现代西方哲学评述》,贵州人民出版社 2018 年版。

163. 刘世生:《什么是文体学》,上海外语教育出版社 2016 年版。

164. 朱力宇、叶传星主编:《立法学》(第 4 版),中国人民大学出版社 2015 年版。

165. 朱宏文、王健:《反垄断法——转变中的法律》,社会科学文献出版社 2006 年版。

166. 周昀:《反垄断法新论》,中国政法大学出版社 2006 年版。

167. 孙晋:《反垄断法——制度与原理》,武汉大学出版社 2010 年版。

168. 李剑:《中国反垄断法的移植与本土化》,法律出版社 2022 年版。

169. 金耀基:《中国文明的现代转型》,广东人民出版社 2016 年版。

170. 吴承明:《中国资本主义与国内市场》,中国社会科学出版社1985年版。

171. [英]休谟:《人类理解研究》,关文运译,商务印书馆1997年版。

172. [美]理查德·罗蒂:《实用主义哲学》,林南译,上海译文出版社2009年版。

173. [英]P. S. 阿蒂亚:《英国法中的实用主义与理论》,刘承韪、刘毅译,清华大学出版社2008年版。

174. [德]齐佩利乌斯:《法学方法论》,金振豹译,法律出版社2009年版。

175. [美]赫施:《解释的有效性》,王才勇译,生活·读书·新知三联书店1991年版。

176. [英]大卫·麦克里兰:《意识形态》(第2版),孔兆政、蒋龙翔译,吉林人民出版社2005年版。

177. [美]穆雷·罗斯巴德:《权力与市场》,刘云鹏、戴忠玉、李卫公译,新星出版社2007年版。

178. [美]威廉·詹姆斯:《彻底的经验主义》,庞景仁译,上海人民出版社2006年版。

179. [英]尼尔·麦考密克、[奥]奥塔·魏因贝格尔:《制度法论》,周叶谦译,中国政法大学出版社2004年版。

180. [美]路易斯·哈茨:《美国的自由主义传统》,张敏谦译,中国社会科学出版社2003年版。

181. [美]亚当·普沃斯基:《国家与市场——政治经济学入门》,郦菁、张燕等译,格致出版社、上海人民出版社2009年版。

182. [美]泰格、利维:《法律与资本主义的兴起》,纪琨译,学林出版社1996年版。

183. [美]伊曼纽尔·沃勒斯坦:《知识的不确定性》,王昺等译,山东大学出版社2006年版。

184. [美]蒂莫西·耶格尔:《制度、转型与经济发展》,陈宇峰、曲亮译,华夏出版社2010年版。

185. [美]约翰·范·奥弗特瓦尔德:《芝加哥学派》,王永龙等译,中国社会科学出版社2010年版。

186. [美]尼古拉斯·麦考罗、斯蒂文·G. 曼德姆:《经济学与法律——从波斯纳到后现代主义》,吴晓露、潘晓松、朱慧译,法律出版社2005年版。

187. [美]路易斯·P. 波伊曼:《知识论导论——我们能知道什么?》(第2版),洪汉鼎译,中国人民大学出版社2008年版。

188. [美]大卫·D. 弗里德曼:《经济学语境下的法律规则》,杨欣欣译,法律出版社2004年版。

189. [美]理查德·A. 波斯纳:《法律理论的前沿》,武欣、凌斌译,中国政法大学出版社2003年版。

190. [美]戈登·塔洛克:《经济等级制、组织与生产的结构》,柏克、郑景胜译,商务印书馆2010年版。

191. [美]保罗·萨缪尔森:《中间道路经济学》,何宝玉译,首都经济贸易大学出版社2000年版。

192. [美]道格拉斯·诺思:《理解经济变迁过程》,钟正生、邢华等译,中国人民大学出版社2008年版。

193. [法]皮埃尔·罗桑瓦隆:《乌托邦资本主义——市场观念史》,杨祖功、晓宾、杨齐译,社会科学文献出版社2004年版。

194. [美]安德鲁·奥尔特曼:《批判法学——一个自由主义的批评》,信春鹰、杨晓锋译,中国政法大学出版社2009年版。

195. [德]阿图尔·考夫曼、温弗里德·哈斯默尔主编:《当代法哲学和法律理论导论》,郑永流译,法律出版社2002年版。

196. [美]塞缪尔·鲍尔斯、理查德·爱德华兹、弗兰克·罗斯福:《理解资本主义:竞争、统制与变革》(第3版),孟捷、赵准、徐华主译,中国人民大学出版社2010年版。

197. [德]考夫曼:《法律哲学》,刘幸义等译,法律出版社2004年版。

198. [美]罗斯科·庞德:《法理学》(第1卷),邓正来译,中国政法大学出版社2004年版。

199. [美]罗斯科·庞德:《法理学》(第2卷),邓正来译,中国政法大学出版社2007年版。

200. [德]卡尔·恩吉施:《法律思维导论》,郑永流译,法律出版社2004年版。

201. [美]菲利普·阿瑞达、路易斯·卡普洛:《反垄断法精析:难点与案例》,中信出版社2003年版。

202. [美]奥利弗·E. 威廉姆森:《反托拉斯经济学——兼并、协约和策略行为》,张群群、黄涛译,经济科学出版社 1999 年版。

203. [美]迈克尔·D. 温斯顿:《反垄断经济学前沿》,张嫚、吴绪亮、章爱民译,东北财经大学出版社 2007 年版。

204. [美]J. E. 克伍卡、L. J. 怀特编著:《反托拉斯革命——经济学、竞争与政策》,林平、臧旭恒等译,经济科学出版社 2007 年版。

205. [美]杰伊·皮尔·乔伊主编:《反垄断研究新进展:理论与证据》,张嫚、崔文杰译,东北财经大学出版社 2008 年版。

206. [美]基斯·N. 希尔顿:《反垄断法:经济学原理和普通法演进》,赵玲译,北京大学出版社 2009 年版。

207. [美]赫伯特·霍温坎普:《联邦反托拉斯政策:竞争法律及其实践》(第 3 版),许光耀、江山、王晨译,法律出版社 2009 年版。

208. [英]奥利弗·布莱克:《反垄断的哲学基础》,向国成、袁媛等译,东北财经大学出版社 2010 年版。

209. [美]欧内斯特·盖尔霍恩、威廉姆·科瓦契奇、斯蒂芬·卡尔金斯:《反垄断法与经济学》(第 5 版),任勇、邓志松、尹建平译,法律出版社 2009 年版。

210. [美]戴维·J. 格伯尔:《二十世纪欧洲的法律与竞争》,冯克利、魏志梅译,中国社会科学出版社 2004 年版。

211. [美]杰里米·阿塔克、彼得·帕塞尔:《新美国经济史:从殖民地时期到 1940 年》(第 2 版),罗涛等译,中国社会科学出版社 2000 年版。

212. [意]马西莫·莫塔:《竞争政策——理论与实践》,沈国华译,上海财经大学出版社 2006 年版。

213. [美]理查德·A. 波斯纳:《反托拉斯法》(第 2 版),孙秋宁译,中国政法大学出版社 2003 年版。

214. [美]理查德·A. 波斯纳:《法律的经济分析》,蒋兆康译,中国大百科全书出版社 1997 年版。

215. [美]理查德·A. 波斯纳:《法律、实用主义与民主》,凌斌、李国庆译,中国政法大学出版社 2005 年版。

216. [美]杰里·马勒:《保守主义:从休谟到当前的社会政治思想文集》,刘曙辉、张容南译,译林出版社 2010 年版。

217. [瑞典]亚历山大·佩岑尼克:《法律科学:作为法律知识和法律渊源的法律学说》,桂晓伟译,武汉大学出版社 2009 年版。

218. [美]查尔斯·沃尔夫:《市场,还是政府——不完善的可选事物间的抉择》,陆俊、谢旭译,重庆出版社 2007 年版。

219. [英]蒂莫西·A. O. 恩迪科特:《法律中的模糊性》,程朝阳译,北京大学出版社 2010 年版。

220. [美]列奥·施特劳斯:《古今自由主义》,马志娟译,江苏人民出版社 2010 年版。

221. [美]肯尼斯·赫文、托德·多纳:《社会科学研究的思维要素》,李涤非、潘磊译,重庆大学出版社 2008 年版。

222. [美]罗伯特·S. 萨默斯:《美国实用工具主义法学》,柯华庆译,中国法制出版社 2010 年版。

223. [加]让·格朗丹:《哲学解释学导论》,何卫平译,商务印书馆 2009 年版。

224. [美]拉齐恩·萨丽等:《哈耶克与古典自由主义》,秋风译,贵州人民出版社 2003 年版。

225. [美]戴维·凯瑞斯编辑:《法律中的政治——一个进步性批评》,信春鹰译,中国政法大学出版社 2008 年版。

226. [荷]伊芙琳·T. 菲特丽丝:《法律论证原理》,张其山、焦宝乾、夏贞鹏译,商务印书馆 2005 年版。

227. [美]理查德·A. 波斯纳:《法理学问题》,苏力译,中国政法大学出版社 2002 年版。

228. [德]马克斯·韦伯:《社会科学方法论》,李秋零、田薇译,中国人民大学出版社 1999 年版。

229. [德]亚图·考夫曼:《类推与"事物本质"——兼论类型理论》,吴从周译,台北,学林文化事业有限公司 1999 年版。

230. [德]卡尔·拉伦茨:《法学方法论》,陈爱娥译,商务印书馆 2003 年版。

231. [美]凯斯·R. 孙斯坦:《法律推理与政治冲突》,金朝武、胡爱平、高建勋译,法律出版社 2004 年版。

232. [美]罗伯托·曼戈贝拉·昂格尔:《知识与政治》,支振锋译,中国政法大学出版社 2009 年版。

233. [美]查理斯·R. 吉斯特:《美国垄断史——帝国的缔造者和他们的敌人》,傅浩、钱钢、郭学堂、杨海燕、安萍萍译,经济科学出版社2004年版。

234. [美]道格拉斯·C. 诺思:《制度、制度变迁与经济绩效》,杭行译,格致出版社、上海三联书店、上海人民出版社2008年版。

235. [英]雷蒙·威廉斯:《关键词:文化与社会的词汇》,刘建基译,生活·读书·新知三联书店2005年版。

236. [英]约翰·伯瑞:《进步的观念》,范祥涛译,上海三联书店2005年版。

237. [英]罗伯特·鲍德温、马丁·凯夫、马丁·洛奇编:《牛津规制手册》,宋华琳等译,上海三联书店2017年版。

238. [美]朱迪斯·戈尔茨坦、罗伯特·D. 基欧汉编:《观念与外交政策:信念、制度与政治变迁》,刘东国、于军译,北京大学出版社2005年版。

239. [英]罗杰·斯克拉顿:《保守主义的含义》,王皖强译,中央编译出版社2005年版。

240. [英]理查德·贝拉米:《自由主义与现代社会》,毛兴贵、檀秀侠、陈高华、郑维伟译,江苏人民出版社2008年版。

241. [波]W. 布鲁斯、K. 拉斯基:《从马克思到市场:社会主义对经济体制的求索》,银温泉译,格致出版社、上海三联书店、上海人民出版社2010年版。

242. [美]安德雷·马默主编:《法律与解释》,张卓明、徐宗立等译,法律出版社2006年版。

243. [美]罗纳德·德沃金:《原则问题》,张国清译,江苏人民出版社2008年版。

244. [加]道格拉斯·沃尔顿:《法律论证与证据》,梁庆寅、熊明辉等译,中国政法大学出版社2010年版。

245. [美]肯尼斯·卡尔普·戴维斯:《裁量正义》,毕洪海译,商务印书馆2009年版。

246. [美]德沃金:《法律帝国》,李常青译,中国大百科全书出版社1996年版。

247. [英]以赛亚·柏林:《观念的力量》,胡自信、魏钊凌译,译林出版社 2019 年版。

248.［美］约翰·罗尔斯:《正义论》,何怀宏、何包钢、廖申白译,中国社会科学出版社 1988 年版。

249.［美］罗伯特·诺奇克:《无政府、国家和乌托邦》,姚大志译,中国社会科学出版社 2008 年版。

250.［美］罗纳德·德沃金:《认真对待权利》,信春鹰、吴玉章译,中国大百科全书出版社 1998 年版。

251.［芬］冯·赖特、海基·尼曼编:《维特根斯坦笔记》,许志强译,复旦大学出版社 2008 年版。

252.［德］乌尔里希·施瓦尔贝、丹尼尔·齐默尔:《卡特尔法与经济学》,顾一泉、刘旭译,法律出版社 2014 年版。

253.［英］西蒙·毕晓普、迈克·沃克:《欧盟竞争法的经济学:概念、应用和测量》,董红霞译,人民出版社 2016 年版。

254.［美］乔·S. 贝恩:《新竞争者的壁垒》,徐国兴、邱中虎、张明、曹云立译,人民出版社 2012 年版。

255.［美］乔治·J. 施蒂格勒:《产业组织》,王永钦、薛锋译,上海三联书店、上海人民出版社 2006 年版。

256.［英］安德鲁·海伍德:《政治的意识形态》,陈思贤译,台北,五南图书出版股份有限公司 2009 年版。

257.［日］丹宗昭信、伊从宽:《经济法总论》,吉田庆子译,中国法制出版社 2010 年版。

258.［美］爱德华·希尔斯:《论传统》,傅铿、吕乐译,上海人民出版社 2009 年版。

259.［美］小奥利弗·温德尔·霍姆斯:《普通法》,冉昊等译,中国政法大学出版社 2006 年版。

260.［英］以赛亚·伯林:《自由及其背叛》,赵国新译,译林出版社 2011 年版。

261.［土］丹尼·罗德里克:《经济学规则》,刘波译,中信出版集团股份有限公司 2017 年版。

262.［德］汉斯-格奥尔格·加达默尔:《真理与方法:哲学诠释学的基本特征》,洪汉鼎译,上海译文出版社 1999 年版。

(二)论文

1. 苏力:《解释的难题:对几种法律文本解释方法的追问》,载《中国社会科学》1997年第4期。

2. 苏永钦:《经济法——已开发国家的任务与难题》,载赖源河编审:《公平交易法新论》,中国政法大学出版社2002年版。

3. 张志铭:《当代中国的法律解释问题研究》,载《中国社会科学》1996年第5期。

4. 张志铭:《关于中国法律解释体制的思考》,载《中国社会科学》1997年第2期。

5. 张志铭:《法律解释原理(上)》,载《国家检察官学院学报》2007年第6期。

6. 张志铭:《法律解释原理(中)》,载《国家检察官学院学报》2008年第1期。

7. 张志铭:《法律解释原理(下)》,载《国家检察官学院学报》2008年第2期。

8. 陈弘毅:《当代西方法律解释学初探》,载《中国法学》1997年第3期。

9. 季卫东:《法律解释的真谛(上)——探索实用法学的第三道路》,载《中外法学》1998年第6期。

10. 季卫东:《法律解释的真谛(下)——探索实用法学的第三道路》,载《中外法学》1999年第1期。

11. 郑永流:《出释入造——法律诠释学及其与法律解释学的关系》,载《法学研究》2002年第3期。

12. 张立伟:《法律解释学的实用命运》,载陈金钊、谢晖主持:《法律方法》第1卷,山东人民出版社2002年版。

13. 邵华:《论伽达默尔对实践哲学和解释学的融合》,载《现代哲学》2010年第5期。

14. 陈国达:《学派在建立和发展学科中的作用》,载《大地构造与成矿学》1995年第3期。

15. 肖永平、徐锦堂:《中国法学流派的创生和珞珈法学派的可能》,载《学术界》2006年第1期。

16. 黄勇、江山:《"国家—市场"尺度下的反垄断法三十年——迈向"自治—回应"型法》,载《法学论坛》2008年第3期。

17. 田源:《行为法律经济学视野中的"法律确定性命题"——以规则

和标准的分类为线索》,载《法制与社会发展》2018 年第 2 期。

18. 盛杰民:《竞争法在中国:现状及展望》,载杨紫烜主编:《经济法研究》第 1 卷,北京大学出版社 2000 年版。

19. 刘水林:《反垄断法的挑战——对反垄断法的整体主义解释》,载《法学家》2010 年第 1 期。

20. 余科杰:《当代中国自由主义思潮的历史演变及其基本特征》,载《毛泽东邓小平理论研究》2004 年第 11 期。

21. 张桂英、宋海春:《试论西方"第三条道路"的实用主义政治倾向》,载《东北师大学报》2000 年第 5 期。

22. 张之沧:《中国的马克思主义应当重新审视实用主义》,载《河北学刊》2005 年第 3 期。

23. 许纪霖:《寻求自由与公道的社会秩序——现代中国自由主义的一个考察》,载《开放时代》2000 年第 1 期。

24. 王晓:《法律类型理论和类推方式研究——以考夫曼类型理论为起点的认识论探究》,载《浙江学刊》2009 年第 5 期。

25. 吴晓:《论类型化方法对宪法学研究的意义》,载《政法学刊》2006 年第 1 期。

26. 郑戈:《法学是一门社会科学吗?——试论"法律科学"的属性及其研究方法》,载强世功、李光昱主编:《北大法律评论》第 1 卷·第 1 辑,法律出版社 1998 年版。

27. 陈英涛、秦建洲:《当代西方知识论研究的补白之作——评〈知识与确证——当代知识论引论〉》,载《哲学动态》2003 年第 12 期。

28. 盛杰民、叶卫平:《反垄断法价值理论的重构——以竞争价值为视角》,载《现代法学》2005 年第 1 期。

29. 吴宏伟、魏炜:《论反垄断法的价值目标》,载《法学家》2005 年第 3 期。

30. 陈秀山:《我国竞争制度与竞争政策目标模式的选择》,载《中国社会科学》1995 年第 3 期。

31. 吴汉洪、张晓楹:《对反垄断中合理规则的经济学思考》,载《中国人民大学学报》2003 年第 6 期。

32. 王晓晔:《社会主义市场经济条件下的反垄断法》,载《中国社会科学》1996 年第 1 期。

33. 汤春来:《试论我国反垄断法价值目标的定位》,载《中国法学》2001 年第 2 期。

34. 吴白丁:《论纵向合并审查中竞争损害理论的证明——以 AT&T 收购时代华纳案为切入点》,载《经贸法律评论》2019 年第 5 期。

35. 江山:《美国数字市场反垄断监管的方法与观念反思》,载《国际经济评论》2021 年第 6 期。

36. 江山:《论反垄断法规范中的规则与标准》,载《环球法律评论》2021 年第 3 期。

37. 江山:《论垄断行为的类型化规整》,载《经贸法律评论》2021 年第 2 期。

38. 江山:《论公平竞争审查制度法制化的层次》,载《经贸法律评论》2022 年第 5 期。

39. 江山:《美国反托拉斯运动的死与生》,载《读书》2022 年第 7 期。

40. 江山:《论反垄断指南的规范形式与效力实质》,载《社会科学》2023 年第 1 期。

41. 江山、苏竣:《论企业联营合作创新的反垄断法规制》,载《东方法学》2014 年第 2 期。

42. 沈敏荣:《反垄断法的性质》,载《中国法学》1998 年第 4 期。

43. 江帆:《竞争法的思想基础与价值共识》,载《现代法学》2019 年第 2 期。

44. 周赟:《立法语言的特点:从描述到分析及证立》,载《法制与社会发展》2010 年第 2 期。

45. 余凌云:《现代行政法上的指南、手册和裁量基准》,载《中国法学》2012 年第 4 期。

46. 郝俊淇、谭冰玉:《竞争政策视域下反垄断指南的定位研究——兼及竞争主管机构的塑造》,载《经济体制改革》2017 年第 5 期。

47. 潘丹丹:《公平原则的多重理解与反垄断法的不确定性》,载《学术交流》2009 年第 9 期。

48. 王先林:《关于制定我国滥用知识产权反垄断指南的若干思考》,载《价格理论与实践》2015 年第 10 期。

49. 王炳:《我国反垄断指南的尴尬法律地位与救赎方法》,载《政法论丛》2018 年第 6 期。

50. 时建中、郝俊淇:《原则性禁止转售价格维持的立法正确性及其实施改进》,载《政治与法律》2017 年第 11 期。

51. 张骏:《转售价格维持可抗辩违法推定规则的证成——丽晶案及其后续发展的启示》,载《华侨大学学报(哲学社会科学版)》2018 年第 6 期。

52. 兰磊:《论垄断行为分析模式的配置逻辑》,载《经贸法律评论》2021 年第 2 期。

53. 王晓晔:《有效竞争——我国竞争政策和反垄断法的目标模式》,载《法学家》1998 年第 2 期。

54. 董延林:《经济理论对美国反托拉斯法的影响》,载《行政与法》2003 年第 11 期。

55. 朱远建:《从美国反垄断实践看反垄断法的灵活性》,载《江西社会科学》2004 年第 10 期。

56. 郭跃:《美国反垄断法价值取向的历史演变》,载《美国研究》2005 年第 1 期。

57. 彭真军、吴玉岭:《美国反垄断法的政策目标之争评析》,载《求索》2006 年第 12 期。

58. 刘宁元:《反垄断法政策目标的多元化》,载《法学》2009 年第 10 期。

59. 胡玉鸿:《作为"方法"的法律解释》,载《法商研究》2004 年第 2 期。

60. 王彬:《文义解释的反思与重构》,载《宁夏大学学报(人文社会科学版)》2008 年第 3 期。

61. 邹海林:《私法规范文本解释之价值判断》,载《环球法律评论》2013 年第 5 期。

62. 江山:《论协议型企业联营的反垄断规制》,载《环球法律评论》2017 年第 6 期。

63. 卢佩:《"法律适用"之逻辑结构分析》,载《当代法学》2017 年第 2 期。

64. 叶明:《经济法偏重法律标准的原因及意义》,载《西南民族大学学报(人文社科版)》2003 年第 11 期。

65. 吴元元:《反垄断司法的知识生产——一个知识社会学的视

角》,载《现代法学》2014 年第 6 期。

66. 苏力:《解释的难题:对几种法律文本解释方法的追问》,载《中国社会科学》1997 年第 4 期。

67. 雷磊:《法律规则的逻辑结构》,载《法学研究》2013 年第 1 期。

68. 金善明:《反垄断司法解释的范式与路径》,载《环球法律评论》2013 年第 4 期。

69. 金善明:《反垄断行政解释的反思与完善》,载《法律科学(西北政法大学学报)》2014 年第 1 期。

70. 金善明:《论反垄断法解释权的规制》,载《法商研究》2015 年第 6 期。

71. 屈茂辉、肖霄:《法学何以是社会科学——法学的社会科学属性再论》,载《湖湘论坛》2018 年第 2 期。

72. 雷磊:《方法和限度:回到事情“本身”——解析考夫曼〈类推与“事物本质”〉》,载郑永流主编:《法哲学与法社会学论丛》总第 9 期,北京大学出版社 2006 年版。

73. 周光权:《类型思考与中国法学研究》,载《中国社会科学评价》2015 年第 4 期。

74. 金善明:《〈反垄断法〉文本的优化及其路径选择——以〈反垄断法〉修订为背景》,载《法商研究》2019 年第 2 期。

75. 雷磊:《法理学与部门法学的三重关系》,载《河北法学》2020 年第 2 期。

76. 江山:《论反垄断法解释的知识转型与方法重构》,载《现代法学》2018 年第 6 期。

77. 叶卫平:《反垄断法分析模式的中国选择》,载《中国社会科学》2017 年第 3 期。

78. 许光耀:《“合理原则”及其立法模式比较》,载《法学评论》2005 年第 2 期。

79. 兰磊:《重估合理原则的制度成本——兼评〈制度成本与规范化的反垄断法〉》,载《经贸法律评论》2020 年第 3 期。

80. 黄勇、刘燕南:《关于我国反垄断法转售价格维持协议的法律适用问题研究》,载《社会科学》2013 年第 10 期。

81. 李剑:《制度成本与规范化的反垄断法 当然违法原则的回

归》,载《中外法学》2019 年第 4 期。

82. 兰磊:《重估本身违法原则的制度成本——评李剑教授〈制度成本与规范化的反垄断法〉》,载《竞争政策研究》2020 年第 2 期。

83. 李可:《类型思维及其法学方法论意义——以传统抽象思维作为参照》,载《金陵法律评论》2003 年第 2 期。

84. 江山:《论纵向非价格限制的反垄断规制》,载《法律科学(西北政法大学学报)》2020 年第 1 期。

85. 宁度:《美国〈纵向合并指南〉的介评与启示:以竞争损害的认定为中心》,载《竞争政策研究》2020 年第 5 期。

86. 王先林:《论我国垄断协议规制制度的实施与完善——以〈反垄断法〉修订为视角》,载《安徽大学学报(哲学社会科学版)》2020 年第 1 期。

87. 万江:《窜货的法律规制》,载《中外法学》2016 年第 4 期。

88. 焦海涛:《纵向非价格垄断协议的反垄断法规制:困境与出路》,载《现代法学》2019 年第 4 期。

89. 张骏、王先林:《纵向地域限制的反垄断法规制研究》,载《华侨大学学报(哲学社会科学版)》2015 年第 5 期。

90. 唐要家、唐春晖、杨坦能:《电信主导运营商价格压榨的竞争效应》,载《中国工业经济》2012 年第 4 期。

91. 喻言、任剑新:《价格挤压与反垄断规制》,载《广东财经大学学报》2014 年第 2 期。

92. 易芳、龚炯:《论价格挤压行为的反垄断分析思路》,载《价格理论与实践》2012 年第 1 期。

93. 李俊峰:《"忠诚折扣"的垄断违法性判定——以利乐公司行政处罚案为材料》,载《当代法学》2019 年第 2 期。

94. 钟洲、王麒植:《忠诚折扣、产品和消费者的异质性与竞争壁垒》,载《中国工业经济》2018 年第 9 期。

95. 胡甲庆:《美国合并反垄断法律规制的范式转型》,载《经济问题》2009 年第 8 期。

96. 黄勇、蒋涛:《非横向企业合并的反垄断规制:以欧盟〈非横向合并指南〉为基础展开》,载《清华法学》2009 年第 2 期。

97. 许光耀:《联合抵制交易的反垄断法分析》,载《价格理论与实践》2016 年第 3 期。

98. 侯利阳:《垄断行为类型化中的跨界行为　以联合抵制为视角》,载《中外法学》2016 年第 4 期。

99. 李剑:《论联合抵制交易的违法性判断标准》,载《当代法学》2009 年第 3 期。

100. 刘继峰:《"中心辐射型"卡特尔认定中的问题》,载《价格理论与实践》2016 年第 6 期。

101. 郭传凯:《美国中心辐射型垄断协议认定经验之借鉴》,载《法学论坛》2016 年第 5 期。

102. 焦海涛:《反垄断法上轴辐协议的法律性质》,载《中国社会科学院研究生院学报》2020 年第 1 期。

103. 张晨颖:《垄断协议二分法检讨与禁止规则再造——从轴辐协议谈起》,载《法商研究》2018 年第 2 期。

104. 丁茂中:《论规范垄断协议行为的立法完善》,载《政治与法律》2020 年第 3 期。

105. 王晓晔:《论滥用"相对优势地位"的法律规制》,载《现代法学》2016 年第 5 期。

106. 朱理:《滥用相对优势地位问题的法律规制——虚幻的敌人与真实的危险》,载《电子知识产权》2016 年第 6 期。

107. 丁茂中:《论滥用市场支配地位行为规范的立法完善》,载《经贸法律评论》2020 年第 2 期。

108. 侯利阳:《共同市场支配地位法律分析框架的建构》,载《法学》2018 年第 1 期。

109. 喻玲、兰江华:《滥用市场支配地位诉讼举证困境及对策研究——基于 67 份判决书的实证分析》,载《江西财经大学学报》2020 年第 4 期。

110. 张晨颖:《共同市场支配地位的理论基础与规则构造》,载《中国法学》2020 年第 2 期。

111. 江山、黄勇:《论中国企业联营的经营者集中控制》,载《法学杂志》2012 年第 10 期。

112. 臧旭恒:《从哈佛学派、芝加哥学派到后芝加哥学派——反托拉斯与竞争政策的产业经济学理论基础的发展与展望》,载《东岳论丛》

2007 年第 1 期。

113. 吴福象:《产业经济学的发展与学科渗透的趋势》,载《当代财经》2004 年第 10 期。

114. 马广奇:《产业经济学在西方的发展及其在我国的构建》,载《外国经济与管理》2000 年第 10 期。

115. 张守文:《公平竞争审查制度的经济法解析》,载《政治与法律》2017 年第 11 期。

116. 杨登峰:《行政法定原则及其法定范围》,载《中国法学》2014 年第 3 期。

117. [美]道格拉斯·诺斯著,路平、何玮编译:《新制度经济学及其发展》,载《经济社会体制比较》2002 年第 5 期。

118. [美]理查德·吉尔伯特:《排他性交易的经济学分析和反垄断执法》,黄昆译,载《经贸法律评论》2020 年第 5 期。

(三)其他

1.《中共中央关于坚持和完善中国特色社会主义制度 推进国家治理体系和治理能力现代化若干重大问题的决定》,载新华网,http://www.xinhuanet.com/politics/2019-11/05/c_1125195786.htm。

2.《中共中央关于制定国民经济和社会发展第十四个五年规划和二〇三五年远景目标的建议》,载中国政府网,https://www.gov.cn/zhengce/2020-11/03/content_5556991.htm。

3.《中共中央关于全面深化改革若干重大问题的决定》,载中国政府网,https://www.gov.cn/zhengce/2013-11/15/content_5407874.htm。

4.《中共中央关于建立社会主义市场经济体制若干问题的决定》,载北大法宝网,https://pkulaw.com/chl/4cbd93d7254ee66fbdfb.html,最后访问日期:2023 年 6 月 27 日。

5.《中央财办负责人解读强化反垄断和防止资本无序扩张》,载搜狐网 2020 年 12 月 19 日,https://www.sohu.com/na/439236242_162758。

6. 新浪财经:《市场监管总局局长:促进市场公平竞争 推动反垄断法加快修订》,载百家号网 2021 年 1 月 9 日,https://baijiahao.baidu.com/s?id=1688409265099729420&wfr=spider&for=pc。

7. 新华网:《中共中央政治局第三十八次集体学习》,载光明网,https://m.gmw.cn/baijia/2022-05/07/35717171.html。

8.《制止滥用行政权力排除、限制竞争行为暂行规定》,2019 年 6 月 26 日国家市场监督管理总局令第 12 号公布。

9.《制止滥用行政权力排除、限制竞争行为规定》,2023 年 3 月 10 日国家市场监督管理总局令第 64 号公布。

10.《禁止垄断协议规定》,2023 年 3 月 10 日国家市场监督管理总局令第 65 号公布。

11.《禁止滥用市场支配地位行为规定》,2023 年 3 月 10 日国家市场监督管理总局令第 66 号公布。

12.《经营者集中审查规定》,2023 年 3 月 10 日国家市场监督管理总局令第 67 号公布。

13.《禁止滥用知识产权排除、限制竞争行为规定》,2023 年 6 月 25 日国家市场监督管理总局令第 79 号公布。

14.《国务院关于在市场体系建设中建立公平竞争审查制度的意见》,国发〔2016〕34 号。

15.《国务院反垄断委员会办公室负责同志就〈国务院反垄断委员会关于平台经济领域的反垄断指南〉答记者问》,载国家互联网信息办公室网,http://www.cac.gov.cn/2021-02/08/c_1614358492110420.htm。

16. 黄勇:《十三届全国人大常委会专题讲座第二十三讲:完善反垄断法律制度　强化竞争政策基础地位》,载中国人大网,http://www.npc.gov.cn/npc/c30834/202104/t20210430_311336.shtml。

17. 张工:《关于〈中华人民共和国反垄断法(修正草案)〉的说明》,载中国人大网,http://www.npc.gov.cn/npc/c2/c30834/202206/t20220624_318299.html。

18.《〈关于知识产权领域的反垄断指南〉解读》,载国家市场监督管理总局网,https://gkml.samr.gov.cn/nsjg/xwxcs/202010/t20201030_322783.html。

19.《〈国务院反垄断委员会关于平台经济领域的反垄断指南〉解读》,载国家市场监督管理总局网,https://gkml.samr.gov.cn/nsjg/xwxcs/202102/t20210208_325999.html。

20.《四川发改委公布罚单　五粮液价格垄断受罚 2.02 亿》,载人民网,http://politics.people.com.cn/n/2013/0222/c70731-20572752.html。

21.《发改委对六家乳企罚款 6.7 亿 涉案企业提整改措施》,载中国新闻网,https://www.chinanews.com/gn/2013/08-07/5133709.shtml。

22.《发改委:博士伦等眼镜企业维持转售价格被罚 1900 万》,载中国法院网 2014 年 5 月 30 日,https://www.chinacourt.org/article/detail/2014/05/id/1306167.shtml。

23.《商务部关于禁止可口可乐公司收购中国汇源公司审查决定的公告》,商务部公告 2009 年第 22 号。

24.《市场监管总局关于附加限制性条件批准丹纳赫公司收购通用电气医疗生命科学生物制药业务案反垄断审查决定的公告》。

25.《商务部关于附条件批准松下公司收购三洋公司反垄断审查决定的公告》,商务部公告 2009 年第 82 号。

26.《商务部关于附加限制性条件批准美国百特国际有限公司收购瑞典金宝公司经营者集中反垄断审查决定的公告》,商务部公告 2013 年第 58 号。

27.《商务部关于附条件批准希捷科技公司收购三星电子有限公司硬盘驱动器业务反垄断审查决定的公告》,商务部公告 2011 年第 90 号。

28.《商务部关于附加限制性条件批准西部数据收购日立存储经营者集中反垄断审查决定的公告》,商务部公告 2012 年第 9 号。

29.《市场监管总局关于附加限制性条件批准高意股份有限公司收购菲尼萨股份有限公司股权案反垄断审查决定的公告》。

30.《商务部关于附加限制性条件批准恩智浦收购飞思卡尔全部股权案经营者集中反垄断审查决定的公告》,商务部公告 2015 年第 64 号。

31.《商务部关于附加限制性条件批准日月光半导体制造股份有限公司收购矽品精密工业股份有限公司股权案经营者集中反垄断审查决定的公告》,商务部公告 2017 年第 81 号。

32.《商务部关于附加限制性条件批准马士基航运公司收购汉堡南美船务集团股权案经营者集中反垄断审查决定的公告》,商务部公告 2017 年第 77 号。

33.《市场监管总局关于附加限制性条件批准诺贝丽斯公司收购爱励公司股权案反垄断审查决定的公告》。

34. 重庆市工商行政管理局行政处罚决定书,渝工商经处字〔2015〕

15 号。

35. 国家工商行政管理总局行政处罚决定书,工商竞争案字〔2016〕1 号。

36. 国家发展和改革委员会行政处罚决定书〔2016〕8 号。

37. 国家市场监督管理总局行政处罚决定书,国市监处〔2021〕29 号。

38. 最高人民法院民事判决书,(2013)民三终字第 4 号。

39. 最高人民法院行政裁定书,(2018)最高法行申 4675 号。

40. 上海市高级人民法院民事判决书,(2012)沪高民三(知)终字第 63 号。

二、外文

(一)著作

1. Robert Pitofsky, *Conservative Economics: How Chicago School Overshot the Mark*, Oxford University Press, 2008.

2. Oliver Williamson, *Antitrust Economics: Mergers, Contracting, and Strategic Behavior Hardcover*, Blackwell, 1987.

3. Massimo Motta, *Competition Policy: Theory and Practice*, Cambridge University Press, 2006.

4. Michael Winston, *Lectures on Antitrust Economics*, The MIT Press, 2004.

5. Joe S. Bain, *Barriers to New Competition: Their Character and Consequences in Manufacturing Industries*, Harvard University Press, 1956.

6. Joe Bain, *Industrial Organization*, Wiley, 1968.

7. George Stigler, *The Organization of Industry*, R. D. Irwin, 1968.

8. Robert Bork, *The Antitrust Paradox: A Policy at War with Itself*, Basic Books, 1978.

9. Lawrence Sullivan & Warren S. Grimes, *The Law of Antitrust: An Integrated Handbook*, Thomson/West, 2006.

10. Herbert Hovenkamp, *Federal Antitrust Policy: The Law of Competition and Its Practice*, Thomson/West, 2005.

11. Herbert Hovenkamp, *The Antitrust Enterprise: Principle and*

Execution, Harvard University Press, 2005.

12. Herbert Hovenkamp, *Enterprise and American Law*: 1836 - 1937, Harvard University Press, 1991.

13. Phillip Areeda & Herbert Hovenkamp, *Antitrust Law*: *An Analysis of Antitrust Principles and Their Application*, Aspen Publishers, 2004.

14. Richard Posner, *Antitrust Law*, 2nd ed., University of Chicago Press, 2001.

15. Richard Posner, *Antitrust Law*: *An Economic Perspective*, University of Chicago Press, 1976.

16. Abel Moreira Mateus & Teresa Moreira, *Competition Law and Economics*: *Advances in Competition Policy Enforcement in the EU and North America*, Edward Elgar Publishers, 2010.

17. Ward Farnswort, *The Legal Analyst*: *A Toolkit for Thinking about the Law*, University of Chicago Press, 2007.

18. Richard Whish & David Bailey, *Competition Law*, 8th ed., Oxford University Press, 2015.

19. Andrew Gavil, William Kovacic & Jonathan Baker, *Antitrust Law in Perspective*: *Cases, Concepts and Problems in Competition Policy*, Thomson/West, 2008.

20. Carl Kaysen & Donald Turner, *Antitrust Policy*: *An Economic and Legal Analysis*, Harvard University Press, 1959.

21. Richard Hofstadter, *The Paranoid Style in American Politics*, Vintage, 2008.

22. Joe S. Bain, *Industrial Organization*, John Wiley & Sons, 1959.

23. Jonathan Baker, *The Antitrust Paradigm*: *Restoring a Competitive Economy*, Harvard University Press, 2019.

(二)论文

1. Eleanor Fox, *The Modernization of Antitrust*: *A New Equilibrium*, in Thomas E. Sullivan ed., The Political Economy of Sherman Act, Oxford University Press, 1991.

2. Eleanor Fox, *The Efficiency Paradox*, in Robert Pitofsky ed., How the Chicago School Overshot the Mark: The Effect of Conservative

Economic Analysis on U. S. Antitrust, Oxford University Press, 2008.

3. Jonathan Baker & Carl Shapiro, *Reinvigorating Horizontal Merger Enforcement*, in Robert Pitofsky ed. , How the Chicago School Overshot the Mark: The Effect of Conservative Economic Analysis on U. S. Antitrust, Oxford University Press, 2008.

4. Marina Lao, *Defining Exclusionary Conduct under Section 2: The Case for Non-Universal Standards*, in Barry Hawk ed. , Fordham International Antitrust Law & Policy, Juris Publishing, Inc. , 2006.

5. Marina Lao, *Free Riding: An Overstated, and Unconvincing, Explanation for Resale Price Maintenance*, in Robert Pitofsky ed. , How the Chicago School Overshot the Mark: The Effect of Conservative Economic Analysis on U. S. Antitrust, Oxford University Press, 2008.

6. Thomas Kuaper, *Influence of Conservative Economic Analysis on the Development of the Law of Antitrust*, in Robert Pitofsky ed. , How the Chicago School Overshot the Mark: The Effect of Conservative Economic Analysis on U. S. Antitrust, Oxford University Press, 2008.

7. Robert Bork & Ward Bowman Jnr. , *The Crisis in Antitrust*, 65 Colum. L. Rev. 363 (1965).

8. Timothy Endicott, *The Impossibility of Rule of Law*, 19 Oxford Journal of Legal Study 1(1999).

9. Mark Lemley & Christopher Leslie, *Categorical Analysis in Antitrust Jurisprudence*, 93 Iowa L. Rev. 1207 (2008).

10. Frank Easterbrook, *The Limits of Antitrust*, 63 Tex. L. Rev. 1 (1984).

11. Thomas Leary & Erica Mintzer, *The Future of Resale Price Maintenance*, *Now That Doctor Miles Is Dead*, 4 N. Y. U. J. L. & Bus. 303 (2007).

12. Frank Mathewson & Ralph Winter, *The Law and Economics of Resale Price Maintenance*, 13 Review of Industrial Organization 57 (1998).

13. Lino Graglia, *Leegin Creative Leather Products, Inc. v. PSKS, Inc. : The Strange Career of the Law of Resale Price Maintenance*, U.

Tex. Sch. L. L. & Econ. Research, Research Paper No. 115 (2007).

14. Jonathan Baker & Timothy Bresnahan, *Economic Evidence in Antitrust: Defining Markets and Measuring Market Power*, John M. Olin Program in Law and Economics Stanford Law School Working Paper No. 328 (2006).

15. Ward Bowman, Jr., *The Prerequisites and Effects of Resale Price Maintenance*, 22 U. Chi. L. Rev. 825 (1955).

16. Robert Pitofsky, *In Defense of Discounters: The No-Frills Case for a Per Se Rule Against Vertical Price Fixing*, 71 Geo. L. J. 1487 (1983).

17. Barak Y. Orbach, *Antitrust Vertical Myopia: The Allure of High Prices*, 50 Arizona Law Review 261 (2008).

18. William Comanor, *Vertical Price-Fixing, Vertical Market Restrictions, and the New Antitrust Policy*, 98 Harv. L. Rev. 983 (1985).

19. Pauline Ippolito, *Resale Price Maintenance: Empirical Evidence from Litigation*, 34 J. L. & Econ. 263 (1991).

20. Stanley Ornstein, *Resale Price Maintenance and Cartels*, 30 Antitrust Bull 401 (1985).

21. Victor Goldberg, *The Free Rider Problem, Imperfect Pricing, and the Economics of Retailing Services*, 79 Nw. U. L. Rev. 736 (1984).

22. Greg Shaffer, *Slotting Allowances and Resale Price Maintenance: A Comparison of Facilitating Practices*, 22 Rand J. Econ. 120 (1991).

23. Lester Telser, *Why Should Manufacturers Want Fair Trade?*, 3 J. L. & Econ. 86 (1960).

24. David Butz, *Vertical Price Controls with Uncertain Demand*, 40 J. L. & Econ. 433 (1997).

25. Raymond Deneckere et al., *Demand Uncertainty and Price Maintenance: Markdowns as Destructive Competition*, 87 Am. Econ. Rev. 619 (1997).

26. Howard Marvel, *The Resale Price Maintenance Controversy: Beyond the Conventional Wisdom*, 63 Antitrust L. J. 59 (1994).

27. Duncan Kennedy, *Form and Substance in Private Law Adjudication*, 89 Harv. L. Rev. 1685 (1976).

28. Kathleen Sullivan, *The Justices of Rules and Standards*, 106 Harv. L. Rev. 22 (1992).

29. Louis Kaplow, *Rules Versus Standards: An Economic Analysis*, 42 Duke L. J. 557 (1992).

30. Russell Korobkin, *Behavioral Analysis and Legal Form: Rules vs. Standards Revisited*, 79 Or. L. Rev. 23 (2000).

31. Eric Posner, *Standards, Rules, and Social Norms*, 21 Harv. J. L. & Pub. Pol'Y 101 (1997).

32. Pierre Schlag, *Rules and Standards*, 33 UCLA L. Rev. 379 (1985).

33. Cass Sunstein, *Problems with Rules*, 83 Cal. L. Rev. 953 (1995).

34. Daniel Crane, *Rules Versus Standards in Antitrust Adjudication*, 64 Wash & Lee L. Rev. 49 (2007).

35. Jonathan Baker, *Responding to Developments in Economics and the Courts: Entry in the Merger Guidelines*, 71 Antitrust L. J. 189 (2003).

36. Robert Bork, *Legislative Intent and the Policy of the Sherman Act*, 9 J. L. & Econ. 7 (1966).

37. Robert Lande, *Chicago's False Foundation: Wealth Transfers (Not Just Efficiency) Should Guide Antitrust*, 58 Antitrust L. J. 631 (1989).

38. Robert Lande, *Wealth Transfer as the Original and Primary Concern of Antitrust: The Efficiency Interpretation Challenged*, 34 Hastings L. J. 65 (1982).

39. Robert Lande, *Proving the Obvious: The Antitrust Laws Were Passed to Protect Consumers (Not Just to Increase Efficiency)*, 50 Hastings L. R. 959 (1999).

40. Frank Easterbrook, *Workable Antitrust Policy*, 84 Michigan L. R. 1696 (1986).

41. John Kirkwood, *Consumers, Economics and Antitrust*, 21 Research in Law and Economics 1 (2004).

42. Gary Roberts & Steven Salop, *Efficiencies in Dynamic Merger*

Analysis, 19 World Competition 4 (1996).

43. John Temple Lang & Robert O' Donoghue, *Defining Legitimate Competition: How to Clarify Pricing Abuses under Article* 82 *EC*, 26 Fordham Int'L L. J. 83 (2002).

44. Gregory Werden, *Identifying Exclusionary Conduct under Section* 2: *The "No Economic Sense" Test*, 73 Antitrust L. J. 413 (2006).

45. Gregory Werden, *The "No Economic Sense" Test for Exclusionary Conduct*, 31 J. Corp. L. 293 (2006).

46. Jonathan Jacobson & Scott Sher, *"No Economic Sense" Makes No Sense for Exclusive Dealing*, 73 Antitrust L. J. 779 (2006).

47. Andrew Gavil, *Exclusionary Distribution Strategies by Dominant Firms: Striking a Better Balance*, 72 Antitrust L. J. 3 (2004).

48. Einer Elhauge, *Defining Better Monopolization Standards*, 56 Stan. L. Rev. 253 (2003).

49. Tom Campbell & Nirit Sandman, *A New Test for Predation: Targeting*, 52 UCLA L. Rev. 365 (2004).

50. Thomas Lambert, *Evaluating Bundled Discounts*, 89 Minn. L. Rev. 1688 (2005).

51. Herbert Hovenkamp, *Exclusion and the Sherman Act*, 72 U. Chi. L. Rev. 147 (2005).

52. Adam Candeub, *Trinko and Re-Grounding the Refusal to Deal Doctrine*, 66 U. Pitt. L. Rev. 821 (2005).

53. Shan Jiang & Daniel Sokol, *Resale Price Maintenance in China: An Economic Perspective*, 3 Journal of Antitrust Enforcement 132 (2015).

54. Frederick Rowe, *The Decline of Antitrust and the Delusions of Models: The Faustian Pact of Law and Economics*, 72 Geo. L. J. 1511 (1984).

55. Herbert Hovenkamp, *The Rationalization of Antitrust*, 116 Harv. L. Rev. 917 (2003).

56. Richard Posner, *The Chicago School of Antitrust Analysis*, 127 U. Pa. L. Rev. 925 (1979).

57. William Kovacic, *The Intellectual DNA of Modern U. S. Competition Law for Dominant Firm Conduct: The Chicago/Harvard Double Helix*, 2007 Colum. Bus. L. Rev. 1 (2007).

58. Steven Salop, *Question: What is the Real and Proper Antitrust Welfare Standard? Answer: The True Consumer Welfare Standard*, 22 Loy. Consumer L. Rev. 336 (2010).

59. Herbert Hovenkamp, *The Rule of Reason*, 70 Florida Law Review 81 (2018).

60. Robert Lande, *Wealth Transfers as the Original and Primary Concern of Antitrust: The Efficiency Interpretation Challenge*, 34 Hastings Law Journal 65 (1982).

61. Kevin Arquit, *Market Power in Vertical Cases*, 60 Antitrust L. J. 921 (1992).

62. Sean Gates, *Antitrust by Analogy: Developing Rules for Loyalty Rebates and Bundled Discounts*, 79 Antitrust L. J. 99 (2013).

63. Derek Moore & Joshua Wright, *Conditional Discounts and the Law of Exclusive Dealing*, 22 Geo Mason L. Rev. 1205 (2015).

64. Steven Salop, *The Raising Rival's Cost Foreclosure Paradigm: Conditional Pricing Practices and the Flawed Incremental Price-Cost Test*, 81 Antitrust L. J. 371(2017).

65. Carl Shapiro, *The* 2010 *Horizontal Merger Guidelines: From Hedgehog to Fox in Forty Years*, 77 Antitrust L. J. 49 (2010).

66. Thomas Krattenmaker, Robert Lande & Steven Salop, *Monopoly Power and Market Power in Antitrust Law*, 76 Geo. L. J. 241 (1987).

67. Daniel Oliver et al., 60 *Minutes with Daniel Oliver, Chairman, Federal Trade Commission*, 57 Antitrust L. J. 235 (1988).

68. Malcolm Coate, *Merger Analysis: Alive and Clicking: Collusion Theories in Merger Analysis at the Federal Trade Commission*, 8 Competition Pol'y Int'l 112 (2012).

69. Janusz Ordover, *Coordinated Effects in Merger Analysis: An Introduction*, 2007 Colum. Bus. L. Rev. 411 (2007).

70. Andrew Chin, *Antitrust by Chance: A Unified Theory of*

98. Herbert Hovenkamp, *The Law of Exclusionary Conduct*, 2 Competition Pol'y Int'l 21 (2006).

99. Frank Easterbrook, *Predatory Strategies and Counterstrategies*, 48 U. Chi. L. Rev. 263 (1981).

100. Jonathan Baker, *Recent Developments in Economics That Challenge Chicago School Views*, 58 Antitrust L. J. 645 (1989).

101. Patrick Bolton, *Joseph Brodley and Michael Riordan*, *Predatory Pricing: Strategic Theory and Legal Policy*, 88 Geo. L. J. 2239 (2000).

102. Michael Whinston, *Tying*, *Foreclosure*, *and Exclusion*, 80 Am. Econ. Rev. 837 (1990).

103. Herbert Hovenkamp, *Antitrust Policy After Chicago*, 84 Mich. L. Rev. 213 (1985).

104. Christopher Yoo, *The Post-Chicago Antitrust Revolution: A Retrospective*, 168 U. Pa. L. Rev. 2147 (2020).

105. Timothy Muris, *Improving the Economic Foundations of Competition Policy*, 12 Geo Mason L. Rev. 1 (2003).

106. Carl Shapiro, *Antitrust in a Time of Populism*, 61 Int'L J. Indus. Org. 714 (2018).

107. Herbert Hovenkamp & Fiona Scott Morton, *Framing the Chicago School of Antitrust Analysis*, 168 U. Pa. L. Rev. 1841 (2020).

108. Marina Lao, *Ideology Matters in the Antitrust Debate*, 79 Antitrust L. J. 649 (2014).

109. Frederick Beckner Ⅲ & Steven Salop, *Decision Theory and Antitrust Rules*, 67 Antitrust L. J. 41 (1999).

110. Andrew Gavil & Steven Salop, *Probability*, *Presumptions and Evidentiary Burdens in Antitrust Analysis: Revitalizing the Rule of Reason for Exclusionary Conduct*, 168 U. Pa. L. Rev. 2109 (2020).

111. Frank Easterbrook, *On Identifying Exclusionary Conduct*, 61 Notre Dame L. Rev. 972 (1986).

112. Jonathan Baker, *Taking the Error Out of "Error Cost" Analysis: What's Wrong with Antitrust's Right*, 80 Antitrust L. J. 1 (2015).

113. Kevin Bryan & Erik Hovenkamp, *Startup Acquisitions*, *Error*

Costs, *and Antitrust Policy*, 87 U. Chi. L. Rev. 331 (2020).

114. Ariel Katz, *The Chicago School and the Forgotten Political Dimension of Antitrust Law*, 87 U. Chi. L. Rev. 413 (2020).

115. William Baumol, *Contestable Markets: An Uprising in the Theory of Industry Structure*, 72 Am. Econ. Rev. 1 (1982).

116. Leonard Weiss, *The Structure-Conduct-Performance Paradigm and Antitrust*, 127 U. Pa. L. Rev. 1104 (1979).

117. Oliver Williamson, *Delimiting Antitrust*, 76 Geo. L. J. 271 (1987).

118. Herbert Hovenkamp, *Post-Chicago Antitrust: A Review and Critique*, 2001 Colum. Bus. L. Rev. 257 (2001).

119. William E. Kovacic & Carl Shapiro, *Antitrust Policy: A Century of Economic and Legal Thinking*, 14 Journal of Economic Perspectives 43 (2000).

120. Huang Yong, *Pursuing the Second Best: The History, Momentum, and Remaining Issues of China's Anti-Monopoly Law*, 75 Antitrust L. J. 1 (2008).

(三)其他

1. Robert Pitofsky, *Standards for Exclusionary Behavior under Section 2 of the Sherman Act* 5, Statement for the Hearing of the Antitrust Modernization Commission "Exclusionary Conduct" (Sept. 29, 2005).

2. Hewitt Pate, *Exclusionary Conduct: Refusals to Deal and Bundling and Loyalty Discounts* 3-12, Statement for the Hearing of the Antitrust Modernization Commission "Exclusionary Conduct" (Sept. 29, 2005).

3. Steven Salop, *Avoiding Error in the Antitrust Analysis of Unilateral Refusals to Deal* 12, Statement for the Hearing of the Antitrust Modernization Commission "Exclusionary Conduct" (Sept. 21, 2005).

4. 21 Cong. Rec. 2456 (1890) (Statement of Sen. Sherman).

5. Joel Klein, *A Stepwise Approach to Antitrust Review of Horizontal Agreements*, U. S. Department of Justice (Nov. 7, 1996), https://www.justice.gov/atr/speech/stepwise-approach-antitrust-review-horizontal-agreements.

6. ABA, Antitrust Law Section, *Public Comments Submitted to AMC Regarding Exclusionary Conduct* (2006), https://www.americanbar.org/content/dam/aba/administrative/antitrust_law/v7/comments_exclusionary-conduct.pdf.

7. Thomas Lambert, *The Limits of Antitrust in the 21st Century*, SSRN (Feb. 7, 2020), https://papers.ssrn.com/sol3/papers.cfm?abstract_id=3533549.

8. Deirde Trapp, *Resale Price Maintenance and Hub-and-Spoke Collusion: EU Perspective on Recent Developments*, ABA Section of International Law, 2011 Fall Meeting (Oct., 2011).

9. Erik Hovenkamp & Steven Salop, *Asymmetric Stakes in Antitrust Litigation*, SSRN (Apr. 17, 2020), https://papers.ssrn.com/sol3/papers.cfm?abstract_id=3563843.

10. Antitrust Modernization Commission, *Report and Recommendations* (2007), UNT University Libraries (Apr., 2007), https://govinfo.library.unt.edu/amc/report_recommendation/toc.htm.

11. Subcommittee on Antitrust, Commercial and Administrative Law, U. S House of Representative, Investigation of Competition in Digital Market (2020).

12. U. S. Department of Justice, Corporate Leniency Policy (1993).

13. U. S. Department of Justice, Leniency Policy for Individuals (1994).

14. DOJ& FTC, *Horizontal Merger Guidelines*, Federal Trade Commission (Aug. 19, 2010), https://www.ftc.gov/sites/default/files/attachments/merger-review/100819hmg.pdf.

15. *Competition and Monopoly: Single-Firm Conduct under Section* 2 *of the Sherman Act*, DOJ (Sept., 2008), https://www.justice.gov/atr/public/reports/236681.pdf.

16. *Justice Department Withdraws Report on Antitrust Monopoly Law*, DOJ (May 11, 2009), https://www.justice.gov/atr/public/press_releases/2009/245710.htm.

17. FTC & DOJ, *Vertical Merger Guidelines*, Federal Trade

Commission (Jun. 30, 2020), https://www.ftc.gov/system/files/documents/reports/us-department-justice-federal-trade-commission-vertical-merger-guidelines/vertical_merger_guidelines_6-30-20.pdf.

18. DOJ, 1982 *Merger Guidelines*, U. S. Department of Justice (Aug. 4, 2015), https://www.justice.gov/archives/atr/1982-merger-guidelines.

19. DOJ, 1992 *Merger Guidelines*, U. S. Department of Justice (Aug. 4, 2015), https://www.justice.gov/archives/atr/1992-merger-guidelines.

20. Block Exemption Regulation, Commission Regulation (EU) No 330/2010.

21. European Commission Notice, Guidelines on Vertical Restraints (2022/C 248/01).

22. European Commission, Guidelines on the Applicability of Article 101 of the Treaty on the Functioning of the European Union to Horizontal Co-operation Agreements (C/2023/4752).

23. European Commission, Guidance on the Commission's Enforcement Priorities in Applying Article 82 EC Treaty to Abusive Exclusionary Conduct by Dominant Undertakings(2009/C 45/02).

24. Commission Regulation (EU) 2022/720 of 10 May 2022 on the Application of Article 101 (3) of the Treaty on the Functioning of the European Union to Categories of Vertical Agreements and Concerted Practices.

25. European Commission, Guidelines on the Assessment of Non-horizontal Mergers under the Council Regulation on the Control of Concentrations between Undertakings (2008/C 265/07).

26. Council Regulation (EC) No 139/2004 of 20 January 2004 on the control of concentrations between undertakings.

27. *Bundeskartellamt Prohibits Facebook from Combining User Data from Different Sources*, Bundeskartellamt, https://www.bundeskartellamt.de/SharedDocs/Meldung/EN/Pressemitteilungen/2019/07_02_2019_Facebook.html.

28. *Guidance Documents*, FTC (Dec., 2023), https://www.ftc.gov/enforcement/guidance.

29. European Commission, *Compilations of EU Antitrust Legislation*, EC (Dec., 2023), https://ec.europa.eu/competition-policy/antitrust/legislation/compilations-legislation_en.

30. *Legislation & Guidelines*, JFTC (Dec., 2023), https://www.jftc.go.jp/en/legislation_guidelines/antimonopoly_guidelines.html.

31. *Laws & Guidelines*, KFTC (Dec., 2023), https://eng.ftc.go.kr/legalauthority/recentlaw.jsp? pageId=0401.

32. European Commission, *Better Regulation Toolbox*, EC (Jul. 20, 2023), https://ec.europa.eu/info/law/law-making-process/planning-and-proposing-law/better-regulation-why-and-how/better-regulation-guidelines-and-toolbox/better-regulation-toolbox-0_en.

33. FTC & DOJ, *Antirust Guideline on Collaboration Among Competitors*, FTC (Apr., 2000), https://www.ftc.gov/system/files/documents/public_statements/300481/000407ftcdojg uidelines.pdf.

34. U. S. DOJ, *Vertical Price Restraints*, DOJ (Apr. 7, 1994), https://www.justice.gov/atr/speech/vertical-price-restraints.

35. *Justice Department Issues Statement on the Vertical Merger Guidelines*, DOJ (Sept. 15, 2021), https://www.justice.gov/opa/pr/justice-department-issues-statement-vertical-merger-guidelines.

36. *Federal Trade Commission Withdraws Vertical Merger Guidelines and Commentary*, FTC (Sept. 15, 2021), https://www.ftc.gov/news-events/news/press-releases/2021/09/federal-trade-commission-withdraws-vertical-merger-guidelines-commentary.

37. DOJ & FTC, 1984 *Merger Guidelines*, U. S. Department of Justice (Aug. 4, 2015), https://www.justice.gov/archives/atr/1984-merger-guidelines.

38. Guidelines on the Assessment of Horizontal Mergers under the Council Regulation on the Control of Concentrations between Undertakings (2004/C 31/03).

39. DOJ & FTC, *Horizontal Merger Guidelines*, DOJ (Apr. 8,

1997), https://www.justice.gov/atr/horizontal-merger-guidelines.

40. *Federal Trade Commission and Justice Department Seek to Strengthen Enforcement Against Illegal Mergers*, FTC (Jan. 18, 2022), https://www.ftc.gov/news-events/news/press-releases/2022/01/federal-trade-commission-justice-department-seek-strengthen-enforcement-against-illegal-mergers.

41. *Guidance and Regulation*, Gov. UK (Dec., 2023), https://www.gov.uk/search/guidance-and-regulation?parent=%2Fbusiness%2Fcompetition-law&topic=f6b0aa9d-2aa6-43ed-b72a-85f22affb506.

42. *Justice Department Withdraws Report on Antitrust Monopoly Law*, DOJ (May 11, 2009), https://www.justice.gov/opa/pr/justice-department-withdraws-report-antitrust-monopoly-law.

43. Utah Pie Co. *v*. Cont'l Baking Co., 386 U. S. 685, 698 (1967).

44. Verizon Commc'ns Inc. *v*. Law Offices of Curtis V. Trinko, LLP, 540 U. S. 398 (2004).

45. Brooke Group Ltd. *v*. Brown & Williamson Tobacco Corp., 509 U. S. 209 (1993).

46. Pac. Bell Tel. Co. *v*. link Line Commc'ns., Inc., 555 U. S. 438, 459 (2009).

47. United States *v*. Microsoft Corp., 87 F. Supp. 2d 30 (D. D. C. 2000).

48. United States *v*. Dentsply Int'l, 399 F. 3d 181, 187 (3d Cir. 2005).

49. United States *v*. Von's Grocery Co., 384 U. S. 270 (1966).

50. F. T. C. *v*. H. J. Heinz Co., 246 F. 3d 708 (2001).

51. United States *v*. Trans-Missouri Freight Ass'n, 166 U. S. 290 (1897).

52. Chicago Board of Trade *v*. United States, 246 U. S. 231 (1918).

53. Imperial Chem. Indus., Ltd. *v*. Commission, 1972 E. Comm. Ct. Rep. 619.

54. United States *v*. Sealy, Inc., 388 U. S. 350 (1967).

55. Radiant Burners, Inc. *v*. People's Gas Light & Coke Co., 364

U. S. 656 (1961).

56. Fortner Enters., Inc. *v*. U. S. Steel Corp., 394 U. S. 495 (1969).

57. N. Pac. Ry. Co. *v*. United States, 356 U. S. 1 (1958).

58. Times-Picayune Publ'g Co. *v*. United States, 345 U. S. 594 (1953).

59. United States *v*. Arnold, Schwinn & Co., 388 U. S. 365 (1967).

60. White Motor Co. *v*. United States, 372 U. S. 253 (1963).

61. United States *v*. Arnold Schwinn, 388 U. S. 365 (1967).

62. Jefferson Parish Hosp. Dist. No. 2 *v*. Hyde, 466 U. S. 2 (1984).

63. Case C - 62/86, AKZO Chemie BV *v*. Commission of the European Communities (1991).

64. Case C-333/94 P, Tetra Pak International SA *v*. Commission of the European Communities (1996).

65. Argos, Littlewoods *v*. OFT and JJB Sports *v*. OFT, [2006] EWCA Civ 1318.

66. Appalachian Coals, Inc. *v*. United States, 288 U. S. 344 (1933).

67. Interstate Circuit, Inc. *v*. United States, 306 U. S. 208 (1939).

68. United States *v*. Aluminum Co. of America, 148 F. 2d 416 (2d Cir. 1945).

69. United States *v*. Aluminum Co., 377 U. S. 271 (1964).

70. United States *v*. United Shoe Machinery, 110 F. Supp. 295 (D. Mass. 1953), aff'd per curiam, 330 U. S. 306 (1954).

71. Brown Shoe Co. *v*. United states, 370 U. S. 294 (1962).

72. United States *v*. Philadelphia National Bank, 374 U. S. 321 (1963).

73. United States *v*. General Dynamics Corp., 415 U. S. 486 (1974).

74. United States *v*. Waste Management, Inc., 743 F. 2d 976 (2d Cir. 1984).

75. United States *v*. Syufy Enterprises, 903 F. 2d 659 (9th Cir. 1990).

76. Federal Trade Commission *v*. University Health, Inc., 938 F. 2d 1206 (11th Cir. 1991).

77. United States *v*. Baker Hughes, Inc., 908 F. 2d 981 (D. C. Cir. 1990).

78. California Dental Association *v*. Federal Trade Commission, 119 S. Ct. 1604 (1999).

79. Eastman Kodak Co. *v*. Image Technical Services, Inc. 504 U. S. 451 (1992).

80. United States *v*. Citizens and Southern National Bank, 422 U. S. 86 (1975).

81. Federal Trade Commission *v*. Staples, Inc., 970 F. Supp. 1066 D. D. C. (1997).

82. Continental Television, Inc. *v*. GTE Sylvania, Inc., 433 U. S. 36 (1977).

83. Brunswick Corp. *v*. Pueblo Bowl-O-Mat, Inc., 429 U. S. 477 (1977).

84. Leegin Creative Leather Prods., Inc. *v*. PSKS, Inc., 127 S. Ct. 2705, 2712 (2007).

85. Chevron U. S. A., Inc. *v*. National Resources Defense Council, Inc., 467 U. S. 837 (1984).

86. Polk Bros., Inc. *v*. Forest City Enters., Inc., 776 F. 2d 185 (7th Cir. 1985).

87. Engel Indus., Inc. *v*. Lockformer, 96 F. 3d 1398 (Fed. Cir. 1996).

88. United States *v*. Loew's, Inc., 371 U. S. 38 (1962).

89. MCA Television Ltd. *v*. Pub. Interest Corp., 171 F. 3d 1265 (11th Cir. 1999).

90. Albrecht *v*. Herald Co., 390 U. S. 145 (1968).

91. State Oil Co. *v*. Khan, 522 U. S. 3 (1997).

92. United States *v*. Topco Assocs., Inc., 405 U. S. 596 (1972).

93. Standard Oil Co. *v*. United States, 221 U. S. 1, 65 (1911).

94. United States *v*. Trenton Potteries Co., 273 U. S. 392 (1927).

95. United States *v*. Socony-Vacuum Oil Co., 310 U. S. 150 (1940).

96. Timkin Roller Bearing Co. *v*. United States, 341 U. S. 593

(1951).

97. Eastern States Retail Lumber Dealers' Ass'n *v*. United States, 234 U. S. 614 (1914).

98. Fashion Originators' Guild Designers Am., Inc. *v*. FTC, 312 U. S. 457 (1941).

99. Silver *v*. New York Stock Exchange, 373 U. S. 341 (1963).

100. Dr. Miles Med. Co. *v*. John D. Park & Sons Co., 220 U. S. 373 (1911).

101. United States *v*. Colgate & Co., 250 U. S. 300 (1919).

102. Monsanto Co. *v*. Spray-Rite Serv. Corp., 465 U. S. 752 (1984).

103. Bus. Elecs. Corp. *v*. Sharp Elecs. Co., 485 U. S. 717 (1988).

104. United States *v*. Addyston Pipe & Steel Co., 85 Fed. 271 (6th Cir. 1898), aff'd, 175 U. S. 211 (1899).

后　　记

《反垄断法解释研究》一书是在我的博士学位论文基础上逾十年修订完成的。我对反垄断法解释的兴趣始于2009~2010年的访学期间。起初,与导师黄勇教授商定的选题初步方向是滥用市场支配地位反垄断规制。其出发点就在于,滥用市场支配地位领域的法律实施存在较大的不确定性,如何破解,值得深究。在学习与阅读的过程中,受到罗伯特·皮托夫斯基(Robert Pitofsky)教授和史蒂文·萨洛普(Steven Salop)教授的影响,开始沿着该问题进一步思考:为什么在滥用市场支配地位的规制中,反垄断法解释存在如此大的分歧?随着认识的深入,我逐渐意识到,反垄断法的不确定性和解释分歧的核心是反垄断学派之间的价值观念分歧。这种价值观念分歧有其深刻的思想渊源,其影响渗透不同学派的市场假定和理论方法,贯彻为垄断行为的分析模式和适用标准,最终不仅影响制度建构的型塑,也时常左右个案的走向。于是,我的思考开始超越具体垄断行为的制度分析,进入反垄断法解释这个更为抽象的维度。2008年,皮托夫斯基教授约请持干预主义立场的反垄断学者编著《保守主义经济学:芝加哥学派是如何言过其实的》(*Conservative Economics: How Chicago School Overshot the Mark*)一书,彰显学派分歧背后的严重价值观念分歧。但由于美国学者实用主义的风格和身在此山中的视角,这本书更多是指出不同学派的问题,而缺乏一个反垄断法解释的整全范式来涵盖并试图解决学派分歧。就此,需要将哲学诠释学资源和解释学方法导入,以更好地框定问题、厘清解释的结构。据此,在博士期间我完成了理论的初步建构。

随着博士学位论文的完成,这一思考暂告一段落,博士后工作期间我的兴趣转入对于创新政策与竞争政策的研究。两年后重返对外经济贸易大学法学院,忙于教学的日常工作,论文的修改亦无暇顾及。当然,文章写完之后悬置一段时间,或许也是一件好事。特别是,对于反垄断法解释研究这一深具智识挑战的问题,分析框架建构之后尚待理论和实践的发展演化充实论证。在实践发展上,彼时中国反垄断法实施刚刚起步,确也尚未形成足够的经验积累可予述评。在理论演化上,反垄断法学界新一轮的反思已经开始,但尚未形成全面的论争。当然,这些对反垄断法解释基础理论的分析框架影响较小。其间,《论反垄断法解释的知识转型与方法重构》修改成熟后发表。随后,其他章节的修改断断续续地进行。直到2018~2019年访学期间,得以沉浸品味赫伯特·霍温坎普(Herbert Hovenkamp)教授和克里斯托弗·柳(Christopher Yoo)教授的观念异同,脑海中反垄断法解释的学派维度又鲜活起来。此时,美国反垄断法学界的氛围也有了更新,学派分歧在不断堆积,2019年5月,《芝加哥大学法学评论》组织了"重估反托拉斯法的芝加哥学派"(Re-Assessing the Chicago School of Antitrust Law)的专题讨论会,回顾与展望了芝加哥学派对美国与世界反托拉斯法的影响。亲历该论坛,也更真切地感受到了芝加哥学派仍然存在但似乎已日渐飘零的影响。2019年10月,宾夕法尼亚大学举办了"后芝加哥反托拉斯革命"(The Post-Chicago Antitrust Revolution)的专题讨论会,后芝加哥学派主力悉数到场。从会后的发表于《宾夕法尼亚大学法学评论》的专栏文章来看,其观点炽烈的程度比以往更甚。学界的小氛围,实际上是整个美国反托拉斯事业大环境的渗透与折射。再往后一年,这一大环境下呼唤变革的情绪在美国国会众议院"数字市场竞争状况调查"(Investigation of Competition in Digital Markets)的听证中达到了高峰,最终形成了6部反托拉斯法草案,进而又在参议院形成相应法案。至此,变革早已超出了反垄断学派内部争议的范围,裹挟着大众情绪汇聚在民粹主义运动的洪流之中。回过头来看,本轮反垄断民粹主义运动的动能早在20年前就已经开始蓄积了。自21世纪初以来对市场干预的消极态度,使美国近20年来重要的反垄断案件屈指可数。与此同时,美国各主要行业的市场集中度却一路上扬,消费者怨声载道。其中最为突出的,就是数字经济领域谷歌、苹果、脸书和亚马逊等巨头正上演的"赢者通吃"的美国剧本。于局外观察者,上述理论与实践发展无疑是极好的研究素材。而对于身处其中的普通民众,却意味着成为"故土的陌生人",吞咽被市场、生活所抛弃的艰辛。运动的车轮呼啸而来。只不过,100多年前人们聚集起来反对工业时代的巨头,这次运动的对象换成了数字时代的寡头。

全球同此凉热。回到中国,困难似乎一点也不比美国少:工业化方兴未艾,超级平台寡头群雄环伺,行政性垄断层出不穷。中国经济发展三期叠加的特点,也造成了中国市场的复杂结构和反垄断规制的艰难局面。毋庸置疑,在反垄断法实施的起步阶段,建章立制是重中之重。近10年来,反垄断法配套规章、指南的制定和发布全面铺展,在较大程度上解决了无法可依的问题。与此同时,反垄断法实施也在行政执法和司法诉讼领域同步推进,形成了可观的案例。但不能回避的问题是,行政执法与司法诉讼之间、行政执法的个案认定之间和司法诉讼的个案裁判之间都存在法律解释与适用上的不一致,在有的领域甚至存在重大分歧。在当前阶段,上述问题更多还是表达为对制度的理解、对经验证据的解读不同,但随着人们对反垄断法理解的深入恐怕难免最终陷入价值观念的分歧。价值观念的分歧一经形成、固化,又势必转化为行为,若不能在反垄断法的起步阶段确立良好的解释规范,中国反垄断事业则有可能走上欧美反垄断执法钟摆式实施的老路。与此同时,随着《论垄断行为的类型化规整》《论反垄断法规范中的规则与标准》《美国数字市场反垄断监管的方法与观念反思》等文章的陆续发表,我对反垄断法解释的架构和内容的思考也更为成熟。本书即将付梓,虽然仍不尽完善,但还是存在些许抛砖引玉的价值。借此,希望能够与反垄断法解释共同体的诸君一道,共同推动中国反垄断法解释理论方法的成熟和解释传统的形成。

本书在构思、写作、修订的过程中,受益于反垄断法解释共同体同人的积极影响,特别是导师黄勇教授的悉心指点,以及金善明、辜海笑老师对书稿中法学与经济学分析的宝贵建议。本书在校对过程中,得到了我的学生周存旭、陈可欣、李勤思的热心帮助。本书在出版过程中,有赖于法律出版社法治与经济出版分社沈小英社长、刘晓萌编辑、鲁安编辑的大力支持。在此,谨致谢忱。

江山

2023 年夏 · 京郊